5급 내 실력 체크체크

영역 / 문제 수 유형	적중 예상 문제 1회		적중 예상 문제 2회		적중 예상 문제 3회		적중 예상 문제	
	총 문제 수	맞은 문제 수	총 문제 수	맞은 문제 수	총 문제 수	맞은 문제 수	총 문제 수	맞은 문제 수
독음	35개		35개		35개		35개	
훈음	23개		23개		23개		23개	
반의어(상대어)	3개		3개		3개		3개	
완성형(성어)	4개		4개		4개		4개	
뜻풀이	3개		3개		3개		3개	
한자 쓰기	20개		20개		20개		20개	
필순	3개		3개		3개		3개	
동음이의어	3개		3개		3개		3개	
동의어	3개		3개		3개		3개	
약자	3개		3개		3개		3개	
합계	100개		100개		100개		100개	

기준표

맞은 문제 수	참 잘했어요!	잘했어요!	노력해요!
	90개 이상	89~70개 이상	69개 이하

90개 이상
참 잘했어요!

합격이 눈앞에 보이네요. 이제 뒤에 나오는 문제를 풀면서 실전 감각을 익혀 보세요.

자격증 한번에 따기가 **NEW** 확~! 달라졌어요~

출제 경향과 유형 파악으로 워밍업!
출제 유형을 세밀하게 분석

최신 유형의 족집게 문제로 확인

100점 만점에 100점!

성질이나 특징 등이 공통적인 것끼리 묶어 학습

활용법

1. 적중 예상 문제를 풀면서 맞은 문제 수와 틀린 문제 수를 체크합니다.
2. 1회분의 문제를 풀 때마다 맞은 문제 수를 정리하여 '내 실력 체크체크' 표에 표시합니다.
3. '내 실력 체크체크' 표를 보고, 내가 부족한 유형이 무엇인지 확인하여 꼭 다시 한 번 공부합니다.

4회	적중 예상 문제 5회		적중 예상 문제 6회		적중 예상 문제 7회		적중 예상 문제 8회	
은 수	총 문제 수	맞은 문제 수	총 문제 수	맞은 문제 수	총 문제 수	맞은 문제 수	총 문제 수	맞은 문제 수
	35개		35개		35개		35개	
	23개		23개		23개		23개	
	3개		3개		3개		3개	
	4개		4개		4개		4개	
	3개		3개		3개		3개	
	20개		20개		20개		20개	
	3개		3개		3개		3개	
	3개		3개		3개		3개	
	3개		3개		3개		3개	
	3개		3개		3개		3개	
	100개		100개		100개		100개	

※ 5급은 맞은 문제 수가 총 70개 이상이어야 합격입니다.

89~70개 이상
잘했어요!

약간 불안해요. 틀렸던 부분을 다시 체크하며 완전히 내 것으로 만들어 보세요.

69개 이하
노력해요!

너무 게으름을 피웠네요. 배정 한자 익히기 부분을 꼼꼼히 복습한 후 다시 도전해 보세요.

차례

국가공인 한자능력검정시험 안내	04
출제 경향과 유형 익히기	05
5급 배정 한자 일람	09

하나 배정 한자 익히기

- **'학교 생활'**과 관계있는 한자어 …………………………… 16
  同窓, 登校, 課題, 班長, 黑板, 給食, 落第, 郎讀, 訓話, 相談

- **'교과 용어'**와 관계있는 한자어 …………………………… 24
  曲線, 角度, 計算, 記號, 公式, 原因, 結果, 部首, 初章, 傳說

- **'교과 제목·예술'**과 관계있는 한자어 …………………… 32
  敎科, 數學, 社會, 道德, 漢文, 觀客, 畫具, 才能, 歌唱, 展示

- **'반대(상대)자'**로 짜여진 한자어 …………………………… 40
  强弱, 輕重, 苦樂, 吉凶, 男女, 東西, 始終, 遠近, 左右, 春秋

- **'자연·여행'**과 관계있는 한자어 …………………………… 48
  江湖, 林野, 河川, 雲海, 氷山, 方向, 景致, 旅費, 見聞, 葉書

- **'지역'**과 관계있는 한자어 …………………………………… 56
  半島, 韓國, 南美, 北京, 光州, 關門, 都市, 郡內, 小邑, 洞里

- **'기후'**와 관계있는 한자어 …………………………………… 64
  立冬, 大雪, 淸明, 雨天, 寒冷, 農夫, 作物, 地力, 植樹, 黃土

- **'어업·공업'**과 관계있는 한자어 …………………………… 72
  漁村, 船主, 魚類, 生鮮, 水溫, 工場, 技術, 石炭, 發電, 古鐵

- **'상업·금융업'**과 관계있는 한자어 ………………………… 80
  商業, 賣買, 價格, 休店, 廣告, 銀行, 財産, 貯金, 信用, 去來

- **'경제·교통'**과 관계있는 한자어 …………………………… 88
  勞使, 赤字, 交流, 開放, 對比, 直通, 汽車, 牛馬, 停止, 到着

- **'시간'**과 관계있는 한자어 …………………………………… 96
  現在, 昨今, 時代, 萬歲, 新年, 每週, 曜日, 晝夜, 午前, 朝夕

- **'운동'**과 관계있는 한자어 …………………………………… 104
  競爭, 先頭, 根性, 入賞, 打席, 卓球, 合宿, 體操, 必勝, 練習

- **'군대·역사'**와 관계있는 한자어 …………………………… 112
  命令, 勇士, 軍旗, 戰死, 兵卒, 歷史, 臣下, 王位, 偉人, 英雄

- **'병원·신체'**와 관계있는 한자어 …………………………… 120
  藥效, 救急, 醫院, 病患, 米飮, 耳目, 口鼻, 手足, 獨身, 消化

- '가족'과 관계있는 한자어 ... 128
  父母, 兄弟, 孫子, 兒童, 養育, 禮節, 孝心, 友愛, 種族, 元祖
- '개인 생활'과 관계있는 한자어 ... 136
  思考, 反省, 氣質, 意識, 熱情, 幸運, 祝福, 成功, 念願, 失望
- '공동 생활'과 관계있는 한자어 ... 144
  集團, 共有, 奉仕, 活動, 各界, 約束, 規則, 選擧, 自由, 平和, 敬老, 責任, 利他, 親舊, 知己
- '수량·숫자'와 관계있는 한자어 ... 154
  順序, 等級, 全量, 最少, 過多, 一切, 二敗, 三品, 四寸, 五億, 六百, 七千, 八月, 九番, 十培
- '의식주'와 관계있는 한자어 ... 164
  白衣, 夏服, 料理, 永住, 家宅, 洋屋, 庭園, 草堂, 花壇, 浴室
- 그 밖의 한자어 (1) ... 172
  改善, 健實, 高貴, 固定, 空間, 區別, 期待, 基本, 短音, 圖案
- 그 밖의 한자어 (2) ... 180
  末路, 亡者, 木材, 無罪, 問答, 法典, 不變, 事件, 姓名, 洗面
- 그 밖의 한자어 (3) ... 188
  所感, 神仙, 良民, 言語, 然後, 例外, 完決, 要領, 陸橋, 李朴
- 그 밖의 한자어 (4) ... 196
  以上, 再建, 的中, 正當, 調査, 注油, 參加, 靑綠, 出世, 充分
- 그 밖의 한자어 (5) ... 204
  太陽, 特色, 便安, 表紙, 風速, 筆寫, 害惡, 許可, 形局, 火災

둘 묶음별 한자 익히기

- 모양이 비슷한 한자 ... 214
- 뜻이 반대(상대)되는 한자 ... 218
- 뜻이 비슷한 한자 ... 222
- 8급, 7급, 6급 약자 ... 226
- 5급 약자 ... 228
- 음이 둘 이상인 한자 ... 230
- 사자성어 ... 232

셋 실전 감각 익히기

- 한자능력검정시험 기출 유사 문제 ... 240
- 한자능력검정시험 적중 예상 문제 ... 246

모범 답안 ... 270
색인 ... 282

시험 안내

한자능력검정시험이란?

한자 자격증 시험을 주관하는 여러 곳 가운데 (사)한국어문회에서 주관하는 국가 공인 한자 자격증 시험입니다. 한자 자격증으로서는 최초로 2001년 1월 1일자로 국가 공인을 받았습니다.

시험 일정

보통 1년에 4번 시험이 진행되는데, 해마다 일정이 달라지기 때문에 한국어문회 홈페이지(www.hanja.re.kr)에서 바로 확인하는 것이 정확합니다.

접수 방법

방문 접수

- **접수 급수** 모든 급수
- **접수처** 각 고사장 지정 접수처
- **접수 방법**
  1. 응시 급수 선택: 급수 배정을 참고하여, 응시자의 실력에 알맞은 급수를 선택합니다.
  2. 원서 작성 준비물 확인: 반명함판(3×4cm) 사진 2매(무배경·탈모), 급수증 수령 주소, 응시자 주민등록 번호, 응시자 이름(한글·한자), 응시료
  3. 원서 작성 및 접수: 응시 원서를 작성한 후, 접수처에 응시료와 함께 접수합니다.
  4. 수험표 확인: 접수 완료 후 받으신 수험표로 수험 장소, 수험 일시, 응시자를 확인합니다.

▲ 반명함판 사진 예시

인터넷 접수

접수 방법은 바뀔 수 있으므로 한국어문회 홈페이지(www.hanja.re.kr)를 참고하시기 바랍니다.

시험 시간

- 특급·특급II: **100분**
- 1급: **90분**
- 2급·3급·3급II: **60분**
- 4급·4급II·5급·5급II·6급·6급II·7급·7급II·8급: **50분**

준비물

수험표 / 검정색 볼펜(연필, 유성펜, 색깔 펜 사용 불가) / 신분증 / 수정 테이프(또는 수정액)

합격자 발표

한국어문회 홈페이지(www.hanja.re.kr) - 결과 조회 - 합격 발표 및 학습 성취도), ARS(060-800-1100), 인터넷 접수 사이트(www.hangum.re.kr)에서 확인하실 수 있습니다.

기타 문의

한국한자능력검정회 전화 1566-1400
팩스 02-6003-1414, 인터넷 www.hanja.re.kr

출제 경향과 유형 익히기

유형 ❶ 한자어의 독음 쓰기

한자어를 제대로 읽을 수 있는지 알아보는 유형. 전체 100문항 중에서 35문항 정도 출제

[問 1-3] 다음 漢字語의 讀音을 쓰세요.

[1] 건물을 지을 때는 건축 <u>許可</u>를 받아야 한다. (　　　　　　)

[2] 광복 이후 정부는 경제 <u>再建</u>을 위해 힘썼다. (　　　　　　)

[3] 발명가는 새로운 물건을 <u>考案</u>하기 위해 노력한다.
(　　　　　　)

[대책] 한자어의 독음은 낱글자의 음을 알고 있으면 답할 수 있습니다. 다만 다음과 같은 경우에 주의해야 합니다.
- 단어의 첫머리에서 음이 변하는 경우
  예) 女子: 녀자(✕), 여자(○)
- 본음과 달리 읽어야 하는 경우
  예) 十月: 십월(✕), 시월(○)

정답 [1]허가 [2]재건 [3]고안

유형 ❷ 한자의 훈과 음 쓰기

한자의 훈과 음을 정확하게 알고 있는지 확인하는 유형. 전체 100문항 중에서 23문항 정도 출제

[問 1-4] 다음 漢字의 訓과 音을 쓰세요.

[1] 熱 (　　　　　) [2] 效 (　　　　　)

[3] 鼻 (　　　　　) [4] 卓 (　　　　　)

[대책] 훈과 음이 여러 가지인 한자에 주의해야 합니다. 한자의 훈과 음은 반드시 '한국어문회'에서 제시한 대표 훈과 음으로 써야 합니다.

정답 [1] 더울 열 [2] 본받을 효 [3] 코 비 [4] 높을 탁

유형 ❸ 문장에 활용된 한자어를 한자로 쓰기

짧은 문장에 사용된 한자어를 한자로 쓰는 유형. 전체 100문항 중에서 15문항 정도 출제

[問 1-4] 다음 밑줄 친 漢字語를 漢字로 쓰세요.

[1] <u>효도</u>는 백행의 근본이다. (　　　　　　　)

[2] <u>정직</u>은 가장 강력한 무기이다. (　　　　　　　)

[3] 우리 <u>형제</u>는 우애 있게 지낸다. (　　　　　　　)

[4] 사람은 <u>반성</u>을 통해서 성장한다. (　　　　　　　)

[대책] 한자를 정확히 익히기 위해서는 한자어의 활용을 통해 익혀야 합니다. 그런 과정을 통하여 한자를 익히면 한자가 문장 속에 활용될 때 한자를 정확히 사용할 수 있게 됩니다.

정답 [1] 孝道 [2] 正直 [3] 兄弟 [4] 反省

출제 경향과 유형 익히기

유형 ④ 훈과 음에 알맞은 한자 쓰기

한자의 훈과 음에 해당하는 한자를 쓰는 유형. 전체 100문항 중에서 5문항 정도 출제

[問 1-3] 다음 訓과 音에 맞는 漢字를 쓰세요.

[1] 날랠 용 (   )

[2] 움직일 동 (   )

[3] 친할 친 (   )

[대책] 한자를 익힐 때에는 훈과 음을 정확히 알아야 합니다. 한자에는 훈은 같은데 음이 다른 경우, 음은 같은데 훈이 다른 경우들이 있기 때문입니다.

정답 [1] 勇 [2] 動 [3] 親

유형 ⑤ 상대 또는 반대되는 한자 쓰기

한자의 의미를 알고 상대되거나 반대되는 한자를 쓰는 유형. 전체 100문항 중에서 3문항 정도 출제

[問 1-3] 다음 漢字와 뜻이 相對 또는 反對되는 漢字를 쓰세요.

[1] (   ) ⟷ 孫

[2] 黑 ⟷ (   )

[3] 朝 ⟷ (   )

[대책] 반대자는 '上下'나 '手足'처럼 그대로 반대되는 뜻을 지닌 채 결합한 한자어들입니다.
이 유형은 시험에 출제되는 한자가 정해져 있기 때문에, 뜻이 반대(상대)되는 한자들(218~221쪽 참조)을 따로 익히도록 합니다.

정답 [1] 祖 [2] 白 [3] 夕

유형 ⑥ 한자어 완성하기

한자어의 일부를 보기에서 찾아 한자어를 완성하는 유형. 전체 100문항 중에서 4문항 정도 출제

[問 1-4] 다음 (   )에 들어갈 가장 적절한 漢字語를 〈보기〉에서 찾아 그 번호를 써서 漢字語를 만드세요.

〈보기〉

① 一生 ② 古今 ③ 展開 ④ 千里
⑤ 終末 ⑥ 行事 ⑦ 無言 ⑧ 體育

[1] 年中(   ) : 해마다 일정한 시기를 정하여 놓고 하는 행사.

[2] 九死(   ) : 아홉 번 죽을 뻔하다 한 번 살아남.

[3] 有口(   ) : 입은 있으나 할말이 없음.

[4] 不遠(   ) : 천리 길도 멀다고 여기지 않음.

[대책] 한자어를 완성하는 문제는 그 한자어의 의미를 완전히 이해한 후에 그 의미를 이용하여 한자를 유추해 내는 문제 유형입니다. 제시되는 한자어의 대부분은 사자성어인 경우가 많습니다. 따라서 사자성어를 비롯하여 우리의 언어생활에서 쓰이는 한자어들을 한자로 자주 써 보는 연습이 필요합니다.

정답 [1] ⑥ [2] ① [3] ⑦ [4] ④

유형 ⑦ 뜻이 비슷한 한자 찾기

한자의 의미를 알고 그 뜻과 비슷한 한자를 찾는 유형. 전체 100문항 중에서 3문항 정도 출제

[問 1-3] 다음 漢字와 뜻이 같거나 비슷한 漢字를 <보기>에서 찾아 그 번호를 쓰세요.

<보기>
① 樹   ② 體   ③ 根   ④ 夏   ⑤ 敎   ⑥ 輕

[1] (   ) — 訓
[2] (   ) — 木
[3] 身 — (   )

[대책] 이 유형은 시험에 출제되는 한자가 정해져 있기 때문에, 뜻이 비슷한 한자들(222~225쪽 참조)을 따로 익히도록 합니다.

정답 [1] ⑤ [2] ① [3] ②

유형 ⑧ 음은 같은데 뜻이 다른 한자 찾기

한자의 음과 뜻을 정확히 알고 있는지 확인하는 유형. 전체 100문항 중에서 3문항 정도 출제

[問 1-2] 다음 漢字와 음은 같은데 뜻이 다른 漢字를 <보기>에서 두 개씩 찾아 그 번호를 쓰세요.

<보기>
① 給   ② 區   ③ 基   ④ 告
⑤ 價   ⑥ 舊   ⑦ 貴   ⑧ 期

[1] 技(   ), (   )
[2] 救(   ), (   )

[대책] 음은 같은데 뜻이 다른 한자를 동음이의어라고 합니다. 한자를 학습할 때 모양이 비슷한 한자는 음이 같은 경우가 많습니다. 음이 같은 경우의 한자를 분류하여 암기한다면 한자를 익히는 데 보다 효과적입니다. 그러나 모양이 비슷하다고 해서 한자의 뜻이 같지는 않으므로 주의해야 합니다.

정답 [1] ③, ⑧ [2] ②, ⑥

유형 ⑨ 뜻에 맞는 한자어 찾기

한자어의 뜻을 정확히 이해하고 있는지 알아보는 유형. 전체 100문항 중에서 3문항 정도 출제

[問 1-2] 다음 뜻풀이에 맞는 漢字語를 <보기>에서 찾아 그번호를 쓰세요.

<보기>
① 魚夫   ② 賣買   ③ 洋服
④ 對等   ⑤ 愛讀   ⑥ 漁夫

[1] 즐겨 재미있게 읽음.(   )
[2] 고기잡이를 업으로 하는 사람. (   )

[대책] 한자어가 어떤 뜻을 가지는지 묻는 문제는 대체로 뜻이 분명하고 간결한 한자어 중에서 출제됩니다. 따라서 한자어의 짜임을 분석하여 뜻을 파악하는 노력이 필요합니다. 또한 한자어를 제시하고 그 뜻을 간략히 쓰는 방식도 출제될 수 있으므로 한자어의 의미를 새기는 연습 또한 필요합니다.

정답 [1] ⑤ [2] ⑥

출제 경향과 유형 익히기

유형 ⑩ 한자의 약자 쓰기

한자의 약자를 정확히 쓸 수 있는지 알아보는 유형. 전체 100문항 중에서 3문항 정도 출제

[問 1-3] 다음 漢字의 略字(획수를 줄인 漢字)를 쓰세요.

〈보기〉

學 ↔ 学

[1] 體 ↔ (   )

[2] 國 ↔ (   )

[3] 禮 ↔ (   )

[대책] 획수가 많은 한자를 간단하게 줄여 쓴 것을 '略字(약자)'라고 합니다. 교과서에 쓰이는 한자는 정자를 기본으로 하지만, 획수가 많은 경우에는 일반적으로 약자를 많이 씁니다. 특히 중국이나 일본에서는 약자를 많이 사용하므로 이를 익혀두면 매우 유용합니다.

정답 [1] 体   [2] 国   [3] 礼

유형 ⑪ 한자의 쓰는 순서 찾기

한자의 필순(쓰는 순서)을 묻는 유형. 전체 100문항 중에서 3문항 정도 출제

[問 1-2] 다음 漢字에서 진하게 표시한 획은 몇 번째 쓰는지 〈보기〉에서 찾아 그 번호를 쓰세요.

〈보기〉

① 첫 번째   ② 두 번째
③ 세 번째   ④ 네 번째
⑤ 다섯 번째   ⑥ 여섯 번째
⑦ 일곱 번째   ⑧ 여덟 번째
⑨ 아홉 번째   ⑩ 열 번째

[1]    ( )

[2]    ( )

[대책] 반드시 '한국어문회'에서 제시한 필순(筆順: 쓰는 순서)대로 배정 한자를 쓰면서 익히도록 합니다.

정답 [1] ⑥   [2] ⑥

5급 배정 한자 총 500자

*5급 쓰기 배정 한자(300자)는 붉은색으로 표시했음.

ㄱ	家	歌	價	可	加	角	各	間	感
	집 가	노래 가	값 가	옳을 가	더할 가	뿔 각	각각 각	사이 간	느낄 감
江	强	開	改	客	車	擧	去	建	件
강 강	강할 강	열 개	고칠 개	손 객	수레 거/차	들 거	갈 거	세울 건	물건 건
健	格	見	決	結	京	敬	景	輕	競
굳셀 건	격식 격	볼 견, 뵈올 현	결단할 결	맺을 결	서울 경	공경 경	볕 경	가벼울 경	다툴 경
界	計	高	苦	古	告	考	固	曲	工
지경 계	셀 계	높을 고	쓸 고	예 고	고할 고	생각할 고	굳을 고	굽을 곡	장인 공
空	公	功	共	科	果	課	過	關	觀
빌 공	공평할 공	공 공	한가지 공	과목 과	실과 과	공부할/과정 과	지날 과	관계할 관	볼 관
光	廣	校	敎	交	橋	九	口	球	區
빛 광	넓을 광	학교 교	가르칠 교	사귈 교	다리 교	아홉 구	입 구	공 구	구분할/지경 구
舊	具	救	國	局	軍	郡	貴	規	根
예 구	갖출 구	구원할 구	나라 국	판 국	군사 군	고을 군	귀할 귀	법 규	뿌리 근
近	金	今	急	級	給	氣	記	旗	己
가까울 근	쇠 금, 성 김	이제 금	급할 급	등급 급	줄 급	기운 기	기록할 기	기 기	몸 기
基	技	汽	期	吉	ㄴ	南	男	內	女
터 기	재주 기	물끓는김 기	기약할 기	길할 길		남녘 남	사내 남	안 내	계집 녀

5급 배정 한자 총 500자

年	念	農	能	ㄷ	多	短	團	壇	談
해 년	생각 념	농사 농	능할 능		많을 다	짧을 단	둥글 단	단 단	말씀 담
答	堂	當	大	待	代	對	德	道	圖
대답 답	집 당	마땅 당	큰 대	기다릴 대	대신할 대	대할 대	큰 덕	길 도	그림 도
度	到	島	都	讀	獨	東	動	洞	同
법도 도, 헤아릴 탁	이를 도	섬 도	도읍 도	읽을 독, 구절 두	홀로 독	동녘 동	움직일 동	골 동, 밝을 통	한가지 동
冬	童	頭	登	等	ㄹ	樂	落	朗	來
겨울 동	아이 동	머리 두	오를 등	무리 등		즐길 락,노래 악	떨어질 락	밝을 랑	올 래
冷	良	量	旅	力	歷	練	領	令	例
찰 랭	어질 량	헤아릴 량	나그네 려	힘 력	지날 력	익힐 련	거느릴 령	하여금 령	법식 례
禮	老	路	勞	綠	料	類	流	六	陸
예도 례	늙을 로	길 로	일할 로	푸를 록	헤아릴 료	무리 류	흐를 류	여섯 륙	뭍 륙
里	理	利	李	林	立	ㅁ	馬	萬	末
마을 리	다스릴 리	이할 리	오얏/성 리	수풀 림	설 립		말 마	일만 만	끝 말
望	亡	每	賣	買	面	名	命	明	母
바랄 망	망할 망	매양 매	팔 매	살 매	낯 면	이름 명	목숨 명	밝을 명	어미 모
木	目	無	門	文	問	聞	物	米	美
나무 목	눈 목	없을 무	문 문	글월 문	물을 문	들을 문	물건 물	쌀 미	아름다울 미
民	ㅂ	朴	反	半	班	發	方	放	倍
백성 민		성 박	돌이킬 반	반 반	나눌 반	필 발	모 방	놓을 방	곱 배

白	百	番	法	變	別	病	兵	服	福
흰 백	일백 백	차례 번	법 법	변할 변	다를/나눌 별	병 병	병사 병	옷 복	복 복
本	奉	父	夫	部	北	分	不	比	鼻
근본 본	받들 봉	아비 부	지아비 부	떼 부	북녘 북, 달아날 배	나눌 분	아닐 불/부	견줄 비	코 비
費	氷	人	四	事	社	死	使	仕	士
쓸 비	얼음 빙		넉 사	일 사	모일 사	죽을 사	하여금/부릴 사	섬길 사	선비 사
史	思	寫	查	山	算	産	三	上	相
사기 사	생각 사	베낄 사	조사할 사	메 산	셈 산	낳을 산	석 삼	윗 상	서로 상
商	賞	色	生	西	書	序	夕	石	席
장사 상	상줄 상	빛 색	날 생	서녘 서	글 서	차례 서	저녁 석	돌 석	자리 석
先	線	仙	鮮	善	船	選	雪	說	姓
먼저 선	줄 선	신선 선	고울 선	착할 선	배 선	가릴 선	눈 설	말씀 설, 달랠 세	성 성
成	省	性	世	歲	洗	小	少	所	消
이룰 성	살필 성, 덜 생	성품 성	인간 세	해 세	씻을 세	작을 소	적을 소	바 소	사라질 소
速	束	孫	水	手	數	樹	首	宿	順
빠를 속	묶을 속	손자 손	물 수	손 수	셈 수	나무 수	머리 수	잘 숙, 별자리 수	순할 순
術	習	勝	市	時	始	示	食	植	式
재주 술	익힐 습	이길 승	저자 시	때 시	비로소 시	보일 시	밥/먹을 식	심을 식	법 식
識	信	身	新	神	臣	室	失	實	心
알 식, 기록할 지	믿을 신	몸 신	새 신	귀신 신	신하 신	집 실	잃을 실	열매 실	마음 심

5급 배정 한자 총 500자

十	ㅇ	兒	惡	安	案	愛	野	夜	弱
열 십		아이 아	악할 악, 미워할 오	편안 안	책상 안	사랑 애	들 야	밤 야	약할 약
藥	約	洋	陽	養	語	魚	漁	億	言
약 약	맺을 약	큰바다 양	볕 양	기를 양	말씀 어	물고기 어	고기잡을 어	억 억	말씀 언
業	然	熱	葉	永	英	五	午	屋	溫
업 업	그럴 연	더울 열	잎 엽	길 영	꽃부리 영	다섯 오	낮 오	집 옥	따뜻할 온
完	王	外	要	曜	浴	勇	用	右	雨
완전할 완	임금 왕	바깥 외	요긴할 요	빛날 요	목욕할 욕	날랠 용	쓸 용	오른 우	비 우
友	牛	運	雲	雄	園	遠	元	願	原
벗 우	소 우	옮길 운	구름 운	수컷 웅	동산 원	멀 원	으뜸 원	원할 원	언덕 원
院	月	偉	位	有	由	油	育	銀	音
집 원	달 월	클 위	자리 위	있을 유	말미암을 유	기름 유	기를 육	은 은	소리 음
飮	邑	意	醫	衣	二	以	耳	人	因
마실 음	고을 읍	뜻 의	의원 의	옷 의	두 이	써 이	귀 이	사람 인	인할 인
一	日	任	入	ㅈ	自	子	字	者	昨
한 일	날 일	맡길 임	들 입		스스로 자	아들 자	글자 자	놈 자	어제 작
作	長	場	章	才	在	財	材	災	再
지을 작	긴 장	마당 장	글 장	재주 재	있을 재	재물 재	재목 재	재앙 재	두 재
爭	貯	的	赤	電	全	前	戰	典	傳
다툴 쟁	쌓을 저	과녁 적	붉을 적	번개 전	온전 전	앞 전	싸움 전	법 전	전할 전

展	節	切	店	正	庭	定	情	停	弟
펼 전	마디 절	끊을절,온통체	가게 점	바를 정	뜰 정	정할 정	뜻 정	머무를 정	아우 제
第	題	祖	朝	調	操	足	族	卒	種
차례 제	제목 제	할아비 조	아침 조	고를 조	잡을 조	발 족	겨레 족	마칠 졸	씨 종
終	左	罪	主	住	注	晝	週	州	中
마칠 종	왼 좌	허물 죄	주인/임금 주	살 주	부을 주	낮 주	주일 주	고을 주	가운데 중
重	紙	地	知	止	直	質	集	七	着
무거울 중	종이 지	땅 지	알 지	그칠 지	곧을 직	바탕 질	모을 집		붙을 착
參	窓	唱	責	川	千	天	鐵	靑	淸
참여할참,석삼	창 창	부를 창	꾸짖을 책	내 천	일천 천	하늘 천	쇠 철	푸를 청	맑을 청
體	草	初	寸	村	最	秋	祝	春	出
몸 체	풀 초	처음 초	마디 촌	마을 촌	가장 최	가을 추	빌 축	봄 춘	날 출
充	致	則	親	七	E	打	他	卓	炭
채울 충	이를 치	법칙 칙	친할 친	일곱 칠		칠 타	다를 타	높을 탁	숯 탄
太	宅	土	通	特	π	板	八	敗	便
클 태	집 택/댁	흙 토	통할 통	특별할 특		널 판	여덟 팔	패할 패	편할편,똥오줌변
平	表	品	風	必	筆	ㅎ	下	夏	河
평평할 평	겉 표	물건 품	바람 풍	반드시 필	붓 필		아래 하	여름 하	물 하
學	韓	漢	寒	合	海	害	幸	行	向
배울 학	한국/나라 한	한수/한나라 한	찰 한	합할 합	바다 해	해할 해	다행 행	다닐행,항렬항	향할 향

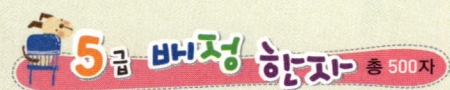

許	現	兄	形	號	湖	火	話	花	和
허락할 허	나타날 현	형 형	모양 형	이름 호	호수 호	불 화	말씀 화	꽃 화	화할 화
畫	化	患	活	黃	會	孝	效	後	訓
그림화, 그을획	될 화	근심 환	살 활	누를 황	모일 회	효도 효	본받을 효	뒤 후	가르칠 훈
休	凶	黑							
쉴 휴	흉할 흉	검을 흑							

'부수'란?

'부수'는 한자를 이루고 있는 하나하나의 의미들을 따로 떼어 생각했을 때 '뜻'에 해당하는 부분을 뽑아 그 한자의 대표로 삼은 것이에요.

예를 들어 '休(쉴 휴)'는 '人(사람 인) → 亻'과 '木(나무 목)'으로 떼어 생각할 수 있지요? 사람이 나무에 기대어 쉰다는 뜻의 글자인데, 그 중에서 뜻에 더 가까운 '人'이 부수가 되지요.

기본적인 부수들을 조금 더 알아볼까요?

- 人(사람 인): 사람이 서 있는 모습을 본떴어요. '亻' 또는 '儿' 모양으로 바뀌어 자주 쓰여요.
- 八(여덟 팔): 사물이 둘로 나뉘어 서로 등진 모양을 본떠서 '나누다'라는 의미로 많이 쓰여요.
- 刀(칼 도): 칼의 모습을 본떠서 '칼', '자르다'라는 뜻을 가졌어요. '刂' 모양으로 바뀌어 자주 쓰여요.
- 彳(조금 걸을 척): 사람 두 명[亻亻]이 겹쳐져 걸어가는 모습을 본떴어요. '걷는다'라는 뜻으로 자주 쓰여요.
- 幺(작을 요): 실타래가 엮인 모습에서 끝 부분만을 본떠 '작다'라는 뜻을 가졌어요.
- 宀(집 면): 집의 지붕 모습을 본떠서 '집'과 관련된 글자에 많이 쓰여요.
- 水(물 수): 물이 흘러가는 모습을 본떴어요. '氵' 모양으로 바뀌어 자주 쓰여요.
- 木(나무 목): 나무의 뿌리와 줄기 모습을 본떠서 '나무'와 관련된 글자에 많이 쓰여요.
- 禾(벼 화): 나무[木] 위에 고개를 숙인 벼[丿]의 모습을 본떠서 '벼'라는 뜻을 가졌어요.
- 艸(풀 초): 땅에서 풀이 돋아나는 모습을 본떴어요. '艹' 모양으로 바뀌어 자주 쓰여요.
- 糸(실 사): 작고[幺] 작은[小] 실타래가 엮인 모습을 본떠서 '실'이라는 뜻을 가졌어요.
- 言(말씀 언): 입[口]에서 말[䒑]이 흘러 나가는 모습을 나타내서 '말'과 관련된 글자에 많이 쓰여요.

하나 배정 한자 익히기

5급에 배정된 **500자**의 한자들을 다음과 같이 **주제별**로 묶었어요.

학교 생활	교과 용어	교과 제목·예술	반대(상대)자	자연·여행
지역	기후	어업·공업	상업·금융업	경제·교통	시간
운동	군대·역사	병원·신체	가족	개인 생활
공동 생활	수량·숫자	의식주	그 밖의 한자어 (1) ~ (5)

한 글자 한 글자 자세히 공부해 보아요.

한자 쏙쏙~! '학교 생활'과 관계있는 한자어

한자를 한 글자 한 글자 자세히 공부해 보아요.

- 한가지 **동** 口부 총 6획
- 同時(동시): 같은 때나 시기
- 同窓(동창): 같은 학교에서 공부한 사이
- 🔍 '公(공평할 공)' 과 뜻이 비슷해요.

ㅣ 冂 冂 同 同 同
同

- 창 **창** 穴부 총 11획
- 窓門(창문): 공기나 빛이 들어올 수 있도록 벽에 만들어 놓은 작은 문
- 船窓(선창): 배의 창문

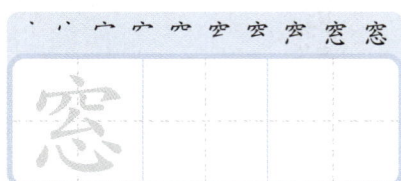

- 오를 **등** 癶부 총 12획
- 登校(등교): 학생이 학교에 공부하러 감.
- 登山(등산): 산에 오름.
- 🔍 반대자는 '落(떨어질 락)' 이에요.

- 학교 **교** 木부 총 10획
- 學校(학교): 학생들에게 교육을 실시하는 기관
- 校歌(교가): 학교를 상징하는 노래

- 공부할 / 과정 **과** 言부 총 15획
- 課題(과제): 처리하거나 해결해야 하는 일
- 放課(방과): 그 날 하루에 정해진 수업이 끝남.

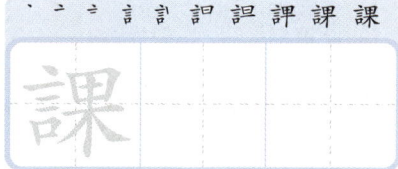

- 제목 **제** 頁부 총 18획
- 問題(문제): 해답을 필요로 하는 물음
- 宿題(숙제): 학교에서 배운 것의 복습과 예습을 위해 내주는 과제

띵똥 띵똥 퀴즈 다음 ( ) 안에 알맞은 한자어의 독음을 채워 볼까요?

(1) 민지가 窓門( )을 열자 맑은 바람이 불어왔습니다.
(2) 우리 학교 登校( ) 시간은 8시 30분입니다.
(3) 승현이는 宿題( )하는 것도 잊고 텔레비전만 보고 있습니다.

정답 (1) 창문 (2) 등교 (3) 숙제

한자능력검정시험 5급

나눌 **반** 　玉(王)부　총 10획

- 班長(반장): 반을 대표해서 일하는 사람
- 分班(분반): 몇 반으로 나눔. 또는 그 나뉜 반

긴 **장** 　長부　총 8획

- 長男(장남): 맏아들
- 市長(시장): 지방 자치 단체인 시의 책임자

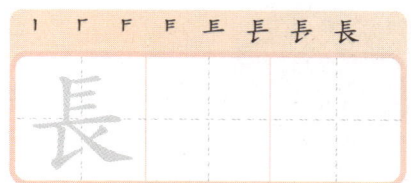

 반대자는 '短(짧을 단)'이에요.

검을 **흑** 　黑부　총 12획

- 黑白(흑백): 검은빛과 흰빛
- 黑板(흑판): 검정이나 초록색 등으로 칠하여 분필로 글씨를 쓰게 만든 널판

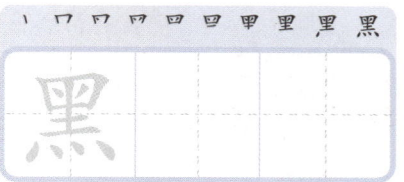

널 **판** 　木부　총 8획

- 板子(판자): 나무로 만든 널조각
- 氷板(빙판): 얼음이 깔린 길바닥

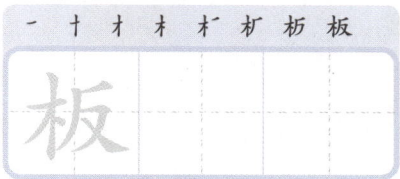

띵똥띵똥 퀴즈　다음 ( ) 안에 알맞은 한자어의 독음을 채워 볼까요?

(1) 남철이가 글짓기반 班長( )으로 선출되었습니다.
(2) 선생님께서 黑板( )에 전달할 내용을 쓰셨습니다.
(3) 진규는 板子( )를 모아서 멋진 상자를 만들었어요.

정답　(1) 반장　(2) 흑판　(3) 판자

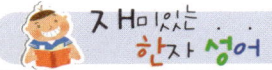 同苦同樂 한가지 **동**, 쓸 **고**, 한가지 **동**, 즐길 **락**

괴로움과 즐거움을 함께함.

　우리 속담에 '슬픔은 나눌수록 줄고, 기쁨은 나눌수록 커진다.'라는 말이 있어요. 이 말은 슬픈 일을 당한 사람에게는 위로를 해 주고, 기쁜 일을 당한 사람에게는 축하를 해 주어야 한다는 뜻이지요.
　여러분은 기쁨과 슬픔을 함께 나눌 친구가 누구인가요? 기쁜 일이 생기면 자신의 일처럼 기뻐해 주고, 슬픈 일이 있으면 같이 슬퍼하고 위로해 줄 그런 친구 말이에요.

'학교 생활'과 관계있는 한자어

한자를 한 글자 한 글자 자세히 공부해 보아요.

- 줄 **급** | 糸부 | 총 12획
  - 給食(급식): (학교나 공장 등에서) 음식을 줌. 또는 그 식사
  - 月給(월급): 일한 대가로 달마다 받는 삯

- 밥 / 먹을 **식** | 食부 | 총 9획
  - 過食(과식): 지나치게 많이 먹음.
  - 飮食(음식): 사람이 먹을 수 있도록 만든 밥이나 국 따위의 물건

- 떨어질 **락** | 艹(艸)부 | 총 13획
  - 落第(낙제): 시험 등에서 떨어지거나 기준 이하의 점수를 받음.
  - 落葉(낙엽): 나뭇잎이 떨어짐. 또는 그 나뭇잎

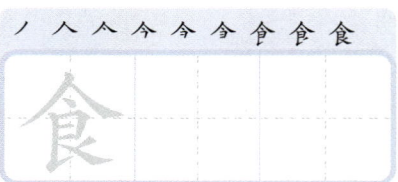

- 차례 **제** | 竹(⺮)부 | 총 11획
  - 第一(제일): 여럿 중에서 첫째
  - 第三者(제삼자): 당사자 이외의 사람

🔍 '弟(아우 제)'와 모양이 비슷해요.

- 밝을 **랑** | 月부 | 총 11획
  - 朗讀(낭독): 소리 내어 글을 읽음.
  - 明朗(명랑): 밝고 쾌활함.

🔍 '朗'이 한자어의 맨 앞에 올 때는 '낭'으로 읽어요.

- 읽을 **독** 구절 **두** | 言부 | 총 22획
  - 讀書(독서): 책을 읽음.
  - 多讀(다독): 많이 읽음.

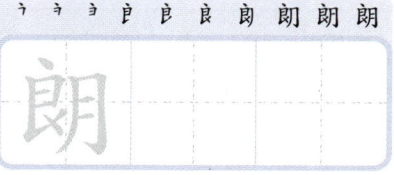

딩동딩동 퀴즈 다음 ( ) 안에 알맞은 한자어의 독음을 채워 볼까요?

(1) 우리 학교는 전체 학생에게 무료 給食(   )을 하고 있습니다.
(2) 내가 第一(   ) 좋아하는 과목은 무엇일까요?
(3) 가을은 讀書(   )의 계절입니다.

정답 (1) 급식 (2) 제일 (3) 독서

가르칠 **훈** | 言부 | 총 10획

- 訓話(훈화): 교훈이 되는 말
- 家訓(가훈): 한 집안의 어른이 자손들에게 일러 주는 가르침.

말씀 **화** | 言부 | 총 13획

- 通話(통화): 전화 등으로 서로 말을 주고받음.
- 話題(화제): 이야기의 제목

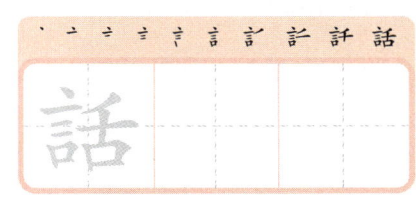

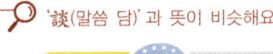 '談(말씀 담)'과 뜻이 비슷해요.

서로 **상** | 目부 | 총 9획

- 相談(상담): 어떤 문제나 궁금증을 해결하려고 서로 의논함.
- 相對(상대): 서로 마주 대함. 또는 그 대상

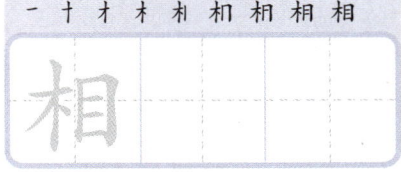

말씀 **담** | 言부 | 총 15획

- 美談(미담): 사람을 감동시킬 정도로 아름다운 이야기
- 會談(회담): 어떤 문제에 관련된 사람들이 한자리에 모여 토의함.

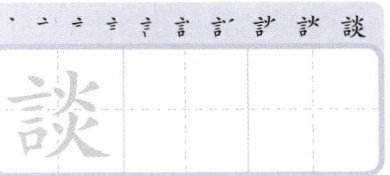

딩동딩동 퀴즈 다음 (   ) 안에 알맞은 한자어의 독음을 채워 볼까요?

(1) 오늘은 교장 선생님께서 訓話(   )를 아주 짧게 마치셨습니다.
(2) 지훈이와 영주는 내일 준비물에 대해서 전화 通話(   )를 했습니다.
(3) 우리 마을에는 우애를 지킨 형제의 美談(   )이 전해옵니다.

정답 (1) 훈화 (2) 통화 (3) 미담

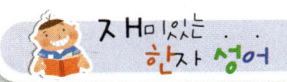 **牛耳讀經**[*] 소**우**, 귀**이**, 읽을**독**, 경서**경**

쇠귀에 경 읽기. 아무리 일러주어도 알아듣지 못함.

진수: 어제 축구 경기 봤어? 박지성 선수가 페널티 킥으로 득점했잖아.
미정: 그런데 왜 상대편은 골키퍼 혼자서만 막은 거야?
진수: 페널티 킥을 찰 때에는 다른 선수들은 수비할 수가 없어.
미정: 그럼 우리 편은 경기 때마다 페널티 킥만 차면 항상 이기겠다.
진수: 페널티 킥은 결정적인 반칙을 했을 때만 주어지는 거야. 어휴 답답해, 정말 **牛耳讀經**이구나.

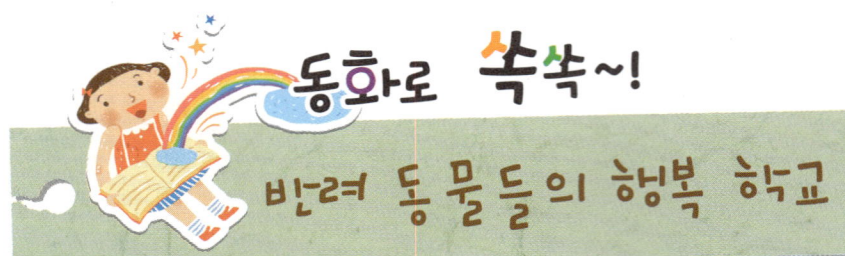

동화로 쏙쏙~!
반려 동물들의 행복 학교

동화를 읽으며 한자어의 독음을 써 보아요.

　사람들이 잠이 들면 숲 속에서는 신기한 일이 생깁니다. 나무가 우거지고 꽃들이 예쁘게 피어 있는 곳에 반려 동물들이 다니는 학교가 밤마다 문을 열거든요.

　강아지 돌돌이, 고양이 밍크, 이구아나 초록별, 햄스터 토리토리, 토끼 토순이, 종달새 종달이는 매일 숲 속에 있는 행복 학교에 登校(① □□)한답니다. 학급 회장은 몸은 작지만 친구들의 고민 相談(② □□)도 잘 해주고 매사에 적극적인 토리토리구요, 숲속에 사는 반달곰이 선생님이랍니다.

　반달곰 선생님은 하루에 5교시씩 수업을 하는데, 친구들이 課題(③ □□)를 잘 해 오지 않으면 訓話(④ □□)가 길어져요. 하지만 이것만 빼면 반달곰 선생님은 아주 좋아요. 작은 일이라도 잘하는 게 있으면 칭찬을 많이 해 주어서 자신감이 생기게 해 주거든요.

　행복 학교의 반려 동물들은 하나씩 잘하는 것이 있어요.

학교 생활과 관계있는 한자어

| 모범 답안 | 270쪽

눈이 큰 돌돌이는 편식을 하지 않아요. 給食(ⓞ　　) 시간에 나오는 밥을 가리지 않고 잘 먹지요. 초록별은 그림도 잘 그리고, 글씨도 예쁘게 잘 써요. 그래서 수학 시간에 풀 문제를 쓰는 건 黑板(ⓞ　　)에 초록별이 모두 하지요.

토순이는 달리기를 잘해서 체육 시간을 제일 좋아해요. 집에 있을 때는 달리고 싶어서 맘껏 달릴 공간이 없었는데, 학교에는 넓은 운동장이 있거든요.

그리고 하얀 털을 가진 예쁜 밍크는 낭랑한 목소리를 가졌어요. 국어 시간에 시를 朗讀(ⓞ　　)하는 것은 거의 밍크 차지예요. 종달이가 제일 잘하는 건 노래예요. 종달이가 노래를 하면 반 친구들은 모두 기분이 좋아지지요.

이들은 행복 학교를 졸업하면 헤어질 수도 있지만 同窓(ⓞ　　)이니까 어려운 일이 생기면 서로 힘이 되자고 다짐하는 사이좋은 친구들이랍니다.

우리 주변의 친구들이 키우는 반려 동물들 중에는 재주 많은 동물들이 많아요. 인사를 잘하는 강아지도 있고, 아이를 잘 보는 강아지도 있고, 피아노 반주에 맞춰 노래를 부르는 고양이도 있고, 춤을 잘 추는 원숭이도 있어요. 이것은 아마도 밤마다 열리는 반려 동물 학교에서 배운 것인지도 몰라요. 여러분의 귀여운 반려 동물이 재주를 부린다면 몰래 지켜 보세요. 밤에 가방을 메고 학교에 가는지 말이죠.

100점 만점에 100점

1 다음 漢字語의 讀音을 보기에서 찾아 그 번호를 쓰세요.

> 보기   ① 과식   ② 상대   ③ 빙판   ④ 동시

(1) 氷板 (   )   (2) 同時 (   )
(3) 過食 (   )   (4) 相對 (   )

2 다음 밑줄 친 漢字語의 讀音을 쓰세요.

(1) 오늘은 學校(   )에서 합창 대회를 하였다.
(2) 가을이 되어 落葉(   )이 바람에 날리고 있다.
(3) 명희는 시험 시간에 차분히 問題(   )를 풀었다.
(4) 어려움 속에서도 선행을 베푼 美談(   )이 전해졌다.

3 다음 밑줄 친 곳에 漢字의 訓을 쓰세요.

(1) 落第(_____락, _____제)   (2) 話題(_____화, _____제)
(3) 月給(_____월, _____급)   (4) 黑板(_____흑, _____판)

4 다음 뜻풀이에 맞는 漢字語를 보기에서 찾아 그 번호를 쓰세요.

> 보기   ① 窓門   ② 通話   ③ 明朗   ④ 宿題

(1) 밝고 쾌활함. (   )
(2) 전화 등으로 서로 말을 주고받음. (   )
(3) 학교에서 배운 것의 복습과 예습을 위해 내주는 과제. (   )
(4) 공기나 빛이 들어올 수 있도록 벽에 만들어 놓은 작은 문. (   )

5 다음 漢字의 訓과 音을 쓰세요.

(1) 課 (   )   (2) 窓 (   )
(3) 黑 (   )   (4) 談 (   )

6 다음 訓과 音에 맞는 漢字를 쓰세요.

(1) 제목 제 (   )   (2) 한가지 동 (   )
(3) 줄 급 (   )   (4) 먹을 식 (   )

7 다음 (   ) 안에 들어갈 漢字를 보기에서 찾아 그 번호를 쓰세요.

보기	① 落	② 同	③ 給
	④ 相	⑤ 長	⑥ 題

(1) 不老(   )生 : 늙지 아니하고 오래 삶.
(2) (   )苦同樂 : 괴로움과 즐거움을 함께함.
(3) 秋風(   )葉 : 가을바람에 떨어지는 나뭇잎.
(4) 自(   )自足 : 필요한 물자를 스스로 생산하여 충당함.

8 다음 밑줄 친 漢字語를 漢字로 쓰세요.

(1) 그는 시장(   ) 선거에 출마했지만 아쉽게 떨어졌다.
(2) 지선이는 등교(   ) 시간에 늦지 않기 위해 일찍 일어났다.
(3) 우연히 초등학교 동창(   )을 만났다.
(4) 오늘 선생님의 훈화(   )에 깊은 감명을 받았다.

한자 쏙쏙~! '교과 용어'와 관계있는 한자어

한자를 한 글자 한 글자 자세히 공부해 보아요.

굽을 **곡** | 曰부 | 총 6획
- 曲線(곡선): 부드럽게 구부러진 선
- 樂曲(악곡): 음악의 곡조. 또는 곡조를 나타낸 부호

🔍 반대자는 '直(곧을 직)'이에요.

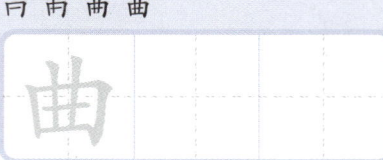

줄 **선** | 糸부 | 총 15획
- 電線(전선): 전기를 통하는 도체로 쓰는 금속선
- 直線(직선): 굽은 데가 없는 곧은 선

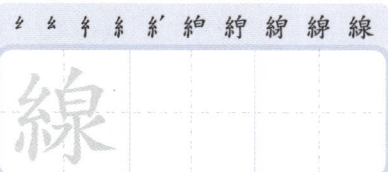

뿔 **각** | 角부 | 총 7획
- 角度(각도): 각의 크기. 또는 생각의 방향이나 관점
- 直角(직각): 수평선과 수직선이 이루는 각.

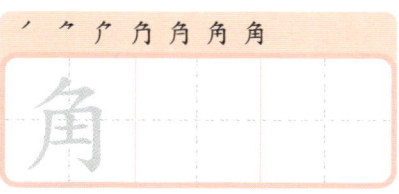

법도 **도** 헤아릴 **탁** | 广부 | 총 9획
- 速度(속도): 물체의 빠르기나 일이 진행되는 빠르기
- 溫度(온도): 덥고 찬 정도. 온도계가 나타내는 도수

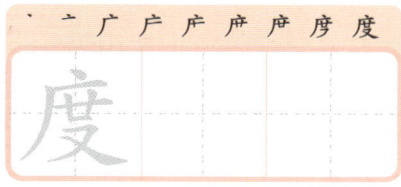

셀 **계** | 言부 | 총 9획
- 計算(계산): 수를 헤아림. 또는 식에서 수치를 구하여 내는 일
- 時計(시계): 시간을 재거나 시각을 나타내는 장치

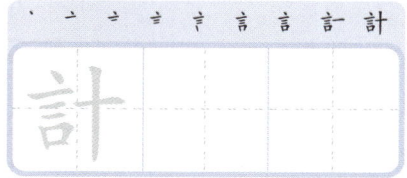

셈 **산** | 竹(⺮)부 | 총 14획
- 算數(산수): 기초적인 계산법. 또는 예전에 초등학교에서 이를 가르치던 과목
- 算出(산출): 계산을 해 냄.

띵똥띵똥 퀴즈 다음 ( ) 안에 알맞은 한자어의 독음을 채워 볼까요?

(1) 선은 직선과 **曲線**( ) 두 가지로 나눌 수 있습니다.
(2) 두 변 사이의 **角度**( )를 정확하게 쟀습니다.
(3) 우리 반에서 선생님보다 **計算**( )을 빨리 하는 사람은 누구일까요?

정답 (1) 곡선 (2) 각도 (3) 계산

| 기록할 | 기 | 言부 | 총 10획 |

- 記事(기사): 신문이나 잡지 등에 어떤 사실을 알리기 위해 실은 글
- 記號(기호): 어떤 뜻을 나타내기 위해 사용한 부호

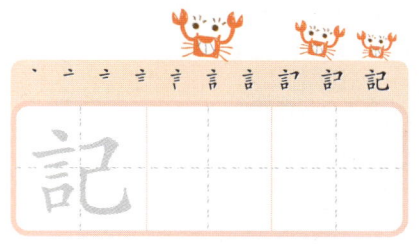

| 이름 | 호 | 虍부 | 총 13획 |

- 番號(번호): 차례나 식별을 위해 붙이는 숫자
- 信號(신호): 서로 떨어져 있는 곳에서 일정한 부호를 써서 의사를 통하는 방법

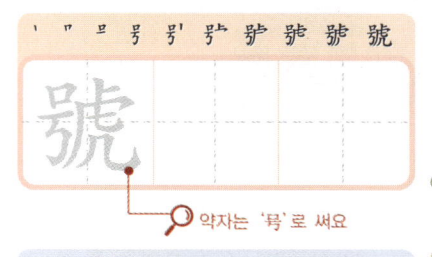

약자는 '号'로 써요

| 공평할 | 공 | 八부 | 총 4획 |

- 公共(공공): 국가나 사회의 여러 사람과 관계되는 일
- 公式(공식): 계산의 법칙을 문자와 기호로 나타낸 식

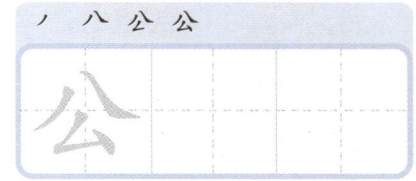

| 법 | 식 | 弋부 | 총 6획 |

- 式順(식순): 의식을 진행하는 순서
- 格式(격식): 격에 맞는 법식

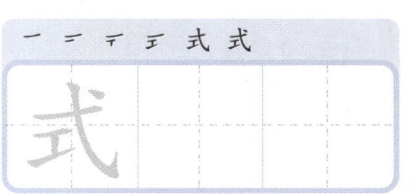

땡똥땡똥 퀴즈 다음 ( ) 안에 알맞은 한자어의 독음을 채워 볼까요?

(1) 선생님께서 문화재에 관한 신문 記事( )를 모아 오라는 숙제를 내주셨습니다.
(2) 몇 개의 수나 식을 합할 때는 '+' 記號( )를 사용합니다.
(3) 이 수학 문제는 어떤 公式( )을 사용해야 할까요?

정답 (1)기사 (2)기호 (3)공식

재미있는 한자 성어

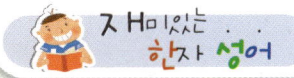

不問曲直 아닐 불, 물을 문, 굽을 곡, 곧을 직

옳고 그름을 따지지 않음.

지선이와 지호는 요즘 부쩍 다투는 일이 잦아졌어요. 다툼 끝에 부모님께 야단을 맞으면서도 서로에게 잘못을 떠넘기려고만 했어요.

"불문곡직하고 동생과 싸우는 것은 용서할 수 없다." 어머니는 드디어 이렇게 말씀하셨어요. 그리고 누구의 잘못을 따지지 않고 똑같이 벌을 주겠다고 하셨어요. 형제간에 싸우는데 잘잘못을 가릴 필요가 없겠다고 생각하신 거겠죠?

한자를 한 글자 한 글자 자세히 공부해 보아요.

언덕 **원** | 厂부 | 총 10획

- 原理(원리): 사물의 바탕이 되는 이치
- 原因(원인): 어떤 사물이나 상태가 변화하거나 일어나게 하는 근본이 되는 일

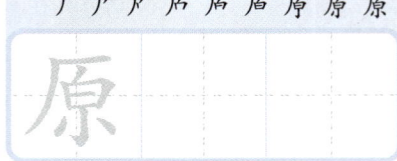

인할 **인** | 囗부 | 총 6획

- 因果(인과): 원인과 결과
- 敗因(패인): 싸움에 지거나 일에 실패한 원인

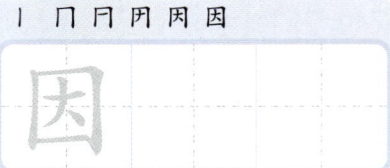

맺을 **결** | 糸부 | 총 12획

- 結果(결과): 어떤 원인으로 인해 생긴 결말
- 結合(결합): 둘 이상이 서로 관계를 맺고 합쳐서 하나가 됨.

실과 **과** | 木부 | 총 8획

- 果樹(과수): 과일나무
- 效果(효과): 어떤 목적을 지닌 행위에 의하여 드러나는 좋은 결과

🔍 상대자는 '因(인할 인)'이에요.

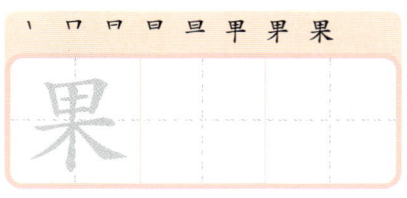

떼 **부** | 邑(阝)부 | 총 11획

- 部首(부수): 한자 자전에서 글자를 찾는 길잡이가 되는 글자의 한 부분
- 部長(부장): 조직이나 한 부를 맡아 이끄는 사람

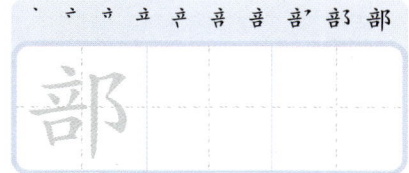

머리 **수** | 首부 | 총 9획

- 首都(수도): 나라의 중앙 정부가 있는 도시
- 首相(수상): 내각의 우두머리. 국무총리

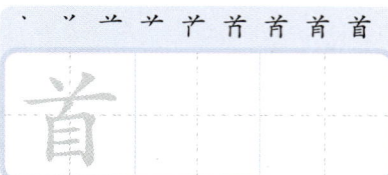

띵똥띵똥 퀴즈 다음 ( ) 안에 알맞은 한자어의 독음을 채워 볼까요?

(1) 환경 오염이 나타나는 原因(　　　)에는 어떤 것들이 있을까요?
(2) 민규는 시험 공부를 열심히 해서 좋은 結果(　　　)를 얻었습니다.
(3) 상희가 우리 반의 환경 미화 部長(　　　)으로 뽑혔습니다.

정답 (1) 원인 (2) 결과 (3) 부장

반대자는 '終(마칠 종)'이에요.

처음 **초** | 刀부 | 총 7획
- 初期(초기): 맨 처음으로 비롯되는 시기. 또는 그 동안
- 初章(초장): 가곡이나 시조의 첫째 장

글 **장** | 立부 | 총 11획
- 圖章(도장): 개인·단체·관직 등의 이름을 새겨 문서에 찍도록 만든 물건
- 文章(문장): 생각이나 느낌을 글로 기록해 나타낸 것

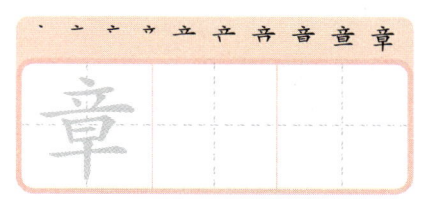

전할 **전** | 人(亻)부 | 총 13획
- 傳記(전기): 개인 일생의 사적인 기록
- 傳說(전설): 옛날부터 민간에서 전해 오는 이야기

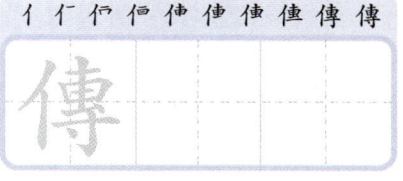

말씀 **설** 달랠 **세** | 言부 | 총 14획
- 說明(설명): 어떤 사항에 대해 알기 쉽도록 풀어서 밝힘.
- 說話(설화): 신화·전설 등을 줄거리로 한 옛이야기

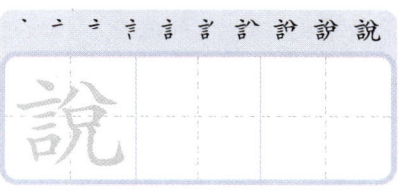

'談(말씀 담)', '話(말씀 화)'와 뜻이 비슷해요.

딩동딩동 퀴즈 다음 ( ) 안에 알맞은 한자어의 독음을 채워 볼까요?

(1) 시조는 初章( ), 중장, 종장의 세 부분으로 구성됩니다.
(2) 이 연못에는 사람이 된 잉어에 대한 傳說( )이 전해옵니다.
(3) 선생님은 선우가 이해할 때까지 몇 번이고 說明( )해 주셨습니다.

정답 (1)초장 (2)전설 (3)설명

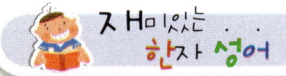

父傳子傳 아비 **부**, 전할 **전**, 아들 **자**, 전할 **전**

대대로 아버지가 아들에게 전함. 자식이 부모의 외모나 성격을 닮음.

하늘이는 시골 할머니 댁에 갔다가 아버지가 어릴 때 할아버지와 함께 찍은 사진 한 장을 발견했어요. 사진 속의 아버지는 지금의 하늘이와 너무 똑같았어요.

할머니께서 사진을 보시고 '父傳子傳이구나.' 하면서 웃으셨어요. 아버지는 사진기 앞에서 긴장이 되셨는지 바짓자락을 꼭 움켜잡고 있었답니다. 하늘이도 긴장될 때는 옷자락을 꼭 움켜잡는 버릇이 있지요.

하나. 배정 한자 익히기

동화를 읽으며 한자어의 독음을 써 보아요.

우리 집에는 비밀의 방이 있어요. 비밀의 방에는 다음과 같은 글이 쓰여 있어요. 빈칸에 들어갈 말을 완성시키면 문이 열린데요.

> □가 떠오를 때 문고리를 □도 돌리면 전설의 아이콘이 잠을 깬다.

첫 번째 열쇠는 비밀의 방 문에 그려져 있는 그림의 의미를 알아내는 거예요. 무슨 記號(❶　　)같죠? 이건 옛날 사람들의 글자였고 '해'를 나타내는 거예요.

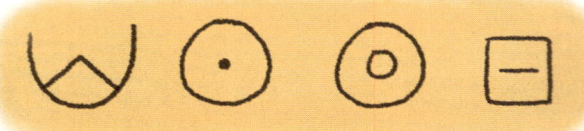

두 번째 열쇠는 삼각형 세 각의 합을 구하는 거예요. 이건 公式(❷　　)을 알아야 해요. 동생과 저는 삼각형 세 각의 합이 180°인 것을 알아냈어요.

그래서 우리 둘은 글을 완성해 보았어요.

"해가 떠오를 때 문고리를 180° 돌리면 傳說(❸　　)의 아이콘이 잠을 깬다."

교과 용어와 관계있는 한자어

|모범 답안| 270쪽

　동생과 저는 아침이 되자마자 비밀의 방으로 가서 문고리를 오른쪽으로 180° 돌렸어요. 그러자 문이 스르르 열리는 거였어요. 방 안에는 아이들이 그린 그림도 있었고, 옛날 장난감, 일기장, 옷들이 정리되어 있었어요. 그것을 본 동생과 저는 실망을 했지요.

　그런데 신기하게도 각각의 물건에 쓰여 있는 숫자들을 計算(④　　)해서 나온 숫자만큼 角度(⑤　　)를 움직이면 물건과 관련된 이야기들이 보이는 거였어요.

　보잘것없어 보이던 낡은 팽이는 할아버지가 아빠를 위해 만들어 준 물건이었어요. 아빠에게도 그렇게 어린 시절이 있었다니 너무나 신기했어요. 이와 같이 방에 있는 물건들이나 작은 메모들 하나 하나가 모두 소중한 이야기들을 담고 있었어요.

　저와 동생이 기억하지 못하는 어린 시절의 이야기들도 알게 되었어요. 제가 언제 처음 말을 했고, 언제 이빨이 나기 시작했는지 말이죠. 그리고 또 하나의 사실을 알게 되었어요. 모든 일에는 原因(⑥　　)과 結果(⑦　　)가 있다는 것을요. 지금의 결과를 얻기까지는 꼭 원인이 되는 어떤 일들이 있었으니까요. 이제 저와 동생도 이 비밀의 방에 추억할 만한 기억하고 싶은 물건들을 가져다 놓기로 했어요. 언젠가 먼 훗날에 누군가 볼 수 있도록 말이죠.

하나. 배정 한자 익히기　29

100점 만점에 100점

1 다음 漢字語의 讀音을 보기에서 찾아 그 번호를 쓰세요.

> 보기   ① 부장   ② 시계   ③ 초장   ④ 원리

(1) 初章 (   )   (2) 時計 (   )
(3) 原理 (   )   (4) 部長 (   )

2 다음 밑줄 친 漢字語의 讀音을 쓰세요.

(1) 성공을 기약하며 실패의 原因(   )을 분석하였다.
(2) 선생님께서 명절의 풍속을 자세히 說明(   )해 주셨다.
(3) 주전 선수의 부상이 이번 시합의 결정적 敗因(   )이었다.
(4) 우리 고장의 傳說(   )을 모아 책으로 엮었다.

3 다음 밑줄 친 곳에 漢字의 訓을 쓰세요.

(1) 記號(_____기, _____호)   (2) 初期(_____초, _____기)
(3) 式順(_____식, _____순)   (4) 電線(_____전, _____선)

4 다음 뜻풀이에 맞는 漢字語를 보기에서 찾아 그 번호를 쓰세요.

> 보기   ① 速度   ② 記事   ③ 首都   ④ 結合

(1) 신문이나 잡지 등에 어떤 사실을 알리기 위해 실은 글. (   )
(2) 둘 이상이 서로 관계를 맺고 합쳐서 하나가 됨. (   )
(3) 물체의 빠르기나 일이 진행되는 빠르기. (   )
(4) 나라의 중앙 정부가 있는 도시. (   )

5 다음 漢字의 訓과 音을 쓰세요.

(1) 首 (　　　　　)　　(2) 算 (　　　　　)
(3) 公 (　　　　　)　　(4) 部 (　　　　　)

6 다음 訓과 音에 맞는 漢字를 쓰세요.

(1) 뿔 각 (　　　　　)　　(2) 셀 계 (　　　　　)
(3) 법 식 (　　　　　)　　(4) 법도 도 (　　　　　)

7 다음 (　) 안에 들어갈 漢字를 보기에서 찾아 그 번호를 쓰세요.

보기	① 傳	② 首	③ 記
	④ 初	⑤ 公	⑥ 曲

(1) 不問(　　)直: 옳고 그름을 가리지 않음.
(2) 三國史(　　): 고려 때 김부식이 고구려, 백제, 신라의 역사를 기록한 역사책.
(3) 父傳子(　　): 대대로 아버지가 아들에게 전함.
(4) (　　)平無私: 공평하고 사사로움이 없음.

8 다음 밑줄 친 漢字語를 漢字로 쓰세요.

(1) 물체에 열을 가하면 온도(　　　　　)가 올라간다.
(2) 장군의 신호(　　　　　)에 맞춰 일제히 공격을 감행하였다.
(3) 수학을 잘하려면 공식(　　　　　)을 만드는 원리를 잘 이해해야 한다.
(4) 직선(　　　　　)은 한 점과 또 다른 한 점을 잇는 가장 짧은 선이다.

한자 쏙쏙~! '교과 제목·예술'과 관계있는 한자어

한자를 한 글자 한 글자 자세히 공부해 보아요.

| 가르칠 교 | 攵(攴)부 | 총 11획 |

- 教科(교과): 학교에서 가르치는 과목. 교과목
- 教室(교실): 학교에서 수업하는 방

| 과목 과 | 禾부 | 총 9획 |

- 科目(과목): 가르치거나 배워야 할 학문의 영역
- 科學(과학): 보편적인 진리나 법칙의 발견을 목적으로 한 체계적인 지식

🔍 '料(헤아릴 료)'와 모양이 비슷해요.

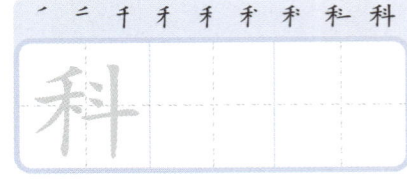

| 셈 수 | 攵(攴)부 | 총 15획 |

- 數式(수식): 수나 양을 나타내는 숫자나 문자를 계산 기호로 쓴 식
- 數學(수학): 수나 공간의 성질에 대해 배우는 교과목

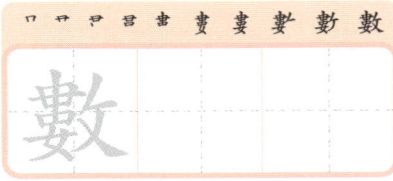

| 배울 학 | 子부 | 총 16획 |

- 學者(학자): 학문을 연구하는 사람
- 學業(학업): 공부. 학문을 닦는 일

🔍 상대자는 '教(가르칠 교)'예요.

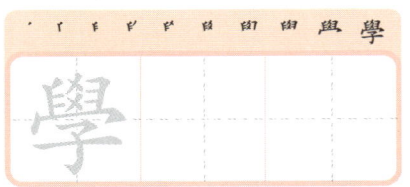

| 모일 사 | 示부 | 총 8획 |

- 社說(사설): 신문 잡지 등에서 써내는 주장이나 의견
- 社會(사회): 공동생활을 하는 인간의 집단

| 모일 회 | 曰부 | 총 13획 |

- 會談(회담): 어떤 문제에 대해 관련된 사람들이 한자리에 모여 토의함.
- 會話(회화): 서로 만나서 이야기함. 또는 외국어로 이야기함.

띵똥띵똥 퀴즈
다음 ( ) 안에 알맞은 한자어의 독음을 채워 볼까요?

(1) 국어는 은호가 가장 좋아하는 科目( )입니다.
(2) 數學( )을 열심히 공부하면 논리적인 사고력이 발달합니다.
(3) 우리 반에서 영어 會話( ) 실력이 가장 뛰어난 사람은 현주입니다.

정답 (1) 과목 (2) 수학 (3) 회화

| 길 | 도 | 辶(辶)부 | 총 13획 |

- 道德(도덕): 인간으로서 마땅히 지켜야 하는 도리
- 車道(차도): 찻길. 자동차가 다니는 길

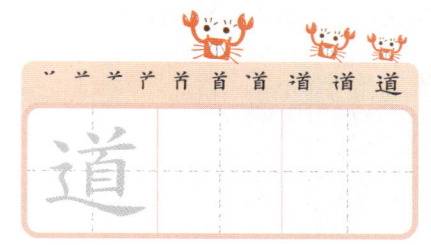

| 큰 | 덕 | 彳부 | 총 15획 |

- 德談(덕담): 잘되기를 비는 말
- 德行(덕행): 어질고 너그러운 행실

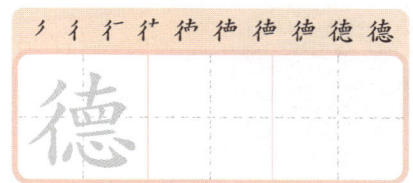

| 한수 / 한나라 | 한 | 水(氵)부 | 총 14획 |

- 漢江(한강): 한국의 중부에 있는, 황해로 들어가는 강
- 漢文(한문): 한자로 쓴 문장이나 문학

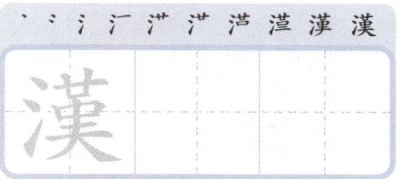

| 글월 | 문 | 文부 | 총 4획 |

- 文集(문집): 시나 문장을 모아서 엮은 책
- 文學(문학): 사상이나 감정을 언어로 표현한 예술

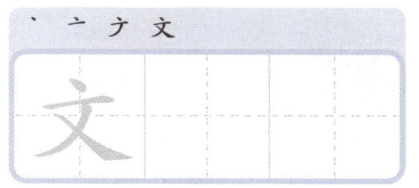

띵똥띵똥 퀴즈 다음 ( ) 안에 알맞은 한자어의 독음을 채워 볼까요?

(1) 최소한의 道德(　　　)도 갖추지 못했다면 어찌 사람이라 할 수 있겠습니까?
(2) 車道(　　　)에 불법 주차한 차량들이 즐비했습니다.
(3) 준우는 친구들과 주고받은 글을 모아서 개인 文集(　　　)을 만들었습니다.

정답 (1)도덕 (2)차도 (3)문집

재미있는 한자 성어 — 教學相長
가르칠 **교**, 배울 **학**, 서로 **상**, 긴 **장**

가르치고 배우면서 함께 성장하는 것

　가영이는 동생 나영이의 공부를 도와주고 있습니다. 가영이는 동생과 공부를 함께 하면서 다 안다고 생각했던 3학년 내용에도 잘 모르고 지나간 부분이 많다는 것을 깨닫게 되었습니다. 그래서 동생의 선생님으로서 모범이 되어야겠다는 생각에 가영이도 공부를 열심히 했습니다. 그 결과 가영이와 나영이 모두 성적이 많이 올라 부모님과 선생님께 칭찬도 받았고, 자매간의 우애도 아주 깊어졌답니다.

한자를 한 글자 한 글자 자세히 공부해 보아요.

볼 관 見부 총 25획
- 觀客(관객): 공연 따위를 구경하는 사람
- 景觀(경관): 산, 바다 따위의 자연이나 지역의 풍경

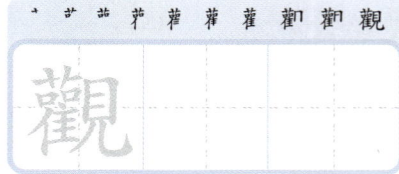

손 객 宀부 총 9획
- 客室(객실): 손님을 거처하게 하거나 접대하는 방
- 客地(객지): 자기 집을 멀리 떠나 임시로 있는 곳

반대자는 '主(주인 주)'예요.

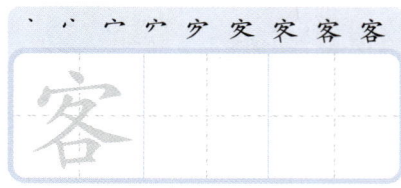

약자는 '画'로 써요.

그림 화 그을 획 田부 총 12획
- 畫具(화구): 그림 그리는 데 쓰이는 도구
- 民畫(민화): 예전에 실용을 목적으로 무명인이 그렸던 그림

갖출 구 八부 총 8획
- 道具(도구): 일에 쓰이는 여러 가지 연장
- 漁具(어구): 고기잡이에 쓰는 도구

재주 재 手부 총 3획
- 才能(재능): 재주와 능력
- 天才(천재): 선천적으로 타고난 뛰어난 재주. 또는 그런 재능을 가진 사람

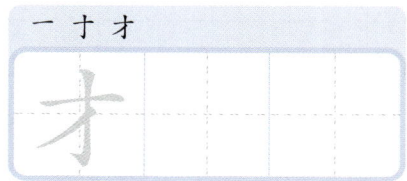

능할 능 肉(月)부 총 10획
- 能力(능력): 어떤 일을 해낼 수 있는 힘
- 可能(가능): 할 수 있음. 가망이 있음.

띵똥띵똥 퀴즈 다음 ( ) 안에 알맞은 한자어의 독음을 채워 볼까요?

(1) 축구 경기장에서 일부 觀客(　　　)이 소란을 피웠습니다.
(2) 까치와 호랑이를 그린 民畫(　　　)는 볼 때마다 웃음을 자아냅니다.
(3) 나는 춤추는 데 특별한 才能(　　　)이 있는 것 같아요.

정답 (1) 관객 (2) 민화 (3) 재능

'樂(노래 악)'과 뜻이 비슷해요.

노래 **가** | 欠부 | 총 14획

- 歌唱(가창): 노래를 부름.
- 祝歌(축가): 축하하는 뜻으로 부르는 노래

부를 **창** | 口부 | 총 11획

- 獨唱(독창): 혼자서 노래를 부름.
- 合唱(합창): 여러 사람이 함께 노래를 부름.

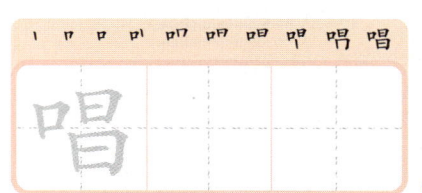

펼 **전** | 尸부 | 총 10획

- 展開(전개): 열려 나타남. 내용을 진전시켜 펴 나감.
- 展示(전시): 여러 물건을 한 곳에 놓고 보여 줌.

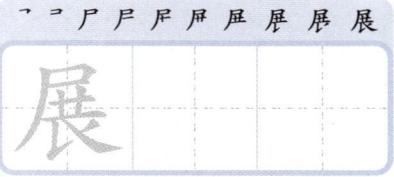

보일 **시** | 示부 | 총 5획

- 告示(고시): 행정 기관에서 일반 국민에게 알릴 것을 글로 써서 게시함.
- 明示(명시): 분명하게 드러내 보임.

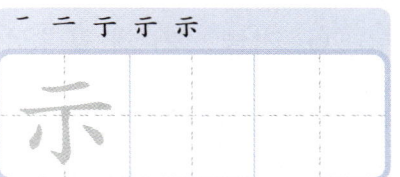

띵똥띵똥 퀴즈 다음 ( ) 안에 알맞은 한자어의 독음을 채워 볼까요?

(1) 우리 이모 결혼식에서 제가 祝歌(　　　　)를 부르기로 했습니다.
(2) 일심동체가 되지 않으면 훌륭한 合唱(　　　　)은 이루어지지 않습니다.
(3) 국립 박물관에서는 중요한 문화재들을 展示(　　　　)하고 있습니다.

정답 (1) 축가 (2) 합창 (3) 전시

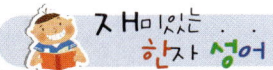

多才多能 많을 **다**, 재주 **재**, 많을 **다**, 능할 **능**

재주와 능력이 많음.

　신사임당은 어려서부터 총명하고 재주와 능력이 많은 '多才多能'한 분이에요. 특히 시, 글씨, 그림 등에 뛰어나서 오늘날까지 전해오는 많은 일화와 작품들이 남아 있습니다.
　풀벌레를 그린 것을 닭이 진짜 벌레인 줄 알고 쪼았다는 이야기도 있고, 친척집 잔치에 갔다가 부인네의 치마폭에 묻은 얼룩을 멋진 그림으로 바꾸어 놓았다는 이야기도 전해옵니다.

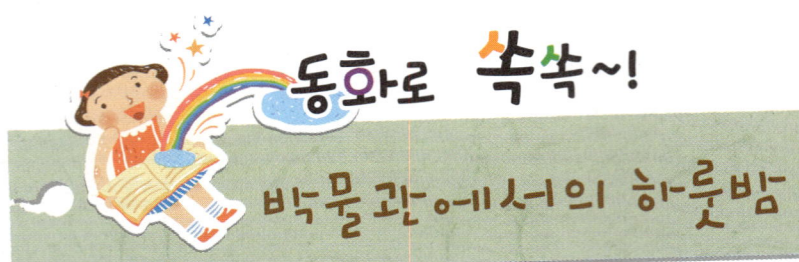

동화로 쏙쏙~! 박물관에서의 하룻밤

동화를 읽으며 한자어의 독음을 써 보아요.

원준이는 친구들이랑 박물관에 놀러 갔어요. 박물관에는 신기한 물건들이 많이 展示(①) 되어 있었어요. 社會(②) 시간에 배운 물건들도 눈에 띄었어요. 추운 겨울을 따뜻하게 보내기 위한 화로도 있었고, 옷을 다리는 데 쓰던 인두도 있었어요. 이곳저곳을 구경하던 원준이는 복도 의자에 앉아 잠깐 쉬었다가 잠이 들었어요. 그리고 조금 후에 깼는데 박물관 문이 잠겨 있었어요.

그런데 그때 어디선가 이야기 소리가 들렸어요. 박물관 홀에 각 전시실의 대장들이 모여 있었는데, 생긴 모습이 특이했어요. 그들은 원준이를 보고는 깜짝 놀랐어요.

"너, 지금 여기 왜 있니?"

"구경하다가 피곤해서 잠깐 잠들었다 깼는데, 박물관 문이 닫혀 있지 뭐예요. 그런데 아저씨들은 누구세요?"

"우리는 박물관의 각 전시실을 대표하는 대장들이야."

그리고 이내 각 전시실의 대장들은 서로 자기가 최고라고 말하기 시작했어요.

교과 제목 · 예술과 관계있는 한자어

|모범 답안| 270쪽

數學(　　)방의 대장은

"세상의 모든 것들은 숫자들로 이루어져 있어. 생일도, 키도, 몸무게도, 달력도, 컴퓨터의 기록까지 모두 말이야. 그러니까 내가 이 박물관에서 제일 중요한 곳이라고."

그러자 예술방의 대장은

"무슨 소리야. 우리가 박물관에서 가장 인기가 많다고. 觀客(　　)이 많은 것만 봐도 알 수 있지. 우리 방에 오면 才能(　　) 있는 사람들의 연주와 노래를 들을 수 있고, 마당극 동영상도 볼 수 있다고!"

한쪽에 조용히 앉아 있던 漢文(　　)방의 대장은

"박물관은 역사적 가치가 있는 것이 중요해. 우리 방에 오면 진귀한 이야기가 담겨 있는 祖上(　　)들의 책도 있고, 멋진 그림과 글씨들이 가득하지."

그리고 민속방의 할아버지는 이렇게 말씀하셨어요.

"우리 방도 옛날 사람들의 생활 모습을 인형으로 꾸며 놓아서 사람들이 아주 좋아해. 사람들의 옷차림, 사는 환경, 먹는 것이 지금과는 많이 달랐으니까 말이야.

얼마가 지났을까, 주변이 시끄러워 고개를 들어보니 박물관을 청소하는 아저씨가 저를 쳐다보고 계셨어요. 오늘은 박물관이 쉬는 날이니 얼른 집에 가라고요. 나는 마치 꿈속에서 대장들을 만난것 처럼 아주 신기한 느낌이었답니다.

하나. 배정 한자 익히기

100점 만점에 100점

1 다음 漢字語의 讀音을 보기에서 찾아 그 번호를 쓰세요.

> 보기   ① 민화   ② 덕담   ③ 학업   ④ 교실

(1) 敎室 (   )　　　　(2) 民畫 (   )
(3) 德談 (   )　　　　(4) 學業 (   )

2 다음 밑줄 친 漢字語의 讀音을 쓰세요.

(1) 야구 경기장에 觀客(   )들이 가득 차 있다.
(2) 설악산은 주변 景觀(   )이 빼어나다.
(3) 미술관에 고흐의 작품이 展示(   )되었다.
(4) 노래 실력이 뛰어난 은지는 고모 결혼식에서 祝歌(   )를 불렀다.

3 다음 밑줄 친 곳에 漢字의 訓을 쓰세요.

(1) 歌唱(_____가, _____창)　　(2) 道具(_____도, _____구)
(3) 告示(_____고, _____시)　　(4) 才能(_____재, _____능)

4 다음 뜻풀이에 맞는 漢字語를 보기에서 찾아 그 번호를 쓰세요.

> 보기   ① 能力   ② 社說   ③ 數式   ④ 客室

(1) 수나 양을 나타내는 숫자나 문자를 계산 기호로 쓴 식. (   )
(2) 어떤 일을 해낼 수 있는 힘. (   )
(3) 신문이나 잡지 등에서, 회사의 주장을 써내는 글. (   )
(4) 손님을 거처하게 하거나 접대하는 방. (   )

5 다음 漢字의 訓과 音을 쓰세요.

(1) 漢 (　　　　)　　(2) 學 (　　　　)
(3) 客 (　　　　)　　(4) 德 (　　　　)

6 다음 訓과 音에 맞는 漢字를 쓰세요.

(1) 셈 수 (　　　　)　　(2) 길 도 (　　　　)
(3) 글월 문 (　　　　)　　(4) 그림 화 (　　　　)

7 다음 (　) 안에 들어갈 漢字를 보기에서 찾아 그 번호를 쓰세요.

보기	① 會	② 文	③ 學
	④ 道	⑤ 門	⑥ 能

(1) 多才多(　　　　): 재주와 능력이 많음.
(2) 敎(　　　　)相長: 가르치고 배우면서 함께 성장함.
(3) 人(　　　　)科學: 인간의 역사와 문화에 관한 학문을 통틀어 이르는 말.
(4) 八(　　　　)江山: 우리나라 전체의 강산.

8 다음 밑줄 친 漢字語를 漢字로 쓰세요.

(1) 선생님이 <u>교과</u>(　　　　) 내용을 칠판에 판서하셨다.
(2) 인간은 <u>사회</u>(　　　　)적 동물이라고 한다.
(3) 선희는 영어 <u>회화</u>(　　　　)를 아주 잘한다.
(4) 세 사람의 글을 모아 한 권의 <u>문집</u>(　　　　)으로 간행했다.

한자 쏙쏙~! '반대(상대)자'로 짜여진 한자어

한자를 한 글자 한 글자 자세히 공부해 보아요.

강할 **강** | 弓부 | 총 11획
- 強弱(강약): 강함과 약함.
- 強化(강화): 세력이나 힘을 더 강하고 튼튼하게 함.

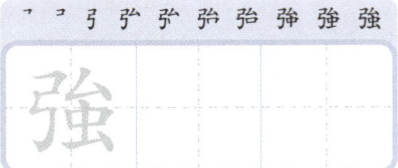

약할 **약** | 弓부 | 총 10획
- 弱者(약자): 세력이 약한 사람. 또는 그 집단
- 弱體(약체): 허약한 몸. 또는 실력이나 능력이 약한 조직체

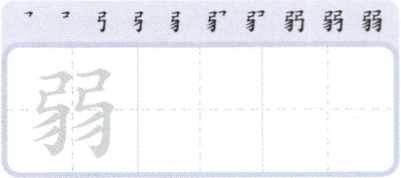

가벼울 **경** | 車부 | 총 14획
- 輕量(경량): 가벼운 무게
- 輕重(경중): 가벼움과 무거움. 또는 중요함과 중요하지 않음.

무거울 **중** | 里부 | 총 9획
- 加重(가중): 더 무거워짐. 더 무겁게 함.
- 體重(체중): 몸무게

쓸 **고** | 艸(艹)부 | 총 9획
- 苦樂(고락): 괴로움과 즐거움
- 勞苦(노고): 수고스럽게 애씀.

즐길 **락** 노래 **악** 좋아할 **요** | 木부 | 총 15획
- 樂觀(낙관): 인생이나 사물을 밝고 희망적으로 봄.
- 樂勝(낙승): 힘들이지 않고 쉽게 이김.

띵똥띵똥 퀴즈 다음 ( ) 안에 알맞은 한자어의 독음을 채워 볼까요?

(1) 거문고를 연주할 때는 음의 強弱( )을 잘 조절해야 합니다.
(2) 유미는 體重( )을 줄이기 위해 매일 줄넘기를 합니다.
(3) 저 늙은 당나귀는 오랜 동안 나와 苦樂( )을 함께 해 온 친구라네.

정답 (1) 강약 (2) 체중 (3) 고락

| 길할 | 길 | 口부 | 총 6획 |

- 吉日(길일): 좋은 날. 길한 날
- 吉凶(길흉): 길함과 흉함. 좋음과 나쁨.

| 흉할 | 흉 | 凵부 | 총 4획 |

- 凶物(흉물): 모양이 흉하게 생긴 사람이나 동물
- 凶作(흉작): 농작물의 수확이 매우 적음.

| 사내 | 남 | 田부 | 총 7획 |

- 男女(남녀): 남자와 여자
- 男兒(남아): 남자아이

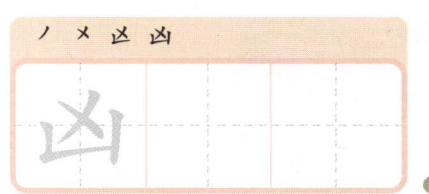

| 계집 | 녀 | 女부 | 총 3획 |

- 女軍(여군): 여자로 조직된 군대
- 女王(여왕): 여자 임금

'女'가 한자어의 맨 앞에 올 때는 '여'로 읽어요.

땡똥 땡똥 퀴즈 다음 ( ) 안에 알맞은 한자어의 독음을 채워 볼까요?

(1) 까마귀가 세 번 울고 지나가자, 장군은 吉凶(   )을 점치기 시작했습니다.
(2) 계속된 凶作(   )에 농민들은 겨울을 지낼 식량이 없었답니다.
(3) 선희의 언니는 女軍(   )이 되고 싶어서 사관 학교에 입학했습니다.

정답 (1)길흉 (2)흉작 (3)여군

재미있는 한자 성어

生死苦樂 날 생, 죽을 사, 쓸 고, 즐길 락

삶과 죽음, 괴로움과 즐거움을 통틀어 이르는 말

누리의 할아버지와 희정이의 할아버지는 친구 사이로, 이웃에 살고 계세요. 두 분의 고향은 원래 이북이었는데 6·25 전쟁에 참전하면서 처음 만나게 되셨다고 합니다.

전쟁이 끝나자 고향으로 돌아갈 수 없는 실향민이 된 두 분은 生死苦樂을 함께한 전우끼리 평생 돕고 살자며 한 동네에서 사이좋게 살기로 하셨답니다.

한자를 한 글자 한 글자 자세히 공부해 보아요.

| 동녘 동 | 木부 | 총 8획 |

- 東西(동서): 동쪽과 서쪽, 동양과 서양
- 東海(동해): 동쪽의 바다

🔍 '束(묶을 속)'과 모양이 비슷해요.

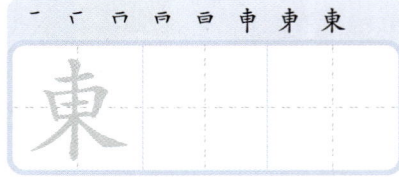

| 서녘 서 | 襾(西)부 | 총 6획 |

- 西洋(서양): 유럽과 아메리카 대륙의 여러 나라를 이르는 말
- 西風(서풍): 서쪽에서 불어오는 바람

🔍 '初(처음 초)'와 뜻이 비슷해요.

| 비로소 시 | 女부 | 총 8획 |

- 始作(시작): 어떤 일·행동·현상의 처음. 어떤 일이나 행동을 처음으로 함.
- 始終(시종): 처음과 끝. 처음부터 끝까지

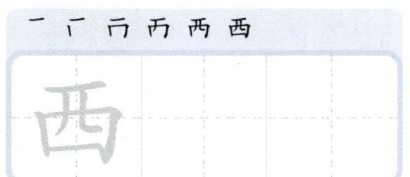

| 마칠 종 | 糸부 | 총 11획 |

- 終日(종일): 하루 낮 동안. 온종일
- 最終(최종): 맨 나중

| 멀 원 | 辵(辶)부 | 총 14획 |

- 遠近(원근): 멀고 가까움.
- 遠大(원대): 계획이나 희망 등의 규모가 크고 뜻이 큼.

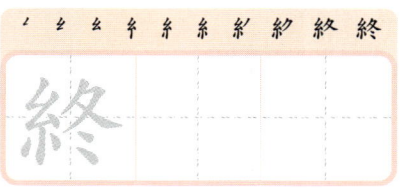

| 가까울 근 | 辵(辶)부 | 총 8획 |

- 近來(근래): 가까운 요즈음
- 近親(근친): 촌수가 가까운 일가

띵동띵동 퀴즈 다음 ( ) 안에 알맞은 한자어의 독음을 채워 볼까요?

(1) 영동 고속 국도는 우리나라의 東西(   )를 잇는 도로입니다.
(2) 민지는 始終(   ) 미소를 머금은 채 듣고만 있었습니다.
(3) 우리 엄마는 近來(   )에 들어 운동을 매우 열심히 하십니다.

정답 (1) 동서 (2) 시종 (3) 근래

| 왼 **좌** | 工부 | 총 5획 |

- 左相(좌상): 좌의정을 달리 이르는 말
- 左右(좌우): 왼쪽과 오른쪽. 옆이나 곁

| 오른 **우** | 口부 | 총 5획 |

- 右記(우기): 본문의 오른쪽에 기록된 것
- 右心室(우심실): 심장 안의 오른쪽 아랫부분

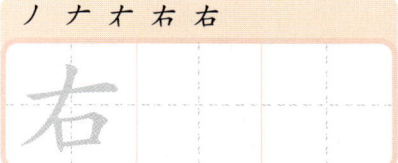

🔍 '古(예 고)', '石(돌 석)'과 모양이 비슷해요.

| 봄 **춘** | 日부 | 총 9획 |

- 春秋(춘추): 봄과 가을. 어른의 나이를 높여 부르는 말
- 靑春(청춘): 인생의 젊은 시절

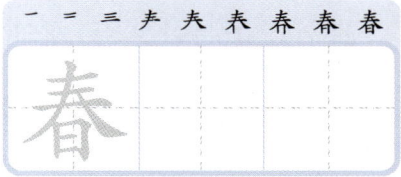

| 가을 **추** | 禾부 | 총 9획 |

- 秋夕(추석): 명절의 하나로, 음력 팔월 보름날
- 立秋(입추): 이십사절기의 열 세번째 절기

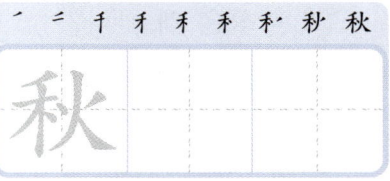

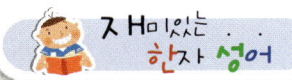 다음 ( ) 안에 알맞은 한자어의 독음을 채워 볼까요?

(1) 철민이는 두리번거리며 左右( )를 살펴보았습니다.
(2) 할아버지께서는 春秋( )가 어떻게 되시는지요?
(3) 올 秋夕( )에는 달이 유난히도 밝습니다.

정답 (1)좌우 (2)춘추 (3)추석

재미있는 한자 성어

東問西答 동녘 **동**, 물을 **문**, 서녘 **서**, 대답 **답**

'동쪽을 묻는데 서쪽을 대답하다.'라는 뜻으로, 묻는 말에 대하여 아주 엉뚱한 대답을 함.

민정: 선재야, 넌 방학 동안 어디에 갔다 왔니?
선재: 부산은 아름다운 도시야.

어? 둘의 대화가 좀 이상하지요? 민정이는 어디에 갔다 왔느냐고 장소를 묻는데, 선재의 대답이 엉뚱하네요. 선재처럼 묻는 말에 대해 엉뚱한 대답을 할 때 쓰는 말이 바로 '東問西答'이랍니다.

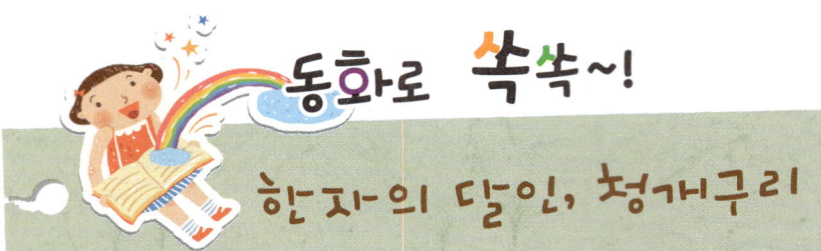

동화로 쏙쏙~!
한자의 달인, 청개구리

동화를 읽으며 한자어의 독음을 써 보아요.

옛날에 엄마 말을 듣지 않고 반대로만 하는 말썽꾸러기 청개구리가 있었어요. 동쪽으로 가라고 하면 서쪽으로 가고, 왼쪽으로 가라고 하면 오른쪽으로 갔지요. 마음대로 東西(❶　　), 左右(❷　　)를 바꾸어 생각하는 청개구리는 반대말의 달인이었어요.

토끼와 거북이는 두 개의 반대말 한자로 이루어진 한자어 알아오기 숙제를 하기 위해서 말썽꾸러기 청개구리를 찾으러 연못가로 갔어요.

"아저씨, 무엇이든 거꾸로 하는 말썽꾸러기 청개구리 어디에 있나요?"

"그 녀석은 왜 찾니?"

"물어볼 게 있거든요."

"그래? 그 녀석은 엄마 말을 도통 안 들어. 始終(❸　　)일관 거꾸로 하니 말이야. 저기 연잎을 타고 있는 녀석이야."

"네, 감사합니다."

네가 항상 엄마 말씀을 안 듣고 거꾸로 한다는 반대말의 달인이니?

반대(상대)자 로 짜여진 한자어

| 모범 답안 | 270쪽

토끼와 거북이는 개구리에게 갔어요.

"개구리야, 너 정말 반대말의 달인이니?"

"너희들은 누구니?"

"나는 토순이고, 애는 엉금이야. 사실은 너한테 도움을 받으러 왔어. 반대 한자로 이루어진 한자어를 찾아야 하는데 생각이 안 나서 말이야. 좀 도와줄래?"

"그래 좀 도와줘. 10개를 찾아야 하는데 우리는 지금 6개밖에 못 찾았어. 동서, 좌우, 부모, 男女(④　　), 吉凶(⑤　　), 왕래, 여기까지 우리가 찾은 단어야."

"너희들이 도움을 청하니까 특별히 도와줄게. 자, 힌트를 줄 테니 잘 들어봐. 봄과 가을, 강하고 약한 것, 가볍고 무거운 것, 멀고 가까운 것. 어때, 떠오르는 말이 있니?"

"음, 봄과 가을은 春秋(⑥　　), 강하고 약한 것은 強弱(⑦　　), 가볍고 무거운 것은 輕重(⑧　　), 그리고 멀고 가까운 것? 가까운 것을 뜻하는 한자는 '가까울 근'인데, 멀다를 뜻하는 한자가 뭐지?"

"하하, 그것도 모르다니. '멀 원'이잖아."

"아, 맞다. 그럼 멀고 가까운 거는 遠近(⑨　　)이네."

토끼와 거북이는 청개구리의 도움으로 무사히 숙제를 마칠 수 있었답니다.

100점 만점에 100점

1 다음 漢字語의 讀音을 보기에서 찾아 그 번호를 쓰세요.

> 보기   ① 여왕   ② 흉물   ③ 시작   ④ 경량

(1) 輕量 (   )   (2) 始作 (   )
(3) 女王 (   )   (4) 凶物 (   )

2 다음 밑줄 친 漢字語의 讀音을 쓰세요.

(1) 악기를 연주할 때는 強弱(   )을 잘 조절해야 한다.
(2) 실내에 잔잔한 音樂(   )이 흐른다.
(3) 일의 輕重(   )을 따져서 중요한 것부터 처리해야 한다.
(4) 우리 여행의 最終(   ) 목적지는 부산이다.

3 다음 밑줄 친 곳에 漢字의 訓을 쓰세요.

(1) 東海(_____동, _____해)   (2) 始終(_____시, _____종)
(3) 苦樂(_____고, _____락)   (4) 近來(_____근, _____래)

4 다음 뜻풀이에 맞는 漢字語를 보기에서 찾아 그 번호를 쓰세요.

> 보기   ① 凶作   ② 弱者   ③ 遠大   ④ 西洋

(1) 세력이 약한 사람이나 집단. (   )
(2) 유럽과 아메리카 대륙의 여러 나라를 이르는 말. (   )
(3) 계획이나 희망 따위가 규모가 크고 뜻이 큼. (   )
(4) 농작물의 수확이 매우 적음. (   )

5 다음 漢字의 訓과 音을 쓰세요.

(1) 男 (　　　　) (2) 西 (　　　　)
(3) 秋 (　　　　) (4) 遠 (　　　　)

6 다음 訓과 音에 맞는 漢字를 쓰세요.

(1) 계집 녀 (　　　　) (2) 동녘 동 (　　　　)
(3) 봄 춘 (　　　　) (4) 가까울 근 (　　　　)

7 다음 (　) 안에 들어갈 漢字를 보기 에서 찾아 그 번호를 쓰세요.

보기	① 近	② 秋	③ 終
	④ 春	⑤ 遠	⑥ 男

(1) 南(　　)北女 : 남자는 남쪽 지방, 여자는 북쪽 지방 사람이 고움을 이르는 말.
(2) 八月(　　)夕 : 8월 보름날인 우리나라 명절의 하나.
(3) (　　)洋漁業 : 먼 바다를 장기간에 걸쳐 항해하며 하는 어업.
(4) (　　)夏秋冬 : 사계절.

8 다음 밑줄 친 漢字語를 漢字로 쓰세요.

(1) 큰 파도에 여객선이 <u>좌우</u>(　　　　)로 흔들린다.
(2) 병수는 <u>체중</u>(　　　　)을 줄이기 위해 밤에 과식하던 습관을 버렸다.
(3) <u>추석</u>(　　　　)에는 보름달이 뜬다.
(4) 이 <u>원대</u>(　　　　)한 계획은 아직 시작 단계에 불과하다.

한자 쏙쏙~! '자연·여행'과 관계있는 한자어

한자를 한 글자 한 글자 자세히 공부해 보아요.

강 **강** 水(氵)부 총 6획
- 江村(강촌): 강가의 마을
- 江湖(강호): 강과 호수. 은자들이 현실을 피해 살던 곳

'河(물 하)'와 뜻이 비슷해요.

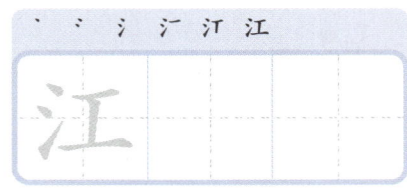

호수 **호** 水(氵)부 총 12획
- 湖南(호남): 전라남도와 전라북도를 아울러 이르는 말
- 湖水(호수): 사면이 육지로 싸이고 물이 괸 곳

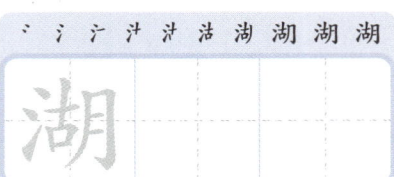

수풀 **림** 木부 총 8획
- 林野(임야): 숲과 들을 함께 이르는 말
- 山林(산림): 산과 숲. 산에 있는 숲

들 **야** 里부 총 11획
- 野生(야생): 산이나 들에서 저절로 나서 자람. 또는 그런 생물
- 平野(평야): 평평하고 넓은 들

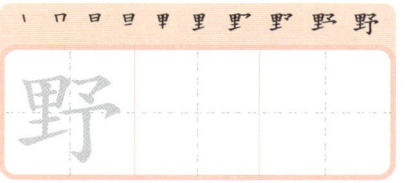

물 **하** 水(氵)부 총 8획
- 河川(하천): 강과 시내
- 山河(산하): 산과 강. 자연

내 **천** 巛(川)부 총 3획
- 川流(천류): 내의 흐름
- 山川(산천): 산과 내. 자연

'州(고을 주)'와 모양이 비슷해요.

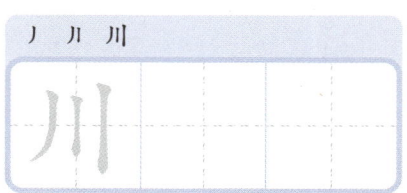

띵똥띵똥 퀴즈 다음 ( ) 안에 알맞은 한자어의 독음을 채워 볼까요?

(1) 우리 동네에는 넓은 湖水( ) 공원이 있습니다.
(2) 강 하구의 平野( )는 기름져서 농사짓기에 알맞습니다.
(3) 게릴라성 폭우로 河川( )이 범람하여 주민들이 큰 피해를 입었습니다.

정답 (1) 호수 (2) 평야 (3) 하천

| 구름 | 운 | 雨부 | 총 12획 |

- 雲集(운집): 구름처럼 많은 사람들이 모여듦.
- 雲海(운해): 구름 덮인 바다. 또는 바다처럼 널리 깔린 구름

| 바다 | 해 | 水부 | 총 10획 |

- 海洋(해양): 넓고 큰 바다
- 海運(해운): 배로 사람이나 화물을 실어 나르는 일

🔍 상대자는 '陸(뭍 륙)'이에요.

🔍 '氷(물 수)', '永(길 영)'과 모양이 비슷해요.

| 얼음 | 빙 | 水부 | 총 5획 |

- 氷山(빙산): 빙하에서 떨어져 호수나 바다를 떠돌아다니는 얼음 덩어리
- 結氷(결빙): 물이 얼어 얼음이 됨.

| 메 | 산 | 山부 | 총 3획 |

- 山村(산촌): 산 속에 있는 마을
- 登山(등산): 산에 오름.

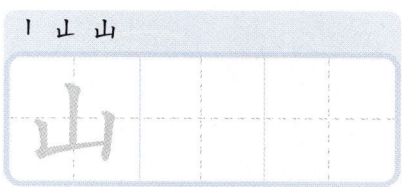

띵똥댕똥 퀴즈 다음 ( ) 안에 알맞은 한자어의 독음을 채워 볼까요?

(1) 축구 응원을 위해 시청 앞에 군중들이 雲集(   )했습니다.
(2) 내가 아는 지식은 실로 氷山(   )의 일각에 불과합니다.
(3) 진아는 山村(   ) 마을에 살고 있습니다.

정답 (1)운집 (2)빙산 (3)산촌

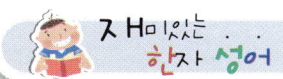

氷山一角 얼음 빙, 메 산, 한 일, 뿔 각

대부분이 숨겨져 있고 밖으로 드러나 있는 것은 극히 일부분에 지나지 않는 일을 비유하는 말

호화 여객선 타이타닉이 왜 침몰했는지 알고 있나요? 바로 빙산과 충돌했기 때문이에요. 바다에 둥둥 떠다니는 빙산은 물 위로 보이는 부분보다 아래쪽으로 가라앉아 있는 부분이 훨씬 크기 때문에 뱃사람들에게 암초보다 더 무서운 존재였어요.

빙산의 일각만 보고 얕잡아 생각했다가는 무서운 재앙을 피할 수 없답니다.

'자연·여행'과 관계있는 한자어

한자를 한 글자 한 글자 자세히 공부해 보아요.

모 **방** | 方부 | 총 4획
- 方今(방금): 바로 조금 전이나 후. 금방
- 方向(방향): 향하는 쪽. 방위. 뜻이 향하는 곳

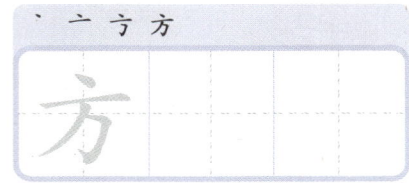

향할 **향** | 口부 | 총 6획
- 南向(남향): 남쪽으로 향함. 또는 그 방향
- 風向(풍향): 바람이 불어오는 방향

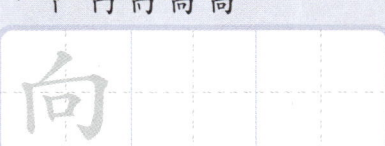

🔍 '同(한가지 동)'과 모양이 비슷해요.

볕 **경** | 日부 | 총 12획
- 景致(경치): 산이나 바다 따위의 자연이나 지역의 풍경
- 光景(광경): 벌어진 일의 형편과 모양

이를 **치** | 至부 | 총 10획
- 理致(이치): 사물의 정당한 조리. 도리에 맞는 취지
- 一致(일치): 서로 어긋나지 않고 꼭 맞음.

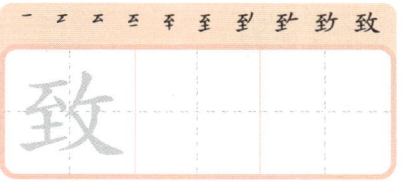

🔍 '族(겨레 족)'과 모양이 비슷해요.

나그네 **려** | 方부 | 총 10획
- 旅費(여비): 여행하는 데 드는 돈
- 旅行(여행): 일이나 유람을 목적으로 다른 고장이나 외국에 가는 일

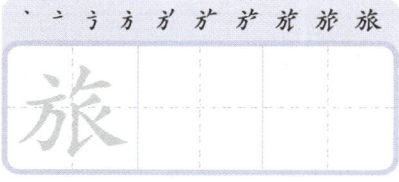

쓸 **비** | 貝부 | 총 12획
- 費用(비용): 물건을 사거나 어떤 일을 하는 데 드는 돈
- 消費(소비): 돈·물건·시간·노력 등을 써서 없앰.

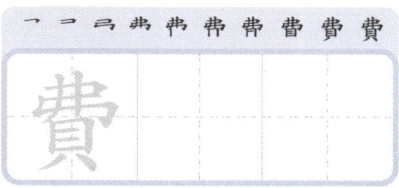

띵똥띵똥 퀴즈 다음 ( ) 안에 알맞은 한자어의 독음을 채워 볼까요?

(1) 안개가 자욱하게 끼어서 方向(　　　)을 잘 알 수 없었습니다.
(2) 상상할 수 없는 놀라운 光景(　　　)이 눈앞에 벌어지고 있었습니다.
(3) 이번 旅行(　　　)에서는 경기도 일대의 문화 유적지를 돌아봅시다.

정답 (1) 방향 (2) 광경 (3) 여행

볼 **견** 뵈올 **현** | 見부 | 총 7획

- 見聞(견문): 보고 들음.
- 卓見(탁견): 두드러진 의견이나 견해

들을 **문** | 耳부 | 총 14획

- 所聞(소문): 전하여 들리는 말
- 新聞(신문): 새로운 사건이나 화제에 따른 보도·해설·비평을 전달하는 정기 간행물

'問(물을 문)', '間(사이 간)'과 모양이 비슷해요.

잎 **엽** | 艸(艹)부 | 총 13획

- 葉書(엽서): 우편엽서 또는 그림엽서를 줄여서 이르는 말
- 落葉(낙엽): 말라서 떨어진 나뭇잎

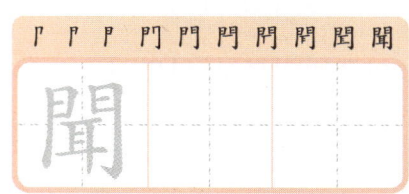

글 **서** | 曰부 | 총 10획

- 書堂(서당): 글방. 조선시대 사설 초등 교육 기관
- 書店(서점): 책을 파는 가게

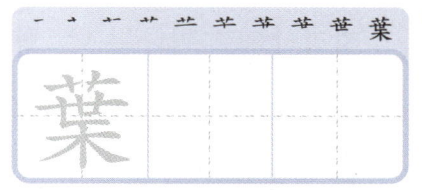

'晝(낮 주)', '畫(그림 화)'와 모양이 비슷해요.

띵똥띵똥 퀴즈 다음 ( ) 안에 알맞은 한자어의 독음을 채워 볼까요?

(1) 여행을 통해 見聞(　　　)을 넓힙시다.
(2) 그는 행실이 바르지 못하다는 所聞(　　　)이 있습니다.
(3) 설악산에 온 기념으로 葉書(　　　)를 하나 사서 친구에게 부쳤습니다.

정답 (1) 견문 (2) 소문 (3) 엽서

재미있는 한자 성어

聞一知十 들을 **문**, 한 **일**, 알 **지**, 열 **십**

하나를 들고 열 가지를 미루어 안다는 뜻으로, 지극히 총명함을 이르는 말

　공자의 제자 중에 자공과 안회라는 사람이 있었어요. 자공은 말주변이 좋아서 공자를 위해 많은 일을 했지만, 공자가 가장 아끼는 제자는 공자의 사상을 묵묵히 실천하는 안회였죠.
　어느 날 공자가 자공에게 "너와 안회 중 누가 낫다고 생각하느냐?"하고 물었습니다. 그러자 자공이 "안회는 하나를 들으면 열을 알지만 저는 하나를 들으면 둘을 압니다."하고 대답했어요. 똑똑하다고 자부하는 자공이지만 자신이 안회보다 못하다는 것을 알고 있었던 것이지요.

동화로 쏙쏙~!
지리산 여행

동화를 읽으며 한자어의 독음을 써 보아요.

주영이의 대학생 큰형은 여름 방학에 지리산에 놀러간다고 했어요. 주영이는 봄부터 아르바이트를 하면서 旅費(　　)도 마련하고, 여행 준비를 하는 형이 너무 부러웠어요. 그래서 부모님께 형과 함께 여행하면 見聞(　　)을 넓힐 수 있다며 같이 갈 수 있게 해달라고 졸랐지요. 형은 주영이가 성화를 부려서 데려 가기로 했어요.

지리산으로 떠나는 날, 형이랑 열차를 타고 가면서 바라본 창 밖 景致(　　)는 무척 멋졌어요. 남원역에 도착한 주영이와 형은 지도를 보면서 어느 方向(　　)으로 지리산을 오를 것인지 정했어요. 3박 4일 일정이었기 때문에 둘레길도 걷고, 노고단에도 올라가기로 했지요. 형과 주영이는 둘레길을 걸을 수 있는 마을로 가는 버스를 탔고, 그 마을에서 민박을 했어요.

이튿날 아침, 주영이는 형과 함께 둘레길을 걸었어요. 길가에는 처음 보는 야생화들이 많이 피어 있었는데, 처음 듣는 이름도 많았어요. 그리고 계곡을 만나면 주영이와 형은 시원하게 물놀이를 하고, 맛있는 음식도 먹고, 사진도 많이 찍었어요. 그날 밤, 주영이는 텐트에 눕자마자 피곤해서 바로 잠이 들었어요.

자연 · 여행과 관계있는 한자어

| 모범 답안 | 271쪽

다음날은 노고단에 오르기로 하였어요. 주영이와 형은 어제 밤에는 피곤해서 산에 못 오를 것 같더니, 막상 아름다운 산길을 걷다보니 기운이 펄펄 났어요. 둘은 두 시간 정도 올라 산 아래를 바라봤어요. 눈 아래 펼쳐진 너른 林野(⑤　　)와 마을의 모습을 바라보고 있자니 사람들이 왜 산에 오르는지 알 수 있었어요. 하지만 이건 氷山(⑥　　)의 일각에 불과했지요. 노고단 정상에 오른 후 발밑에 펼쳐진 지리산의 雲海(⑦　　)를 본 주영이와 형은 입을 다물지 못했어요. 어른들이 말하는 절경이라는 것이 무엇인지 느낄 수 있었지요.

주영이는 형이 너무 고마웠어요. 이렇게 좋은 경험을 할 수 있게 해 주어서 말이죠. 시간이 있을 때마다 컴퓨터 게임만 했었는데 그보다 멋진 것들이 세상에는 많다는 것을 알게 해 주었으니까요.

주영이는 멋진 지리산 풍경을 담은 葉書(⑧　　)를 손수 만들어서 부모님께 선물하기로 했어요. 이번 여행에서 느낀 자신의 생각도 함께 적어서 말이에요.

100점 만점에 100점

1 다음 漢字語의 讀音을 보기에서 찾아 그 번호를 쓰세요.

> 보기   ① 여행   ② 해양   ③ 광경   ④ 신문

(1) 新聞 (　　　　)   (2) 海洋 (　　　　)
(3) 旅行 (　　　　)   (4) 光景 (　　　　)

2 다음 밑줄 친 漢字語의 讀音을 쓰세요.

(1) 영희는 書店(　　　　)에서 시집을 한 권 샀다.
(2) 며칠 동안의 폭우로 河川(　　　　)이 범람하였다.
(3) 우리 고향은 인심 좋고 景致(　　　　) 좋은 곳이지.
(4) 여행이나 책을 통해서 두루두루 見聞(　　　　)을 넓혀라.

3 다음 밑줄 친 곳에 漢字의 訓을 쓰세요.

(1) 旅費(＿＿＿＿려, ＿＿＿＿비)   (2) 理致(＿＿＿＿리, ＿＿＿＿치)
(3) 山川(＿＿＿＿산, ＿＿＿＿천)   (4) 林野(＿＿＿＿림, ＿＿＿＿야)

4 다음 뜻풀이에 맞는 漢字語를 보기에서 찾아 그 번호를 쓰세요.

> 보기   ① 湖水   ② 一致   ③ 費用   ④ 雲集

(1) 구름처럼 많은 사람들이 모여듦. (　　　　)
(2) 물건을 사거나 어떤 일을 하는 데 드는 돈. (　　　　)
(3) 사면이 육지로 싸이고 물이 괸 곳. (　　　　)
(4) 서로 어긋나지 않고 꼭 맞음. (　　　　)

5 다음 漢字의 訓과 音을 쓰세요.

(1) 湖 (　　　　)　　(2) 氷 (　　　　)
(3) 葉 (　　　　)　　(4) 雲 (　　　　)

6 다음 訓과 音에 맞는 漢字를 쓰세요.

(1) 강 강 (　　　　)　　(2) 바다 해 (　　　　)
(3) 메 산 (　　　　)　　(4) 글 서 (　　　　)

7 다음 (　) 안에 들어갈 漢字를 보기 에서 찾아 그 번호를 쓰세요.

보기	① 致	② 雲	③ 海
	④ 氷	⑤ 葉	⑥ 方

(1) 八(　　)美人 : 여러 방면에 능통한 사람을 비유적으로 이르는 말.
(2) (　　)山一角 : 대부분이 숨겨져 있고 외부로 나타나 있는 것은 일부분에 지나지 않음.
(3) 秋風落(　　) : 가을 바람에 떨어지는 나뭇잎.
(4) 人山人(　　) : 사람이 수없이 많이 모인 상태.

8 다음 밑줄 친 漢字語를 漢字로 쓰세요.

(1) 한적한 <u>산촌</u>(　　　　) 농가에 복숭아꽃이 소복하게 피어 있다.
(2) 길을 잘못 들어 <u>방향</u>(　　　　)을 잃고 한참 헤맸다.
(3) 저녁이 되자 <u>풍향</u>(　　　　)이 바뀌었다.
(4) 이 강은 <u>평야</u>(　　　　) 지대를 흘러서 바다에 이른다.

한자 속속~! '지역'과 관계있는 한자어

한자를 한 글자 한 글자 자세히 공부해 보아요.

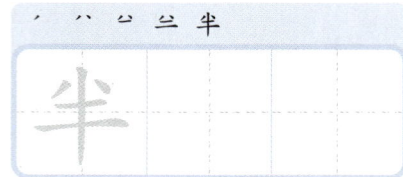

- 반 | 十부 | 총 5획
- 半球(반구): 구의 절반
- 後半(후반): 시간적으로 앞뒤로 나눈 것 중에서 뒤의 절반

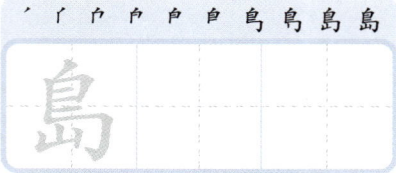

- 섬 도 | 山부 | 총 10획
- 獨島(독도): 경상북도 울릉군에 속하는 화산섬의 이름
- 半島(반도): 삼면이 바다로 둘러싸이고 한 면은 육지에 이어진 땅

- 한국 / 나라 한 | 韋부 | 총 17획
- 韓國(한국): 대한민국(大韓民國)의 준말
- 北韓(북한): 남북으로 분단된 대한민국의 휴전선 이북 지역을 일컫는 말

- 나라 국 | 口부 | 총 11획
- 國歌(국가): 나라를 대표하거나 상징하는 노래
- 英國(영국): 유럽 대륙 서북쪽에 있는 섬나라

🔍 상대자는 '北(북녘 북)'이에요.
🔍 약자는 '国'으로 써요.

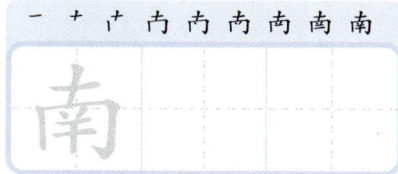

- 남녘 남 | 十부 | 총 9획
- 南美(남미): 남아메리카
- 南海(남해): 남쪽에 있는 바다

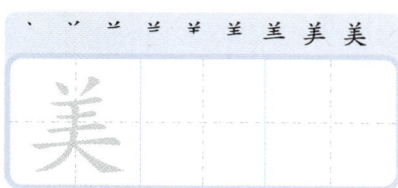

- 아름다울 미 | 羊부 | 총 9획
- 美男(미남): 얼굴이 썩 잘생긴 남자
- 美少年(미소년): 잘생긴 소년

띵똥띵똥 퀴즈 다음 ( ) 안에 알맞은 한자어의 독음을 채워 볼까요?

(1) 당신은 韓國( ) 사람입니까?
(2) 半島( )는 대륙과 해양을 이어 주는 요충지입니다.
(3) 축구와 삼바 춤으로 유명한 브라질은 南美( ) 대륙에 있습니다.

정답 (1) 한국 (2) 반도 (3) 남미

北

| 북녘 **북** | 달아날 **배** | 比부 | 총 5획 |

- 北京(북경): 중국의 수도 베이징
- 以北(이북): 어떤 지점을 한계로 한 그 북쪽

京

| 서울 **경** | 亠부 | 총 8획 |

- 上京(상경): 시골에서 서울로 올라옴.
- 開京(개경): '개성'의 고려 때 이름

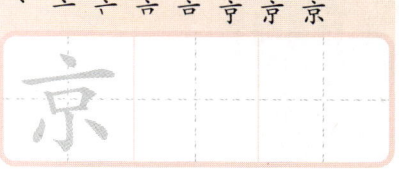

🔍 '都(도읍 도)'와 뜻이 비슷해요.

光

| 빛 **광** | 儿부 | 총 6획 |

- 光州(광주): 전라남도에 있는 광역시
- 觀光(관광): 다른 지방이나 다른 나라의 경치, 명소를 구경함.

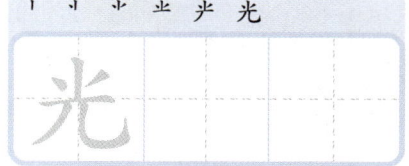

州

| 고을 **주** | 巛(川)부 | 총 6획 |

- 公州(공주): 충청남도에 있는 시
- 廣州(광주): 경기도 광주군의 군청 소재지

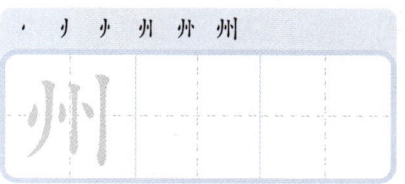

띵똥띵똥 퀴즈 다음 ( ) 안에 알맞은 한자어의 독음을 채워 볼까요?

(1) 중국의 北京( )에는 천안문 광장이 유명합니다.
(2) 우리나라의 光州( )는 광역시입니다.
(3) 그들은 계룡산을 둘러본 후 백제의 옛 수도 公州( )로 향했습니다.

정답 (1)북경 (2)광주 (3)공주

재미있는 한자성어 八方美人

여덟 **팔**, 모 **방**, 아름다울 **미**, 사람 **인**

여러 방면에 능통한 사람을 비유적으로 이르는 말

철수는 반 친구들의 부러움과 질투를 한 몸에 받는 친구입니다. 공부와 운동을 잘하고 얼굴도 잘 생기고, 키도 크고, 노래도 잘하고, 그림까지 잘 그리니까요.

'八方美人'이라는 말은 철수같은 친구에게 딱 어울리는 말이겠죠?

하지만 우리 속담에 '팔방미인이 밥 굶는다.' 라는 말이 있어요. 이것저것 조금씩 다 잘한다고 우쭐해서 노력하지 않으면 평범한 사람도 쫓아가지 못하게 된다는 뜻이죠.

'지역'과 관계있는 한자어

한자를 한 글자 한 글자 자세히 공부해 보아요.

| 관계할 | 관 | 門부 | 총 19획 |

- 關門(관문): 국경이나 요새의 정문
- 通關(통관): 화물 수출입의 허가를 받고 세관을 통과하는 일

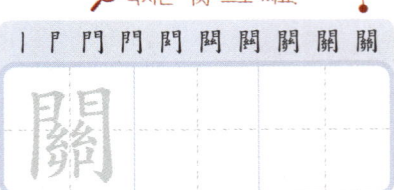
약자는 '関'으로 써요.

| 문 | 門부 | 총 8획 |

- 校門(교문): 학교의 정문
- 正門(정문): 건물의 정면에 있는 출입문

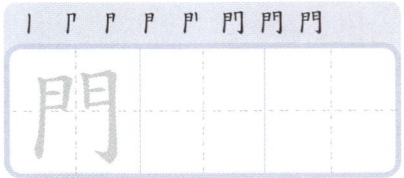

'問(물을 문)'과 모양이 비슷해요.

| 도읍 | 도 | 邑(阝)부 | 총 12획 |

- 都邑(도읍): 서울. 그 나라의 수도를 정함.
- 都市(도시): 일정 지역의 정치, 문화, 경제의 중심이 되는 곳

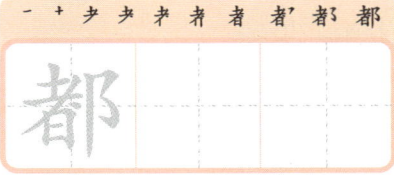

| 저자 | 시 | 巾부 | 총 5획 |

- 市民(시민): 시에 살고 있는 사람. 시의 주민
- 市場(시장): 여러 물건을 사고파는 일정한 장소

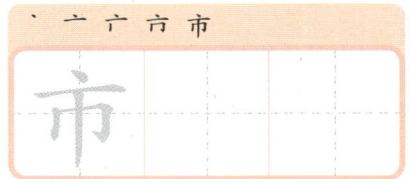

| 고을 | 군 | 邑(阝)부 | 총 10획 |

- 郡內(군내): 군(郡)의 안. 고을의 안
- 郡民(군민): 그 군에 사는 사람

| 안 | 내 | 入부 | 총 4획 |

- 內外(내외): 안과 밖. 또는 남자와 여자
- 室內(실내): 방이나 건물의 안

딩똥딩똥 퀴즈 다음 ( ) 안에 알맞은 한자어의 독음을 채워 볼까요?

(1) 인천 국제공항은 우리나라의 關門(   )입니다.
(2) 네온사인이 都市(   )의 밤하늘을 아름답게 수놓습니다.
(3) 할아버지와 할머니는 젊었을 때부터 內外(   )간에 금슬이 좋으셨다고 합니다.

정답 (1) 관문 (2) 도시 (3) 내외

🔍 '少(적을 소)'와 모양이 비슷해요.

| 작을 | 소 | 小부 | 총 3획 |

- 小食(소식): 음식을 적게 먹음. 또는 그 적은 분량
- 小邑(소읍): 주민과 산물이 적고 땅이 작은 고을

| 고을 | 읍 | 邑부 | 총 7획 |

- 邑內(읍내): 읍의 안
- 邑長(읍장): 읍의 우두머리로 읍의 행정을 처리하는 사람

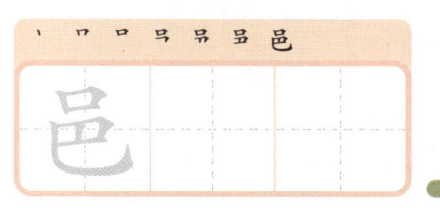

| 골 | 동 | 밝을 | 통 | 水(氵)부 | 총 9획 |

- 洞口(동구): 동네 어귀
- 洞里(동리): 마을. 최소 행정구역인 洞과 里

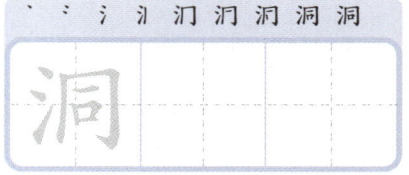

| 마을 | 리 | 里부 | 총 7획 |

- 萬里(만리): 아주 먼 거리
- 里長(이장): 행정구역인 마을을 대표하여 일을 맡아보는 사람

🔍 '里'가 한자어의 맨 앞에 올 때는 '이'로 읽어요.

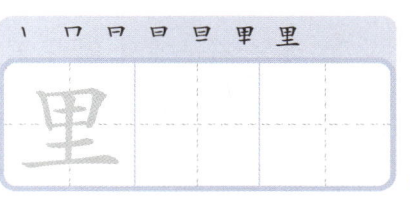

띵똥띵똥 퀴즈 다음 ( ) 안에 알맞은 한자어의 독음을 채워 볼까요?

(1) 우리 고장은 작은 小邑( )이라서 고장 사람들이 서로 잘 압니다.
(2) 아버지께서 里長( ) 선거에 출마하셨습니다.
(3) 洞口( ) 밖 과수원 길, 아카시아 꽃이 활짝 폈네.

정답 (1)소읍 (2)이장 (3)동구

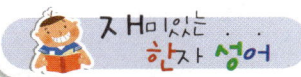

門前成市 문 **문**, 앞 **전**, 이룰 **성**, 저자 **시**

'문 앞에 시장이 만들어지다.'라는 뜻으로, 찾아오는 사람이 많음을 이름.

여러분은 연예인이나 운동선수를 좋아하나요? 누구나 다 자신이 좋아하는 사람이 있게 마련이죠. 어떤 사람들은 자신이 좋아하는 연예인이나 운동선수를 보기 위해 공연장이나 경기장마다 찾아다니거나, 가까이에서 직접 만나기 위해 집 앞까지 쫓아가기도 하지요.

'門前成市'란 이처럼 어떤 구경거리가 있어서 사람들이 잔뜩 모여든 모양을 두고 흔히 사용하는 말입니다.

동화로 속속~!
우주에서 온 친구

동화를 읽으며 한자어의 독음을 써 보아요.

혜미는 '빛고을'이라 불리는 都市(①)인 光州(②)에서 조금 떨어진 小邑(③)에 살고 있어요. 혜미의 집 뒤 숲에는 금초롱꽃이 많이 피어 있어요. 혜미는 학교 갔다 오면 인형을 갖고 이곳에 와서 한참씩 놀다가곤 했어요.

오늘도 혜미는 꽃밭에서 친구들과 놀고 있었어요. 그런데 하늘에서 빛이 번쩍이더니 이상하게 생긴 물체가 떨어졌어요. 조금 있자 그 안에서 작은 우주인 두 명이 나왔어요.

"너희들은 누구니?"

더듬이에서 '삐리릭~' 소리와 함께 빛이 나더니 대답을 했어요.

"우리는 지구에서 멀리 떨어진 별에서 왔어."

"이름은 삐리와 빠라야. 그런데 여기는 어디니?"

"여기는 半島(④)로 이루어진 나라 韓國(⑤)이야."

정말 귀엽게 생겼네.

나도 그렇게 생각해.

지역과 관계있는 한자어

|모범 답안| 271쪽

"아, 한국. 우리는 지구가 아름다워서 자주 놀러오고 있어. 이번이 세 번째야. 다음에는 南美(⑥　　)대륙으로 갈 예정이야."

"어, 정말?"

"그런데 어떻게 우리말을 잘할 수 있니?"

"그건 우리 머리 위에 있는 더듬이가 도와주기 때문이야. 너희 말을 우리말로 바꾸어 전해 주고, 우리가 하는 말은 너희가 알아들을 수 있게 해 주는 거지."

"우와, 신기하다. 그런데 이렇게 작은 우주선을 타고 먼 곳에서 올 수 있어?

"우주를 날아갈 때는 우주선의 크기가 백 배 정도 커져. 그런데 지구로 들어오는 關門(⑦　　)을 통과하면서 크기가 작아지는 거야. 그래야 사람들 눈에 띄지 않거든."

"그렇구나. 크기가 이렇게 작아서 우리가 알아채지 못하는구나."

"너희도 우리처럼 세계를 여행할 수도 있고, 멀리 우주를 여행할 수도 있어."

"어떻게?"

"우주에 있는 여행 기지국에 교신을 보내는 거지. 그럼 초청장과 함께 여행을 할 수 있는 우주선을 보내 주지. 그럼 우리처럼 새로운 곳을 가 볼 수 있어."

혜미와 친구들은 삐리와 빠라에게 우주 여행 기지국에 교신 보내는 법을 열심히 배우면서 훗날 우주 여행 갈 것을 꿈꾸었답니다.

100점 만점에 100점

1 다음 漢字語의 讀音을 보기에서 찾아 그 번호를 쓰세요.

> 보기   ① 만리   ② 군민   ③ 공주   ④ 독도

(1) 公州 (   )   (2) 萬里 (   )
(3) 郡民 (   )   (4) 獨島 (   )

2 다음 밑줄 친 漢字語의 讀音을 쓰세요.

(1) 그 건물은 <u>都市</u>(   ) 한복판에 있다.
(2) 준우는 우리 학교 최고의 <u>美男</u>(   )이다.
(3) 경주는 여러 종류의 문화재가 풍부한 <u>觀光</u>(   ) 도시이다.
(4) 예선의 <u>關門</u>(   )을 통과해야 본선에 진출할 수 있다.

3 다음 밑줄 친 곳에 漢字의 訓을 쓰세요.

(1) 洞里(_____동, _____리)   (2) 半島(_____반, _____도)
(3) 南海(_____남, _____해)   (4) 通關(_____통, _____관)

4 다음 뜻풀이에 맞는 漢字語를 보기에서 찾아 그 번호를 쓰세요.

> 보기   ① 後半   ② 市民   ③ 邑長   ④ 正門

(1) 시에 살고 있는 사람. 시의 주민. (   )
(2) 건물의 정면에 있는 출입문. (   )
(3) 시간적으로 앞뒤로 나눈 것 중에서 뒤의 절반. (   )
(4) 읍의 우두머리로, 읍의 행정 사무를 처리함. (   )

5 다음 漢字의 訓과 音을 쓰세요.

(1) 美 (　　　　　)　　　(2) 邑 (　　　　　)
(3) 郡 (　　　　　)　　　(4) 州 (　　　　　)

6 다음 訓과 音에 맞는 漢字를 쓰세요.

(1) 남녘 남 (　　　　　)　　　(2) 작을 소 (　　　　　)
(3) 빛 광 (　　　　　)　　　(4) 안 내 (　　　　　)

7 다음 (　) 안에 들어갈 漢字를 보기에서 찾아 그 번호를 쓰세요.

보기	① 光	② 市	③ 美
	④ 郡	⑤ 韓	⑥ 州

(1) 大(　　)民國: 우리나라의 이름.
(2) 門前成(　　): 찾아오는 사람이 많아 집 앞이 시장을 이루다시피 함.
(3) (　　)風良俗: 아름답고 좋은 풍속이나 기풍.
(4) 電(　　)石火: 매우 짧은 시간이나 매우 재빠른 움직임.

8 다음 밑줄 친 漢字語를 漢字로 쓰세요.

(1) 중국의 수도는 북경(　　　　　)이다.
(2) 올림픽 시상식에서 금메달을 딴 나라의 국가(　　　　　)가 울려 퍼졌다.
(3) 텃밭에서 기른 야채를 시장(　　　　　)에 내다 팔았다.
(4) 신사임당은 한국(　　　　　) 여성의 본보기가 되는 분이다.

한자 쏙쏙~! '기후'와 관계있는 한자어

한자를 한 글자 한 글자 자세히 공부해 보아요.

설 **립** | 立부 | 총 5획
- 立冬(입동): 겨울이 시작되는 절기
- 國立(국립): 공공의 이익을 위해 나라에서 세우고 관리함.

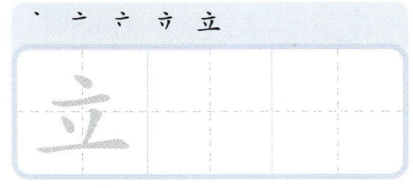

겨울 **동** | 冫부 | 총 5획
- 冬期(동기): 겨울철. 겨울 동안
- 冬服(동복): 겨울철에 입는 옷

큰 **대** | 大부 | 총 3획
- 大雪(대설): 아주 많이 오는 눈. 이십사절기의 하나
- 大寒(대한): 이십사절기의 하나. 아주 추울 때

눈 **설** | 雨부 | 총 11획
- 雪景(설경): 눈이 내리거나 쌓인 경치
- 白雪(백설): 흰 눈

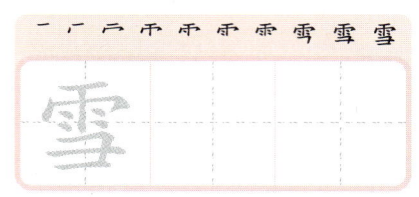

🔍 '雲(구름 운)'과 모양이 비슷해요.

맑을 **청** | 水(氵)부 | 총 11획
- 清明(청명): 날이 매우 밝고 화창함. 이십사절기의 하나
- 清風(청풍): 부드럽고 맑게 부는 바람

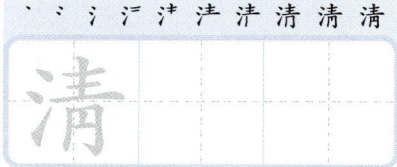

밝을 **명** | 日부 | 총 8획
- 明朗(명랑): 밝고 쾌활함.
- 光明(광명): 밝고 환함.

🔍 '朗(밝을 랑)'과 뜻이 비슷해요.

딩동딩동 퀴즈 다음 ( ) 안에 알맞은 한자어의 독음을 채워 볼까요?

(1) 立冬( )이 지나자 날이 추워지기 시작했습니다.
(2) 겨울철에 설악산에 가면 멋진 雪景( )을 감상할 수 있습니다.
(3) 날씨가 화창하니 마음까지 明朗( )해집니다.

정답 (1) 입동 (2) 설경 (3) 명랑

비 **우** | 雨부 | 총 8획
- 雨量(우량): 비가 온 분량
- 雨天(우천): 비 오는 날씨. 또는 비 오는 날

하늘 **천** | 大부 | 총 4획
- 天心(천심): 하늘의 뜻. 또는 선천적으로 타고난 마음
- 靑天(청천): 푸른 하늘

🔍 '夫(지아비 부)'와 모양이 비슷해요.

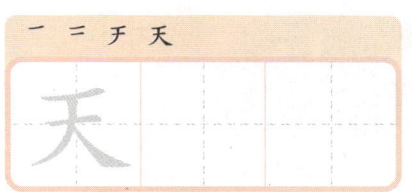

찰 **한** | 宀부 | 총 12획
- 寒冷(한랭): 날씨가 춥고 참.
- 寒風(한풍): 겨울에 부는 차가운 바람

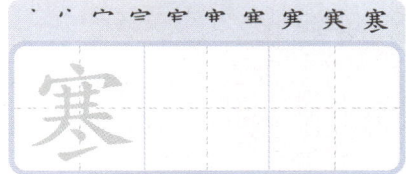

찰 **랭** | 冫부 | 총 7획
- 冷氣(냉기): 찬 기운
- 冷水(냉수): 찬물

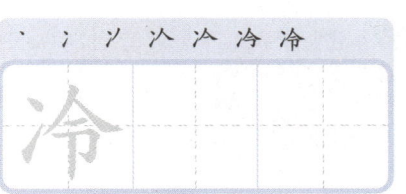

🔍 반대자는 '溫(따뜻할 온)'이에요.

띵똥띵똥 퀴즈 다음 ( ) 안에 알맞은 한자어의 독음을 채워 볼까요?

(1) 금강산으로 가기로 한 소풍이 雨天(　　　　)으로 취소되었습니다.
(2) 예로부터 민심이 곧 天心(　　　　)이라 하였습니다.
(3) 어머니, 차가운 冷水(　　　　) 한 컵만 주세요.

정답 (1)우천 (2)천심 (3)냉수

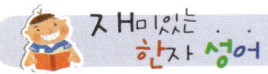 **재미있는 한자성어**　**三寒四溫** 석 **삼**, 찰 **한**, 넉 **사**, 따뜻할 **온**

사흘 동안 춥고 나흘 동안 따뜻한 겨울철 기온 현상

기상 캐스터: 이번 주는 우리나라 겨울철 기후의 특징인 '三寒四溫' 현상을 잘 살펴볼 수 있는 한 주였습니다.

　겨울철만 되면 날씨를 알려 주는 여러 매체를 통해 자주 들을 수 있는 이야기입니다. 지금까지 우리나라의 겨울철 기후는 사흘쯤 추위가 계속되다가, 다음 나흘쯤은 비교적 따뜻한 날씨가 이어지는 특징을 나타내는 일이 많았습니다.

한자를 한 글자 한 글자 자세히 공부해 보아요.

농사 농 | 辰부 | 총 13획
- 農夫(농부): 농사짓는 일을 업으로 삼는 사람
- 農事(농사): 곡류나 과채류를 심고 가꾸는 일

지아비 부 | 大부 | 총 4획
- 工夫(공부): 학문이나 기술을 배우고 익힘.
- 馬夫(마부): 말을 부려 마차나 수레를 모는 사람

🔍 '昨(어제 작)'과 모양이 비슷해요.

지을 작 | 人부 | 총 7획
- 作物(작물): 농작물. 논밭에 심고 가꾸는 곡식이나 채소
- 始作(시작): 어떤 일이나 행동, 현상의 처음

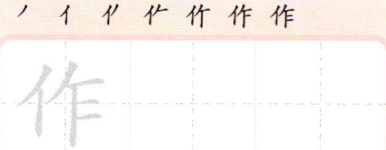

물건 물 | 牛부 | 총 8획
- 生物(생물): 생명을 가지고 스스로 생활 현상을 영위하는 물체
- 風物(풍물): 어떤 지방이나 계절 특유의 구경거리나 산물

🔍 상대자는 '天(하늘 천)'이에요.

땅 지 | 土부 | 총 6획
- 地力(지력): 농작물을 길러 낼 수 있는 땅의 힘
- 地形(지형): 땅의 생긴 모양이나 형세

힘 력 | 力부 | 총 2획
- 學力(학력): 학문의 실력
- 效力(효력): 효과·효험 등을 나타내는 힘

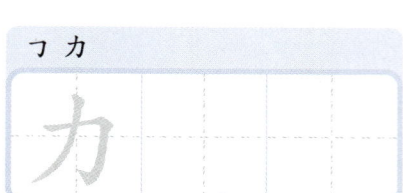

땡똥땡똥 퀴즈 다음 ( ) 안에 알맞은 한자어의 독음을 채워 볼까요?

(1) 예로부터 훌륭한 農夫(　　　)는 하늘을 탓하지 않는답니다.
(2) 농촌 진흥청에서 성장도 빠르고 수확량도 많은 우수한 作物(　　　)을 개발하였습니다.
(3) 이곳의 地形(　　　)은 비가 조금만 와도 홍수가 나기 쉽겠군!

정답 (1) 농부 (2) 작물 (3) 지형

| 심을 | 식 | 木부 | 총 12획 |

- 植物(식물): 생물을 동물과 함께 분류한 것의 하나
- 植樹(식수): 나무를 심음, 또는 심은 나무

| 나무 | 수 | 木부 | 총 16획 |

- 樹木(수목): 살아 있는 나무
- 果樹(과수): 과일나무

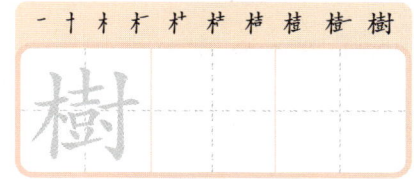

🔍 '木(나무 목)', '林(수풀 림)'과 뜻이 비슷해요.

| 누를 | 황 | 黃부 | 총 12획 |

- 黃色(황색): 누른 빛깔
- 黃土(황토): 누렇고 거무스름한 흙

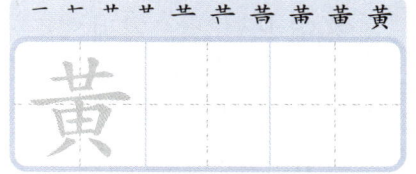

| 흙 | 토 | 土부 | 총 3획 |

- 土産品(토산품): 그 지방에서 특유하게 나는 물건
- 土地(토지): 땅

🔍 '士(선비 사)'와 모양이 비슷해요.

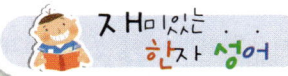 다음 ( ) 안에 알맞은 한자어의 독음을 채워 볼까요?

(1) 도서관을 세운 기념으로 植樹( )를 했습니다.
(2) 어머니께서 뒤뜰에 果樹( )를 몇 그루 심으셨습니다.
(3) 요즘에는 黃土( )가 들어간 벽지나 장판 등을 사용하는 사람이 많습니다.

정답 (1)식수 (2)과수 (3)황토

見物生心 볼 견, 물건 물, 날 생, 마음 심

어떠한 물건을 보게 되면 그것을 갖고 싶은 욕심이 생김.

지난 월드컵 때 한 외국인 선수가 금은방에서 금목걸이를 훔치다가 들킨 일이 있었습니다. 금은방 주인은 '見物生心'으로 그랬을 것이라며 그를 용서해 주었다고 하네요.

도둑질은 나쁘지만 가난한 나라에서 온 그가 금목걸이를 탐낸 것이 그 선수의 잘못만은 아니라고 생각한 것이지요.

좋은 물건을 보면 갖고 싶은 마음이 생기는 것은 당연한 일이에요. 하지만 욕심을 누그러뜨리고 참을 수 있는 능력 또한 사람만이 갖고 있는 것이라는 걸 잊어서는 안 되겠죠?

동화를 읽으며 한자어의 독음을 써 보아요.

영미와 준철이네 가족은 작년에 농촌으로 이사를 했어요. 어른들은 농촌 생활에 잘 적응할 수 있을지 처음에는 걱정을 많이 했어요. 그렇지만 도시 생활보다 농촌 생활이 건강에도 좋고, 아이들에게도 좋으니까 용기를 내기로 하였죠. 친구들과 헤어지게 된 영미와 준철이는 심통을 냈었지만 지금은 영미와 준철이가 농촌 생활을 더 좋아해요.

이사 오던 날, 기념으로 뒷마당에 植樹(❶　　)를 했어요. 지금은 그 나무들이 많이 자랐어요. 그리고 부모님들도 이제는 멋진 農夫(❷　　)가 다 되셔서 벼농사도 짓지만 감자, 옥수수 그리고 특용 作物(❸　　)도 키운답니다.

영미와 준철이는 토끼도 기르고, 黃土(❹　　)로 장난감을 빚어 놀기도 하고, 淸明(❺　　)한 날에는 친구들과 개울에서 고기를 잡기도 해요. 도시에 살 때는 상상도 못한 일들이죠. 이 때문에 도시 친구들과 전화를 하면 부럽다는 말을 많이 들어요.

내일은 학교에서 가을 운동회를 하는 날이에요. 선생님께서 雨天(❻　　) 시에는 일주일 뒤로 운동회를 연기한다고 하셨기에, 영미와 준철이는 비가 오지 않았으면 좋겠다고 생각했어요.

기후와 관계있는 한자어

|모범 답안| 271쪽

다음날 아침, 다행히도 날씨가 참 좋았어요. 마을 사람들은 운동회에 거의 다 참석하였어요. 달리기, 박 터뜨리기, 줄다리기, 기마전, 짝지어 달리기 등 경기를 할 때마다 응원이 대단했어요. 이날 팀이 다른 영미와 준철이는 서로 신경전이 대단했어요. 寒冷(⑦□□) 전선이 따로 없었지요. 어른들도 경기에 참여하면서 내내 즐거워했어요. 점심시간에는 집에서 해 온 맛있는 음식들을 서로 나눠 먹었어요. 그날 밤 영미는 준철이네 청팀을 이기고 우승하는 꿈을 꾸었어요. 영미네 백팀이 청팀에게 진 것이 무척 아쉬웠었거든요.

농촌에서는 계절마다 할 일도 많고, 재미있는 일도 많아요. 찬바람이 불자 어른들은 立冬(⑧□□)이 얼마 남지 않아 김장 준비를 하였어요. 농촌에서는 김장을 할 때 이웃들이 서로 도와주는 풍습이 있어서 참 좋았어요.

어느덧 겨울이 와서 며칠 동안 찬바람이 씽씽 불더니, 눈이 내려 온 세상이 하얗게 변했어요. 우리 마을에 大雪(⑨□□) 주의보가 발령되었다니 눈이 무척 많이 올 것 같아요. 겨울에도 영미와 준철이, 그리고 마을 친구들은 썰매타기, 눈싸움, 연날리기를 하며 씩씩하게 지냅니다. 이렇게 농촌에서의 행복한 일상은 오래 계속될 것입니다.

배정 한자 익히기

하나. 배정 한자 익히기 69

100점 만점에 100점

1 다음 漢字語의 讀音을 보기에서 찾아 그 번호를 쓰세요.

> 보기   ① 식물   ② 한풍   ③ 냉수   ④ 지형

(1) 植物 (　　　)   (2) 地形 (　　　)
(3) 寒風 (　　　)   (4) 冷水 (　　　)

2 다음 밑줄 친 漢字語의 讀音을 쓰세요.

(1) 이 곳 地形(　　　)은 적의 침입을 막아내기에 유리하다.
(2) 은희는 明朗(　　　)한 성격이어서 인기가 많다.
(3) 여름이 끝나가지만 樹木(　　　)들은 아직도 푸르름을 자랑했다.
(4) 立秋(　　　)를 넘겨도 가을은 멀기만 하다.

3 다음 밑줄 친 곳에 漢字의 訓을 쓰세요.

(1) 淸明(＿＿＿청, ＿＿＿명)   (2) 植樹(＿＿＿식, ＿＿＿수)
(3) 雪景(＿＿＿설, ＿＿＿경)   (4) 農事(＿＿＿농, ＿＿＿사)

4 다음 뜻풀이에 맞는 漢字語를 보기에서 찾아 그 번호를 쓰세요.

> 보기   ① 天心   ② 生物   ③ 馬夫   ④ 淸風

(1) 말을 부려 마차나 수레를 모는 사람. (　　　)
(2) 부드럽고 맑게 부는 바람. (　　　)
(3) 하늘의 뜻. 또는 선천적으로 타고난 마음. (　　　)
(4) 생명을 가지고 스스로 생활 현상을 영위하는 물체. (　　　)

5 다음 漢字의 訓과 音을 쓰세요.

(1) 寒 (　　　　　)　　(2) 冷 (　　　　　)
(3) 力 (　　　　　)　　(4) 雨 (　　　　　)

6 다음 訓과 音에 맞는 漢字를 쓰세요.

(1) 하늘 천 (　　　　　)　　(2) 흙 토 (　　　　　)
(3) 누를 황 (　　　　　)　　(4) 땅 지 (　　　　　)

7 다음 (　) 안에 들어갈 漢字를 보기에서 찾아 그 번호를 쓰세요.

보기	① 淸	② 作	③ 雲
	④ 黃	⑤ 立	⑥ 農

(1) (　　)春大吉 : 입춘을 맞이하여 길운을 기원하며 벽이나 문짝 따위에 써 붙이는 글귀.
(2) (　　)金萬能 : 돈만 있으면 무엇이든지 마음대로 할 수 있음을 이르는 말.
(3) (　　)心三日 : 결심이 굳지 못함을 이르는 말.
(4) (　　)風明月 : 맑은 바람과 밝은 달.

8 다음 밑줄 친 漢字語를 漢字로 쓰세요.

(1) <u>농부</u>(　　　　　)에겐 땅이 생명이다.
(2) <u>대설</u>(　　　　　)은 눈이 많이 내리는 절기이다.
(3) 그 여행가는 세계의 독특한 <u>풍물</u>(　　　　　)을 소개하는 글을 썼다.
(4) 이 지역의 주요 생산 <u>작물</u>(　　　　　)은 고추이다.

한자 쏙쏙~! '어업·공업'과 관계있는 한자어

한자를 한 글자 한 글자 자세히 공부해 보아요.

고기잡을 **어** | 水(氵)부 | 총 14획
- 漁船(어선): 고기잡이를 하는 배
- 漁村(어촌): 어민들이 모여 사는 바닷가 마을

 [쓰기]

마을 **촌** | 木부 | 총 7획
- 村老(촌로): 시골에 사는 노인
- 農村(농촌): 농업을 생업으로 삼는 지역이나 마을

'里(마을 리)'와 뜻이 비슷해요.

배 **선** | 舟부 | 총 11획
- 船長(선장): 선원의 우두머리
- 船主(선주): 배의 주인

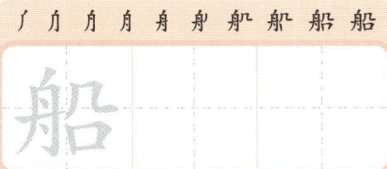

 [쓰기]

주인 / 임금 **주** | 丶부 | 총 5획
- 主客(주객): 주인과 손님. 주되는 것과 부차적인 것을 아울러 이르는 말
- 主題(주제): 중심이 되는 제목 또는 문제

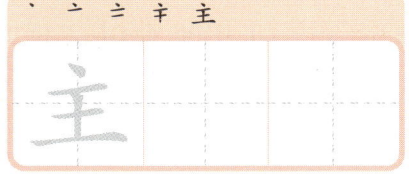

물고기 **어** | 魚부 | 총 11획
- 魚類(어류): 물고기의 무리
- 魚物(어물): 생선 또는 생선을 가공해 말린 것

'漁(고기잡을 어)'와 모양이 비슷해요.

무리 **류** | 頁부 | 총 19획
- 分類(분류): 종류에 따라서 분리함.
- 種類(종류): 사물의 부문을 나누는 갈래

띵동띵동 퀴즈 다음 ( ) 안에 알맞은 한자어의 독음을 채워 볼까요?

(1) 폭풍을 피해 漁船( )들이 하나씩 항구로 들어왔습니다.
(2) 이번 전시회의 主題( )는 무엇으로 할까요?
(3) 고래는 魚類( )가 아니라 포유류입니다.

정답 (1) 어선 (2) 주제 (3) 어류

72 한자능력검정시험 5급

'出(날 출)'과 뜻이 비슷해요.

날 생 | 生부 | 총 5획
- 生鮮(생선): 말리거나 절이지 않은, 물에서 잡아 낸 그대로의 물고기
- 生活(생활): 생명을 가지고 활동함. 살아서 활동함.

고울 선 | 魚부 | 총 17획
- 鮮明(선명): 산뜻하고 맑고 깨끗함.
- 新鮮(신선): 새롭고 산뜻함.

물 수 | 水부 | 총 4획
- 溫水(온수): 따뜻한 물
- 海水(해수): 바닷물

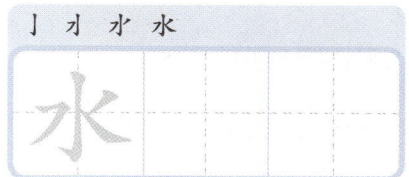

따뜻할 온 | 水(氵)부 | 총 13획
- 溫度(온도): 따뜻함과 차가움의 정도
- 水溫(수온): 물의 온도

땡똥땡똥 퀴즈 — 다음 ( ) 안에 알맞은 한자어의 독음을 채워 볼까요?

(1) 항구에서는 生鮮(　　　) 비린내가 짙게 풍기고 있었습니다.
(2) 제주도의 바다는 해조류까지 鮮明(　　　)하게 보일 정도로 물이 맑았습니다.
(3) 이 수족관에는 자동 溫度(　　　) 조절 장치가 설치되어 있습니다.

정답 (1) 생선 (2) 선명 (3) 온도

재미있는 한자 성어 — 樂山樂水 좋아할 요, 메 산, 좋아할 요, 물 수

산수(山水)의 자연을 즐기고 좋아함.

민수는 친구들과 산으로 소풍을 갔는데 팻말에 '樂山樂水'란 한자어가 적혀 있었어요. 한자를 아는 민수가 한 마디 했어요.

"낙산낙수, 산을 즐기고 물을 즐긴다는 말이야."

친구들이 감탄을 했어요. 그런데 과연 제대로 읽은 걸까요?

'樂山樂水'는 '낙산낙수'가 아니라 '요산요수'라고 읽어요. '樂'이 '좋아하다'라는 뜻으로 쓰일 때에는 '요'라고 읽지요. 그래서 뜻도 '산을 좋아하고 물을 좋아한다.' 랍니다.

한자를 한 글자 한 글자 자세히 공부해 보아요.

- 장인 **공** | 工부 | 총 3획
- 工業(공업): 원료를 가공하여 물자를 만드는 산업
- 工場(공장): 재료를 가공하여 물건을 만들어 내는 곳
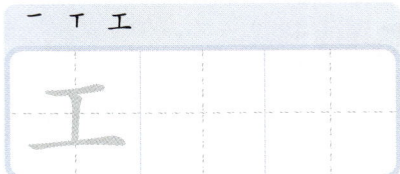

- 마당 **장** | 土부 | 총 12획
- 場所(장소): 무엇이 있거나 어떤 일이 벌어지거나 하는 곳이나 자리
- 市場(시장): 여러 가지 상품을 사고파는 곳
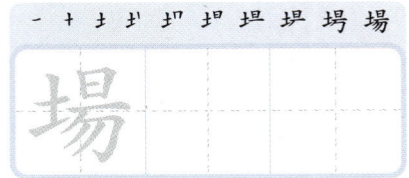

- 재주 **기** | 手(扌)부 | 총 7획
- 技士(기사): 기술계 기술 자격 등급의 하나
- 技術(기술): 사물을 잘 다룰 수 있는 방법이나 능력
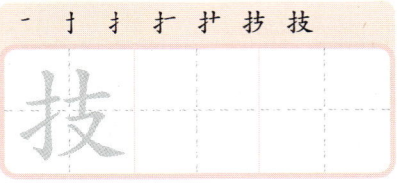

- 재주 **술** | 行부 | 총 11획
- 醫術(의술): 병을 고치는 기술
- 戰術(전술): 전쟁에 이기기 위한 여러 가지 기술과 방책

🔍 '才(재주 재)', '技(재주 기)'와 뜻이 비슷해요.
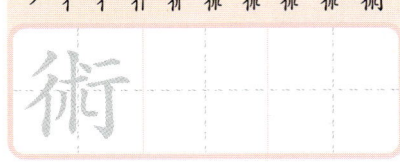

- 돌 **석** | 石부 | 총 5획
- 石油(석유): 천연으로 지하에서 나는 가연성 기름
- 石炭(석탄): 검은색 또는 갈색의 타기 쉬운 퇴적암
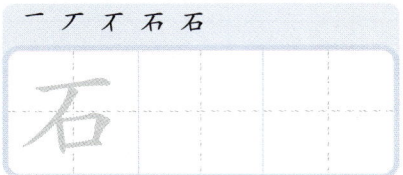

- 숯 **탄** | 火부 | 총 9획
- 氷炭(빙탄): 얼음과 숯이라는 뜻으로, 서로 정반대가 됨의 비유
- 黑炭(흑탄): 검은 빛의 석탄
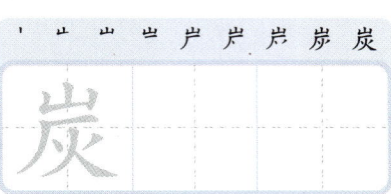

딩동딩동 퀴즈 다음 ( ) 안에 알맞은 한자어의 독음을 채워 볼까요?

(1) 조용했던 마을에 工場(   )이 들어서면서 활기가 넘치기 시작했습니다.
(2) 石油(   )를 대신할 제3의 에너지를 개발해야 합니다.
(3) 온돌은 우리나라의 뛰어난 건축 技術(   ) 중 하나입니다.

정답 (1) 공장 (2) 석유 (3) 기술

| 필 | 발 | 火부 | 총 12획 |

- 發電(발전): 전기를 일으킴.
- 發表(발표): 어떤 사실이나 생각, 일의 결과 따위를 널리 드러내어 세상에 알림.

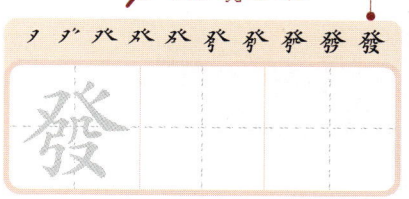
약자는 '発'로 써요

| 번개 | 전 | 雨부 | 총 13획 |

- 電氣(전기): 전자의 이동으로 생기는 에너지의 한 형태
- 電流(전류): 도체 내를 전도하는 전기의 흐름

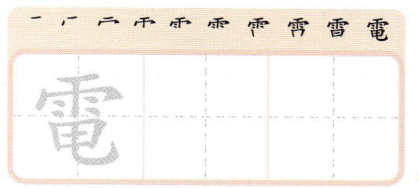

'右(오른 우)'와 모양이 비슷해요

| 예 | 고 | 口부 | 총 5획 |

- 古典(고전): 옛날의 의식이나 법식
- 古鐵(고철): 낡고 오래된 쇠. 또는 그 조각

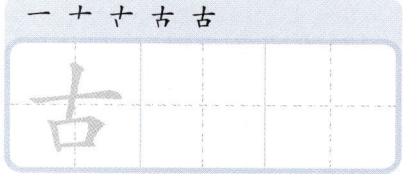

| 쇠 | 철 | 金부 | 총 21획 |

- 鐵路(철로): 철도
- 鐵板(철판): 쇠로 된 넓은 판

띵똥띵똥 퀴즈 다음 (   ) 안에 알맞은 한자어의 독음을 채워 볼까요?

(1) 원자력 發電(   ) 시설은 잘 관리하는 것이 무척 중요합니다.
(2) 현대인들은 電氣(   )가 없는 세상은 상상할 수도 없다고 말합니다.
(3) 이 鐵路(   )를 따라 계속 달리면 대전역에 도착하게 됩니다.

정답 (1)발전 (2)전기 (3)철로

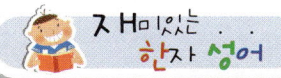

一石二鳥 한 **일**, 돌 **석**, 두 **이**, 새 **조**

돌 한 개를 던져 새 두 마리를 잡는다는 뜻으로, 한 가지 일을 하여 두 가지 이득을 얻음을 이르는 말
  방 청소를 하다가 우연히 바닥에 떨어져 있는 돈을 줍게 되어 기뻐했던 경험이 한번쯤은 있을 거예요. 청소를 해서 방도 깨끗해지고, 돈도 주웠으니까요. 이런 경우에 쓸 수 있는 속담이 '도랑 치고 가재 잡는다.'예요. 그리고 비슷한 뜻을 한자 성어로 나타내면 '一石二鳥'랍니다.

동화로 쏙쏙~!
우리 아빠 최고!

동화를 읽으며 한자어의 독음을 써 보아요.

철민이 아빠는 工場(①　　)에서 일을 합니다. 철민이 아빠가 일하는 공장은 인쇄소입니다. 철민이 아빠는 인쇄소에서 아이들이 재미있게 읽는 동화책도 인쇄하고, 철민이가 공부하는 참고서도 인쇄하고, 멋진 포스터도 인쇄합니다.

철민이 아빠는 인쇄소에서 일한지 십 년이 다 되어 가는데 인쇄 技術(②　　)이 회사에서 최고라고 자랑합니다. 그래서 철민이는 아빠 덕분에 학교에서 책을 가장 많이 읽는 학생이 되었답니다.

漁村(③　　)에 사는 채경이의 아빠는 배를 가지고 있는 船主(④　　)입니다. 다른 어부들과 함께 고기를 잡으러 먼 바다로 나가는데, 며칠 만에 돌아올 때는 生鮮(⑤　　)을 가득 싣고 온답니다. 사람들은 채경이 아빠가 항상 고기를 많이 잡는 비결이 무엇인지 궁금해 했어요. 사실 채경이 아빠가 고기를 많이 잡는 비결은 항상 공부하고 기록하는 거였어요. 魚類(⑥　　)들의 특성과 水溫(⑦　　)에 따른 어류의 분포에 대해 공부하고, 어느 곳에 고기들이 풍부한지 항상 기록해 두었지요.

어업·공업과 관계있는 한자어

|모범 답안| 272쪽

　미순이 아빠는 수력 발전소에서 일합니다. 미순이는 아빠와 함께 올 여름방학에 영덕 풍력 發電(⑧　　) 단지를 다녀온 후, 우리나라에 수력 발전소 말고 풍력 발전소도 있다는 걸 알았어요. 바다가 보이는 곳에 24개의 거대한 바람개비가 돌면서 전기를 만드는 영덕 풍력 발전 단지는 정말 멋진 곳이었어요. 이 곳에서 만드는 전기는 영덕군이 1년간 쓸 수 있는 양이라는 이야기를 듣고 깜짝 놀랐지요.

　가영이 아빠는 슈퍼마켓 주인입니다. 동네 사람들이 좋아하는 생필품과 기호품, 그리고 계절마다 필요로 하는 것들을 미리 알고 준비해 놓습니다. 신상품이 나오면 물건에 대한 정보도 알려 주고, 동네 사람들의 대소사도 잘 알고 챙겨 준답니다. 슈퍼마켓 주인이면서 동네 반장 노릇을 톡톡히 하고 있는 셈이지요.

　민준이 아빠는 石炭(⑨　　)을 캐던 폐광 근처에 작업실을 만들어 놓고 여러 가지 작품을 만드는 예술가입니다. 민준이 아빠는 사람들이 하찮게 여기는 병뚜껑이나 병 조각으로 작품을 만듭니다. 古鐵(⑩　　)로 거대한 동물 모형을 만들기도 하고, 자전거를 타고 달리는 사람이나 비행기를 만들기도 해요. 이와 같이 우리의 아빠들은 늘 자신의 일을 열심히 하시는 멋진 분들이랍니다.

100점 만점에 100점

1 다음 漢字語의 讀音을 보기에서 찾아 그 번호를 쓰세요.

> 보기　　① 공업　② 선장　③ 철로　④ 생활

(1) 船長 (　　　　)　　　　(2) 工業 (　　　　)
(3) 生活 (　　　　)　　　　(4) 鐵路 (　　　　)

2 다음 밑줄 친 漢字語의 讀音을 쓰세요.

(1) 우체국에서는 우편물을 지역별로 分類(　　　　)한다.
(2) 技術(　　　　)이 좋은 정비사는 차를 금세 고쳤다.
(3) 내가 자란 곳은 바닷가 외딴 漁村(　　　　)이다.
(4) 오실 때 싱싱한 生鮮(　　　　) 두 마리만 사 오세요.

3 다음 밑줄 친 곳에 漢字의 訓을 쓰세요.

(1) 鮮明(_____선, _____명)　　(2) 工場(_____공, _____장)
(3) 電氣(_____전, _____기)　　(4) 魚類(_____어, _____류)

4 다음 뜻풀이에 맞는 漢字語를 보기에서 찾아 그 번호를 쓰세요.

> 보기　　① 魚物　② 市場　③ 溫度　④ 戰術

(1) 전쟁에 이기기 위한 여러 가지 기술과 방책. (　　　　)
(2) 여러 가지 상품을 사고파는 곳. (　　　　)
(3) 생선 또는 생선을 가공해 말린 것. (　　　　)
(4) 따뜻함과 차가움의 정도. (　　　　)

5 다음 漢字의 訓과 音을 쓰세요.

(1) 石 (　　　　) (2) 鐵 (　　　　)
(3) 炭 (　　　　) (4) 船 (　　　　)

6 다음 訓과 音에 맞는 漢字를 쓰세요.

(1) 주인 주 (　　　　) (2) 필 발 (　　　　)
(3) 예 고 (　　　　) (4) 번개 전 (　　　　)

7 다음 (　) 안에 들어갈 漢字를 보기 에서 찾아 그 번호를 쓰세요.

보기	① 古	② 主	③ 魚
	④ 漁	⑤ 炭	⑥ 發

(1) 無(　　)空山 : 임자 없는 빈 산.
(2) (　　)父之利 : 둘이 다투는 가운데 엉뚱하게 제3자가 이익을 봄.
(3) 東西(　　)今 : 동양과 서양, 옛날과 지금을 통틀어 이르는 말.
(4) 百(　　)百中 : 총이나 활 따위를 쏠 때마다 겨눈 곳에 다 맞음.

8 다음 밑줄 친 漢字語를 漢字로 쓰세요.

(1) 때와 장소(　　　　)를 가려서 처신할 줄 알아야 한다.
(2) 오늘 강당에서 '환경 지키기'라는 주제(　　　　)로 강연이 있다.
(3) 중동은 세계적인 석유(　　　　) 생산 지역이다.
(4) 여름이 되면 수온(　　　　)이 올라간다.

한자 쏙쏙~! '상업·금융업'과 관계있는 한자어

한자를 한 글자 한 글자 자세히 공부해 보아요.

장사 상 | 口부 | 총 11획
- 商業(상업): 상품을 사고팔아 이익을 얻는 일
- 商人(상인): 장사하는 사람

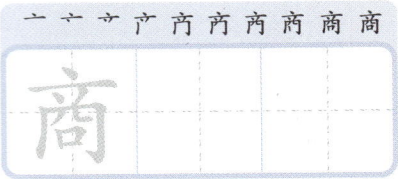

업 업 | 木부 | 총 13획
- 農業(농업): 땅을 이용하여 유용한 식물을 재배하거나 유용한 동물을 기르는 산업
- 卒業(졸업): 학생이 규정된 교과 과정을 마침.

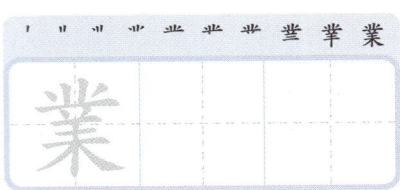

팔 매 | 貝부 | 총 15획
- 賣買(매매): 물건을 팔고 사는 것
- 競賣(경매): 물건을 사려는 사람이 여럿일 때 값을 제일 많이 부른 사람에게 파는 일

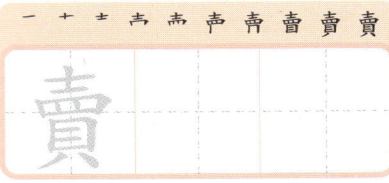

살 매 | 貝부 | 총 12획
- 買上(매상): 관공서 같은 데서 민간으로부터 물건을 사들임.
- 買入(매입): 물품 따위를 사들임.

🔍 상대자는 '賣(팔 매)'예요

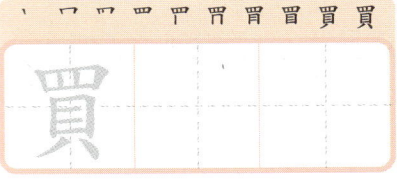

🔍 약자는 '価'로 써요

값 가 | 人(亻)부 | 총 15획
- 價格(가격): 물건이 지니고 있는 가치를 돈으로 나타낸 것
- 原價(원가): 본디 사들일 때의 값

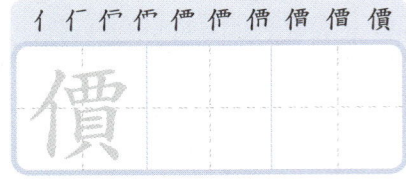

격식 격 | 木부 | 총 10획
- 格式(격식): 격에 맞는 법식
- 人格(인격): 사람으로서 가지는 자격이나 품격

띵동띵동 퀴즈 다음 ( ) 안에 알맞은 한자어의 독음을 채워 볼까요?

(1) 시장에는 商人( )과 손님들의 물건 사고파는 소리가 가득했습니다.
(2) 시장에서는 많은 물건들의 賣買( )가 이루어집니다.
(3) 같은 물건이었는데 가게마다 價格( )이 조금씩 달랐습니다.

 (1) 상인 (2) 매매 (3) 가격

쉴 휴 | 人(亻)부 | 총 6획

- 休店(휴점): 가게를 쉼.
- 休紙(휴지): 못 쓰게 된 종이

가게 점 | 广부 | 총 8획

- 開店(개점): 가게 문을 열고 하루의 영업을 시작함. 새로 가게를 엶.
- 商店(상점): 물건을 파는 가게

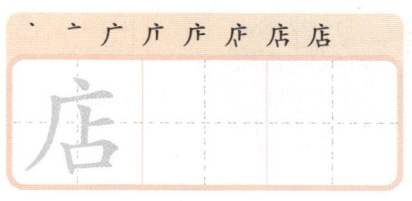

약자는 '広'으로 써요

넓을 광 | 广부 | 총 15획

- 廣告(광고): 널리 알리는 것
- 廣野(광야): 넓은 들

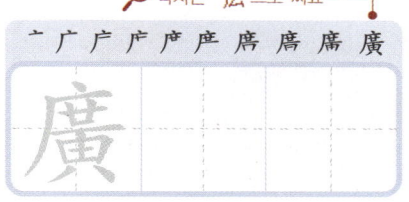

고할 고 | 口부 | 총 7획

- 告發(고발): 잘못이나 비리 따위를 드러내어 알림.
- 告示(고시): 행정 기관에서 일반 국민에게 알릴 것을 글로 써서 게시함.

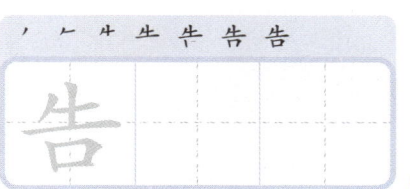

띵똥띵똥 퀴즈
다음 ( ) 안에 알맞은 한자어의 독음을 채워 볼까요?

(1) 공중 화장실에 들어갔는데 休紙( )가 없었습니다.
(2) 텔레비전에서 휴대 전화를 廣告( )하고 있었습니다.
(3) 자동차 사고 현장에서 도망친 그 사람은 뺑소니 운전으로 告發( )되었습니다.

 (1) 휴지 (2) 광고 (3) 고발

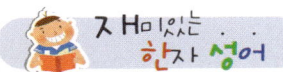 百發百中 일백 백, 필 발, 일백 백, 가운데 중

백 번 쏘아 백 번 맞힌다는 뜻으로, 계획이나 예상이 거의 들어맞는 경우를 이르는 말

옛날 중국 초나라에 양유기라는 사람이 있었답니다. 양유기는 활을 무척 잘 쏘았어요. 가느다란 버드나무 잎을 백 걸음이나 떨어진 곳에서 백번을 쏘아도 화살이 빗나가지 않고 모두 명중했답니다. 그래서 '百發百中'이라는 말이 생겨나게 되었지요. 물론 양유기의 이런 놀라운 실력 뒤에 피나는 노력이 숨어 있었으리라는 것은 짐작할 수 있는 일이겠지요?

'상업·금융업'과 관계있는 한자어

한자를 한 글자 한 글자 자세히 공부해 보아요.

 은 **은** 金부 │ 총 14획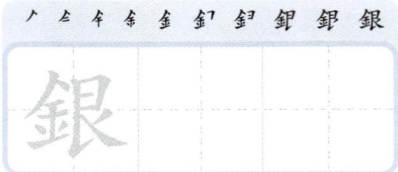
- 銀行(은행): 예금을 받고, 그 돈을 자금으로 하여 대출 등의 업무로 하는 금융 기관
- 金銀(금은): 금과 은

 다닐 **행** 항렬 **항** 行부 │ 총 6획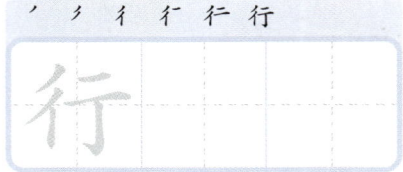
- 行動(행동): 몸을 움직여 어떤 일을 행하는 것
- 孝行(효행): 부모를 잘 섬기는 행실

 재물 **재** 貝부 │ 총 10획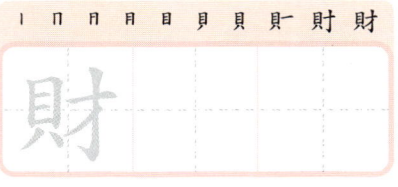
- 財物(재물): 돈이나 그 밖의 값나가는 물건을 통틀어 일컫는 말
- 財産(재산): 개인이나 단체가 가지고 있는 물건의 총체

 낳을 **산** 生부 │ 총 11획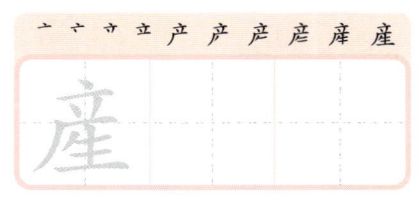
- 産業(산업): 생산을 하는 사업
- 原産(원산): 어떤 곳에서 처음으로 생산되는 일. 또는 그런 물건

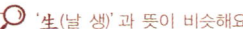
🔍 '生(날 생)'과 뜻이 비슷해요.

 쌓을 **저** 貝부 │ 총 12획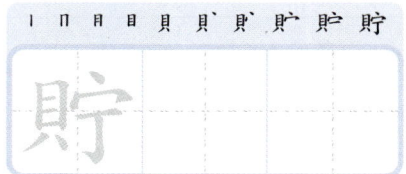
- 貯金(저금): 돈을 쓰지 않고 은행 등에 맡기거나 모아 두는 것
- 貯水(저수): 물을 모아 둠.

 쇠 **금** 성 **김** 金부 │ 총 8획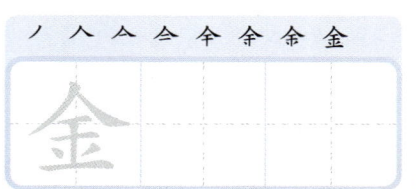
- 料金(요금): 남에게 수고를 끼쳤거나 물건을 사용·소비·관람한 대가로 치르는 돈
- 黃金(황금): 금이 누른빛을 띤다는 데서 달리 이르는 말

🔍 '全(온전 전)'과 모양이 비슷해요.

딩동딩동 퀴즈 다음 ( ) 안에 알맞은 한자어의 독음을 채워 볼까요?

(1) 영수는 行動(   )이 느려 거북이라는 별명을 갖고 있습니다.
(2) 그 할머니는 자신의 전 財産(   )을 장학금으로 기부했습니다.
(3) 물가가 오르면서 공공 料金(   )이 또 올랐습니다.

정답 (1) 행동 (2) 재산 (3) 요금

믿을 신 | 人(亻)부 | 총 9획
- 信念(신념): 자기가 생각하는 바를 믿는 마음의 상태
- 信用(신용): 남의 언동이나 일 등을 틀림없다고 받아들이는 것

쓸 용 | 用부 | 총 5획
- 用品(용품): 쓰는 물품
- 利用(이용): 이롭게 씀.

🔍 '費(쓸 비)'와 뜻이 비슷해요.

갈 거 | ㄥ부 | 총 5획
- 去來(거래): 상인과 상인, 또는 손님 사이에 사고팔거나 주고받는 일
- 過去(과거): 이미 지나간, 현재 이전의 시간

올 래 | 人부 | 총 8획
- 來年(내년): 올해의 다음 해
- 近來(근래): 가까운 요즈음

🔍 상대자는 '去(갈 거)'예요.

딩동딩동 퀴즈
다음 ( ) 안에 알맞은 한자어의 독음을 채워 볼까요?

(1) 명수는 '항상 웃으며 살자.'라는 信念(   )을 가지고 생활합니다.
(2) 옛날에는 생필품의 去來(   )가 물물교환으로 이루어졌습니다.
(3) 아버지께서 來年(   )에는 꼭 가족 여행을 가자고 약속했습니다.

정답 (1)신념 (2)거래 (3)내년

재미있는 한자 성어

交友以信 사귈 **교**, 벗 **우**, 써 **이**, 믿을 **신**

벗을 사귈 때에는 믿음으로써 해야 함.

'交友以信'이란 화랑의 세속 오계(세상에서 지켜야 할 다섯 가지 계율) 중의 하나로, '친구를 사귈 때는 믿음으로써 해야 한다.'는 뜻입니다. 옛날 신라에는 뛰어난 젊은이들을 뽑아 나라에 필요한 인재가 되도록 심신을 단련시키는 '화랑도'라는 제도가 있었어요. 화랑은 여럿이 함께 행동하기 때문에 서로 간의 믿음이 무엇보다 중요했지요. 그래서 원광법사가 세속 오계를 내려주실 때 친구 간의 믿음을 강조하셨나 봐요.

동화로 쏙쏙~!
행복 가게

동화를 읽으며 한자어의 독음을 써 보아요.

순영이네 마을에는 행복 가게가 있어요. 마을에서 공동으로 운영하는 가게라서 주인은 따로 없어요. 마을 사람 모두가 주인이거든요. 가게에서 賣買(❶)할 물건과 價格(❷)은 마을 공동 회의에서 정해요.

순영이는 엄마 심부름으로 밀가루를 사러 행복 가게에 갔어요. 마침 같은 반 도연이도 식용유를 사러 왔어요. 순영이와 도연이는 가게에서 밀가루와 식용유를 사고 물건 값을 통에 넣고 나왔어요. 행복 가게에서는 정해진 물건 값을 통에 넣고 나오면 되거든요. 信用(❸)으로 去來(❹)하는 자율 가게이기 때문이에요.

가끔 인터넷 廣告(❺)를 보고 우리 마을에서 생산하는 농산물을 사러 직접 오는 사람들이 있어요. 순영이네 마을은 깨와 마늘 농사를 많이 짓는데, 품질이 좋아서 찾는 사람들이 많거든요. 처음에는 商業(❻)을 해 본 경험이 많지 않은 마을 어른들이 가게를 잘 운영할 수 있을지 걱정을 많이 했어요. 하지만 지금은 마을의 명물이 되었어요. 순영이네 마을을 찾은 사람들은 행복 가게에 들러서 꼭 물건을 사가요. 이렇게 아름다운 가게가 있다는 것이 부럽다는 말도 많이 하죠.

순영아, 우리 이 가게에서 너무 자주 만나는 것 같아.

상업·금융업과 관계있는 한자어

| 모범 답안 | 272쪽

행복 가게에서 번 돈은 마을 공동 財産(⑦□□)으로 銀行(⑧□□)에 저축을 해요. 이 돈으로 여름에 시원하게 지낼 정자도 지었고, 중학교에 진학하는 학생들의 입학금도 내 주었죠. 행복 가게가 생기면서부터 순영이네 마을 사람들은 서로 이해하고 배려하는 마음이 더 많아지게 되었어요.

행복 가게는 항상 열려 있지만, 일 년에 딱 한 번 休店(⑨□□)하는 날이 있어요. 행복 가게에서 생긴 수익금으로 보육원을 찾아가는 날이 바로 그 날이에요. 보육원 가는 날은 그 전 날부터 참 바빠요. 마을 사람들은 떡도 하고 맛있는 음식도 준비하고, 아이들에게 줄 선물과 함께 편지도 써서 모두 차에 타고 보육원을 방문했어요. 그래고 아이들과 맛있는 음식도 먹고 재미있게 놀면서 하루를 보내고 오지요.

행복이란 먼 곳에 있는 것이 아닌 것 같아요. 서로 돕고 믿으면서 살면 하루하루가 행복하니까요. 순영이는 행복 가게에 요정이 있어서 사람들에게 행복을 나누어 주는 것이 아닐까 생각할 때도 있답니다.

100점 만점에 100점

1 다음 漢字語의 讀音을 보기에서 찾아 그 번호를 쓰세요.

| 보기 | ① 황금 ② 근래 ③ 휴지 ④ 효행 |

(1) 近來 (   ) (2) 休紙 (   )
(3) 孝行 (   ) (4) 黃金 (   )

2 다음 밑줄 친 漢字語의 讀音을 쓰세요.

(1) <u>産業</u>(   ) 혁명은 인간 생활 전반에 걸쳐서 큰 변혁을 가져왔다.
(2) 업체 간의 출혈 경쟁으로 가격이 <u>原價</u>(   ) 이하로 떨어졌다.
(3) <u>去來</u>(   ) 내용을 장부에 기록하였다.
(4) 새 옷을 저렴한 <u>價格</u>(   )으로 샀다.

3 다음 밑줄 친 곳에 漢字의 訓을 쓰세요.

(1) 告發(_____고, _____발)   (2) 商業(_____상, _____업)
(3) 賣買(_____매, _____매)   (4) 開店(_____개, _____점)

4 다음 뜻풀이에 맞는 漢字語를 보기에서 찾아 그 번호를 쓰세요.

| 보기 | ① 財物 ② 信念 ③ 告示 ④ 卒業 |

(1) 행정 기관에서 일반 국민에게 알릴 것을 글로 써서 게시함. (   )
(2) 돈이나 그 밖의 값나가는 물건을 통틀어 일컫는 말. (   )
(3) 규정된 교과 과정을 마침. (   )
(4) 자기가 생각하는 바에 대해 믿는 마음의 상태. (   )

5 다음 漢字의 訓과 音을 쓰세요.

(1) 貯 (   )   (2) 店 (   )
(3) 告 (   )   (4) 廣 (   )

6 다음 訓과 音에 맞는 漢字를 쓰세요.

(1) 쉴 휴 (   )   (2) 쓸 용 (   )
(3) 쇠 금 (   )   (4) 믿을 신 (   )

7 다음 (   ) 안에 들어갈 漢字를 보기에서 찾아 그 번호를 쓰세요.

보기	① 行	② 告	③ 來
	④ 友	⑤ 價	⑥ 會

(1) 以實直(   ): 사실 그대로 고함.
(2) 賣買(   )格: 실제로 매매되는 가격.
(3) 交(   )以信: 벗을 사귐에 믿음으로써 함.
(4) 說往說(   ): 서로 변론을 주고받으며 옥신각신함.

8 다음 밑줄 친 漢字語를 漢字로 쓰세요.

(1) 채린이는 용돈을 모아 은행(   )에 저금하였다.
(2) 그는 언제나 말과 행동(   )이 일치한다.
(3) 농사 기술의 향상에 따라 농업(   ) 생산량이 크게 증가하였다.
(4) 우리 아버지는 출근할 때 대중교통을 이용(   )하신다.

한자 쏙쏙~! '경제·교통'과 관계있는 한자어

한자를 한 글자 한 글자 자세히 공부해 보아요.

일할 **로** | 力부 | 총 12획
- 勞苦(노고): 수고스럽게 애씀.
- 勞使(노사): 노동자와 사용자

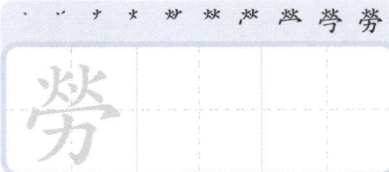

하여금 / 부릴 **사** | 人(亻)부 | 총 8획
- 使用(사용): 물건을 씀.
- 天使(천사): 순결하고 선량한 사람을 비유적으로 이르는 말

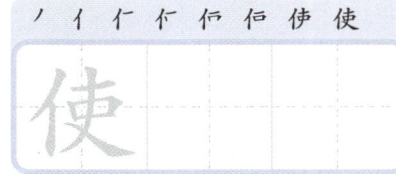

붉을 **적** | 赤부 | 총 7획
- 赤色(적색): 붉은 빛깔
- 赤字(적자): 붉은색으로 쓴 글자. 수지가 맞지 않아 생기는 손해

글자 **자** | 子부 | 총 6획
- 文字(문자): 말의 음과 뜻을 표시하는 시각적 기호
- 黑字(흑자): 먹으로 쓴 글자. 수입이 지출보다 많아서 생기는 이익

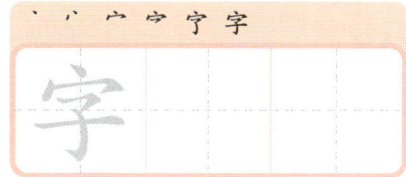

사귈 **교** | 亠부 | 총 6획
- 交流(교류): 오고 가면서 밀접한 관계를 가지는 것
- 交通(교통): 서로 소식을 주고받거나 왕래하는 일

흐를 **류** | 水(氵)부 | 총 10획
- 急流(급류): 물이 급하게 흐름
- 流行(유행): 세상에 널리 퍼져 행하여짐.

🔍 '流'가 한자어의 맨 앞에 올 때는 '유'로 읽어요.

딩동딩동 퀴즈 다음 ( ) 안에 알맞은 한자어의 독음을 채워 볼까요?

(1) 이 회사는 勞使( ) 간에 협조가 잘 이루어지고 있습니다.
(2) 올해에는 우리나라의 무역 수지가 黑字( )를 기록했습니다.
(3) 오늘날 도시에서는 이웃 간에 交流( )가 활발하지 못합니다.

정답 (1) 노사 (2) 흑자 (3) 교류

열 **개** | 門부 | 총 12획

- 開放(개방): 문을 열어 놓음. 금하던 것을 풀고 열어 놓음.
- 開發(개발): 개척하여 발전시킴.

놓을 **방** | 攵(攴)부 | 총 8획

- 放心(방심): 마음을 다잡지 않고 놓아버림.
- 放學(방학): 수업을 일정 기간 동안 쉬는 일

'攴(본받을 효)'와 모양이 비슷해요.

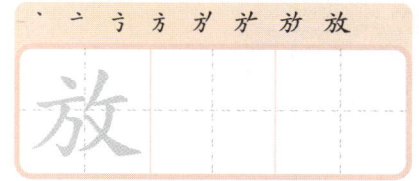

대할 **대** | 寸부 | 총 14획

- 對比(대비): 견주어 서로 비교하는 것
- 對話(대화): 마주 대하여 서로 의견을 주고받으며 이야기하는 것

약자는 '対'로 써요.

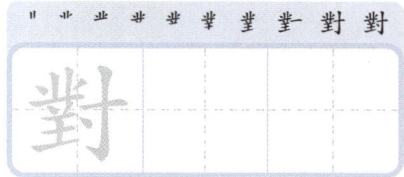

견줄 **비** | 比부 | 총 4획

- 比等(비등): 비교하여 볼 때 서로 비슷함.
- 性比(성비): 출생 시의 자웅 또는 남녀 개체수의 비율

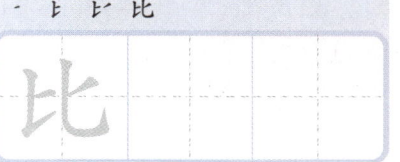

딩동딩동퀴즈 다음 ( ) 안에 알맞은 한자어의 독음을 채워 볼까요?

(1) 이 수목원은 숲 보호를 위해 주말에만 開放( )하고 있습니다.
(2) 민주는 放學( ) 중에 꼭 수영을 배우겠다고 마음먹었습니다.
(3) 아빠와 엄마가 집안 살림에 대하여 對話( )를 하고 있습니다.

정답 (1)개방 (2)방학 (3)대화

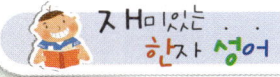

人命在天 사람 **인**, 목숨 **명**, 있을 **재**, 하늘 **천**

'사람의 목숨은 하늘에 달려 있다.'는 뜻으로, 목숨이 길고 짧음은 사람이 어쩔 수 없음을 이르는 말

2010년 8월에 남아메리카 칠레의 산호세 광산에 붕괴 사고가 나서 지하 700m 아래에 33명의 광부들이 매몰되었던 사건을 기억하나요? 너무도 끔찍한 일이었지요. 참사가 있은 지 열흘이 넘으면서 생존이 어렵다고 모두 절망하고 있을 때쯤, 17일 만에 '우리 33인은 대피소에 살아 있습니다.'란 광부들의 메모가 전해졌고, 이들은 결국 33일 만에 극적으로 구조되었습니다. '人命在天'이라는 말을 실감하는 순간이었지요.

'경제·교통'과 관계있는 한자어

한자를 한 글자 한 글자 자세히 공부해 보아요.

곧을 직 | 目부 | 총 8획
- 直線(직선): 굽은 데가 없는 곧은 선
- 直通(직통): 바로 통하는 것

🔍 반대자는 '曲(굽을 곡)'이에요.

통할 통 | 辵(辶)부 | 총 11획
- 通行(통행): 일정한 장소를 지나다님.
- 流通(유통): 막힘이 없이 흘러 통하는 것

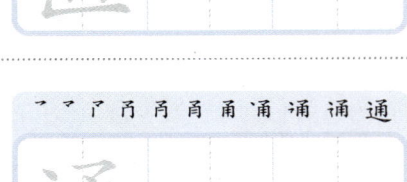

물끓는김 기 | 水(氵)부 | 총 7획
- 汽船(기선): 증기기관의 동력으로 움직이는 배
- 汽車(기차): 증기기관을 동력으로 하여 객차나 화물차를 끌고 다니는 차량

수레 거/차 | 車부 | 총 7획
- 車線(차선): 자동차 도로에 일정한 간격으로 그어 놓은 선
- 洗車(세차): 차에 묻은 먼지나 흙을 씻음.

🔍 '東(동녘 동)'과 모양이 비슷해요.

소 우 | 牛부 | 총 4획
- 牛角(우각): 쇠뿔
- 牛馬(우마): 소와 말

🔍 '午(낮 오)'와 모양이 비슷해요.

말 마 | 馬부 | 총 10획
- 競馬(경마): 일정한 거리를 여러 기수가 말을 타고 달리며 겨루는 경기
- 鐵馬(철마): 쇠로 만든 말. 기차를 비유하는 말

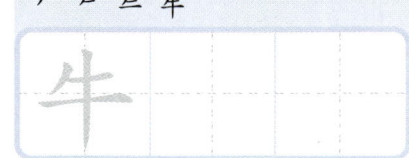

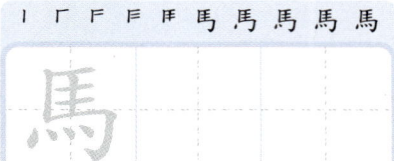

띵똥띵똥 퀴즈 다음 ( ) 안에 알맞은 한자어의 독음을 채워 볼까요?

(1) 큰 비로 인해 농수산물의 流通(   )에 차질이 생겼습니다.
(2) 도로에 車線(   )을 그리는 작업이 한창입니다.
(3) 이번 競馬(   )에는 8마리의 말이 출전했습니다.

정답 (1) 유통 (2) 차선 (3) 경마

머무를 정 人(亻)부 총 11획
- 停止(정지): 움직임을 멈추는 것
- 停車(정차): 가던 차가 머무름. 또는 머무르게 함.

그칠 지 止부 총 4획
- 止水(지수): 흐르지 않는 물. 마음이 고요하고 깨끗함.
- 中止(중지): 일을 중도에서 그만둠.

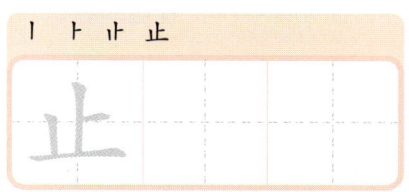

'上(윗 상)'과 모양이 비슷해요.

이를 도 刀(刂)부 총 8획
- 到來(도래): 어떤 시기나 기회가 닥쳐옴.
- 到着(도착): 움직여 다다르는 것

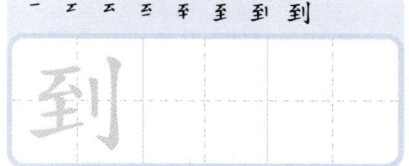

'致(이룰 치)'와 뜻·모양이 비슷해요.

붙을 착 羊부 총 12획
- 着陸(착륙): 비행기 따위가 육지에 내림.
- 着用(착용): 의복 등을 몸에 입거나 물건 등을 쓰거나 신거나 함.

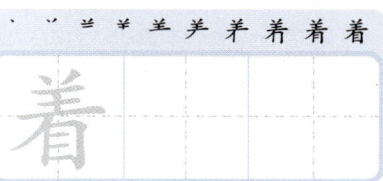

딩동딩동 퀴즈 다음 ( ) 안에 알맞은 한자어의 독음을 채워 볼까요?

(1) 교통 신호등의 빨간 불은 停止( ) 신호입니다.
(2) 지연이는 학교에서 10분 정도 걸어야 집에 到着( )합니다.
(3) 오토바이를 타려면 반드시 안전 장비를 着用( )해야 합니다.

정답 (1) 정지 (2) 도착 (3) 착용

재미있는 한자성어 馬耳東風 말 **마**, 귀 **이**, 동녘 **동**, 바람 **풍**

'말은 귀에 동풍이 불어도 아랑곳하지 아니한다'는 뜻으로, 남의 말을 귀담아듣지 아니함을 이르는 말

지영이는 다른 사람의 말을 귀 기울여 듣지 않는 버릇이 있어요. 그래서 엄마 심부름을 제대로 못할 때가 많지요. 하루는 지영이가 엄마 심부름으로 가게에 설탕을 사러 가게 되었어요. 엄마는 못미더워 지영이에게 흰 설탕을 사와야 한다고 여러 번 말씀하셨어요. 가게에 간 지영이는 한참 동안 가게 안을 돌아다니다가 흰 사탕을 한 봉지 사서 나왔습니다. 엄마는 기가 막혀서 화도 내지 못하셨지요.

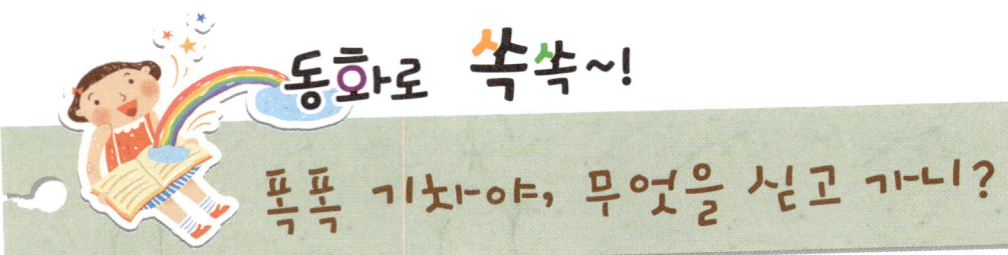

동화로 쏙쏙~!
폭폭 기차야, 무엇을 싣고 가니?

동화를 읽으며 한자어의 독음을 써 보아요.

인형을 가득 실은 폭폭 汽車(　　)가 아침부터 신이 났습니다.

"폭폭아, 기분이 왜 그렇게 좋아?"

"응, 오늘은 예쁜 인형을 싣고 푸른 항구에 가거든."

폭폭 기차는 인형을 모두 싣자 출발 준비를 했습니다. 5시에 중국으로 떠나는 배에 실으려면 4시까지는 푸른역에 到着(　　)해야 하기 때문입니다. 폭폭 기차는 푸른역까지 直通(　　)으로 연결된 철로 위를 달리게 됩니다.

폭폭 기차는 기적을 울리고 힘차게 출발했습니다. 폭폭이는 牛馬(　　)가 끄는 마차를 타고 들판을 가는 아저씨를 보자 기적을 울리며 인사했습니다. 아저씨도 손을 흔들어 줍니다. 하늘을 날던 잠자리가 폭폭이에게 놀러와 말을 겁니다.

"폭폭아, 오늘은 무엇을 싣고 가니?"

"예쁜 인형! 중국에 있는 동포 어린이들에게 줄 거래. 아이들이 받으면 좋아하겠지?"

"그럼. 나도 하나 갖고 싶어."

경제 · 교통과 관계있는 한자어

|모범 답안| 272쪽

　폭폭이는 푸른 강물을 옆으로 바라보며 달렸습니다. 오늘따라 강물이 햇빛에 반짝반짝 빛이 납니다. 멀리 신호등에 빨간 불이 들어왔습니다. 속도를 줄인 폭폭이는 건널목 앞에서 停止(⑤　　)했습니다. 그리고 아이들이 손을 들고 건너고 있었는데, 그 중 호기심 많은 남자아이가 눈을 반짝이며 폭폭이에게 말을 겁니다.

　"폭폭아, 오늘은 어디로 보내는 물건을 싣고 가니?"

　"응, 오늘은 중국으로 보내는 인형을 싣고 가고 있어."

　"그래? 우리나라와 交流(⑥　　)하는 나라는 정말 많은 거 같아."

　"맞아, 시장을 開放(⑦　　)하는 나라가 늘면서 무역량이 점점 많아지고 있어. 며칠 전에는 칠레에서 들여온 과일을 싣고 달렸었지."

　신호가 바뀌자 아이들과 헤어진 폭폭이는 다시 달렸습니다. 달리다가 勞使(⑧　　) 간의 다툼 때문에 며칠째 문을 닫고 있는 회사를 보며 걱정도 했어요. 폭폭이네 회사도 몇 년 전에는 赤字(⑨　　)가 나서 문제가 생겨 힘들었던 경험이 있었기 때문이지요. 그렇지만 사장님과 직원들이 힘을 모아 열심히 일한 결과 지금은 사업이 잘되고 있습니다. 이제 조금만 더 달리면 푸른역에 도착합니다. 쌩쌩 기차도 보이고, 화물을 실어 나르는 힘센 화물차도 보입니다. 멀리서 역무원 아저씨가 깃발을 흔드는 모습이 보입니다. 폭폭이는 이렇게 늘 행복한 마음으로 달린답니다.

100점 만점에 100점

1 다음 漢字語의 讀音을 보기 에서 찾아 그 번호를 쓰세요.

> 보기   ① 철마   ② 대화   ③ 교통   ④ 사신

(1) 交通 (   )   (2) 使臣 (   )
(3) 對話 (   )   (4) 鐵馬 (   )

2 다음 밑줄 친 漢字語의 讀音을 쓰세요.

(1) <u>汽車</u>(   )가 철로 위를 달린다.
(2) 두 정상은 양국 간 경제 <u>交流</u>(   ) 협력 방안을 모색했다.
(3) <u>洗車</u>(   )를 해 놓았더니 비가 와서 소용이 없게 되었다.
(4) 정부는 올해 무역 <u>黑字</u>(   )가 수억 달러에 이를 것으로 점치고 있다.

3 다음 밑줄 친 곳에 漢字의 訓을 쓰세요.

(1) 開放(_____개, _____방)   (2) 海流(_____해, _____류)
(3) 競馬(_____경, _____마)   (4) 赤字(_____적, _____자)

4 다음 뜻풀이에 맞는 漢字語를 보기 에서 찾아 그 번호를 쓰세요.

> 보기   ① 開發   ② 文字   ③ 着陸   ④ 車線

(1) 말의 음과 뜻을 표시하는 시각적 기호. (   )
(2) 개척하여 발전시킴. (   )
(3) 자동차 도로에 일정한 간격으로 그어 놓은 선. (   )
(4) 비행기 따위가 육지에 내림. (   )

5 다음 漢字의 訓과 音을 쓰세요.

(1) 停 (   )　　(2) 馬 (   )
(3) 止 (   )　　(4) 勞 (   )

6 다음 訓과 音에 맞는 漢字를 쓰세요.

(1) 곧을 직 (   )　　(2) 부릴 사 (   )
(3) 통할 통 (   )　　(4) 글자 자 (   )

7 다음 (   ) 안에 들어갈 漢字를 보기에서 찾아 그 번호를 쓰세요.

보기	① 停	② 直	③ 命
	④ 通	⑤ 馬	⑥ 流

(1) 直(   )電話: 교환이나 중계를 통하지 아니하고 바로 연결되는 전화.
(2) (   )耳東風: 남의 말을 귀담아듣지 아니하고 지나쳐 흘려버림.
(3) 人(   )在天: 사람의 목숨은 하늘에 달려 있다.
(4) 汽車(   )止: 기차가 운행을 멈춤.

8 다음 밑줄 친 漢字語를 漢字로 쓰세요.

(1) 선희의 마음씨는 그야말로 천사(   ) 같다.
(2) 민수는 방학(   )을 맞아 외갓집에 갔다.
(3) 방학 동안 어린이들에게 고궁을 무료로 개방(   )했다.
(4) 금년 수출 실적은 전년 대비(   ) 32.5%가 증가했다.

한자 쏙쏙~! '시간'과 관계있는 한자어

한자를 한 글자 한 글자 자세히 공부해 보아요.

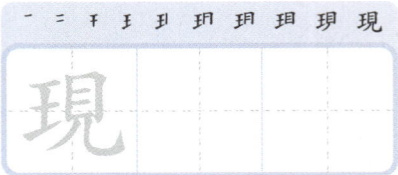

나타날 **현** | 玉(王)부 | 총 11획
- 現金(현금): 현재 가지고 있는 돈. 실제로 통용되는 화폐
- 現在(현재): 지금의 시간

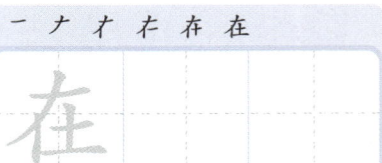

있을 **재** | 土부 | 총 6획
- 在野(재야): 벼슬길에 오르지 않고 민간에 있음.
- 在學(재학): 학교에 학적을 두고 있음.

🔍 '有(있을 유)'와 뜻이 비슷해요.

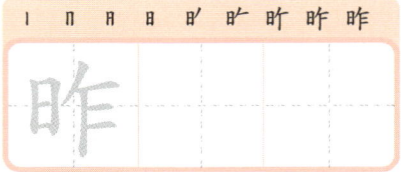

어제 **작** | 日부 | 총 9획
- 昨今(작금): 어제와 오늘. 요즈음
- 昨年(작년): 지난해

이제 **금** | 人부 | 총 4획
- 今年(금년): 현재 맞고 있는 이 해
- 古今(고금): 옛적과 지금

🔍 '令(하여금 령)'과 모양이 비슷해요.

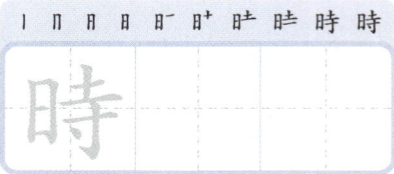

때 **시** | 日부 | 총 10획
- 時計(시계): 시간을 재거나 시각을 나타내는 장치
- 時代(시대): 역사적인 특징을 가지고 구분한 일정한 기간

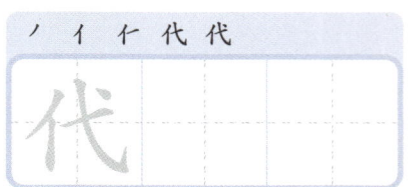

대신할 **대** | 人(亻)부 | 총 5획
- 古代(고대): 옛 시대
- 現代(현대): 지금의 이 시대

띵동띵동 퀴즈 다음 ( ) 안에 알맞은 한자어의 독음을 채워 볼까요?

(1) 現在(　　　) 시각이 몇 시입니까?
(2) 예년과 달리 今年(　　　)에는 꽃게가 풍년이랍니다.
(3) 현대인들은 古代(　　　) 사람들보다 체력이 약합니다.

정답 (1) 현재 (2) 금년 (3) 고대

| 일만 만 | 艸(⺿)부 | 총 13획 |

약자는 '万'으로 써요.

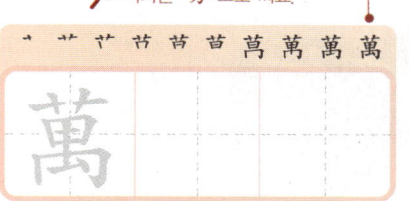

- 萬感(만감): 솟아오르는 갖가지 생각이나 느낌
- 萬歲(만세): 만 년. 바람이나 환호를 나타내기 위해 두 손을 높이 들며 외치는 소리

| 해 세 | 止부 | 총 13획 |

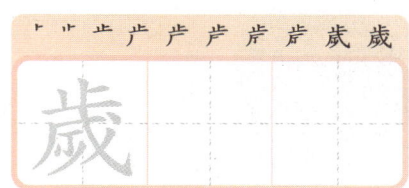

- 歲月(세월): 흘러가는 시간
- 歲時(세시): 한 해의 절기나 달, 계절에 따른 때

반대자는 '舊(예 구)', '古(예 고)'예요.

| 새 신 | 斤부 | 총 13획 |

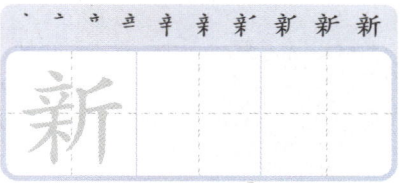

- 新年(신년): 새해
- 新聞(신문): 사회의 새 소식을 신속하게 보도하는 정기 간행물

| 해 년 | 干부 | 총 6획 |

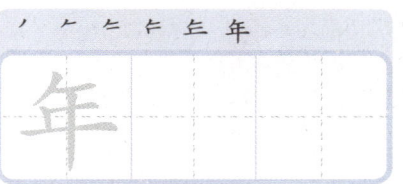

- 每年(매년): 매해. 해마다
- 靑年(청년): 청춘기에 있는 젊은 사람

딩동딩동 퀴즈

다음 ( ) 안에 알맞은 한자어의 독음을 채워 볼까요?

(1) 전국 곳곳에서 '대한민국 萬歲(   )'를 외치는 소리가 들렸습니다.
(2) 새해 아침에 온 가족이 일찍 일어나 新年(   ) 인사를 나누었습니다.
(3) 요즈음에는 인터넷으로 新聞(   )을 보는 사람이 많습니다.

정답 (1) 만세 (2) 신년 (3) 신문

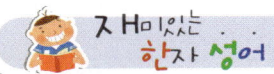

百年河淸 일백 백, 해 년, 물 하, 맑을 청

아무리 오랜 시일이 지나도 어떤 일이 이루어지기 어려움을 이르는 말

황하(黃河)는 중국 북부를 가로지르는 매우 큰 강으로, 1년 내내 싯누런 황톳물이 흘러요. '百年河淸'이란 '백 년이 지난들 황하가 맑아지겠는가?'라는 뜻으로 아무리 기다려도 이루어지기 힘든 일을 볼 때나, 가능하지 않은 일을 하염없이 기다리는 경우에 하는 말이에요. 그런데 요즘 중국에서 황하를 흐리게 하는 진흙이 강으로 들어오지 못하도록 막는 공사를 추진한다고 하네요. '百年河淸'이라는 말이 없어지는 걸까요?

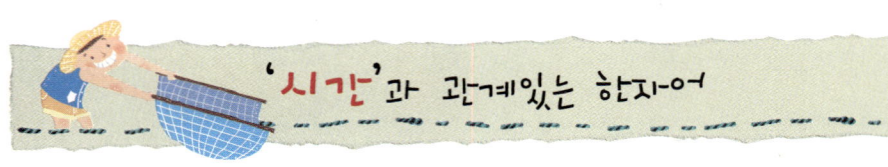

한자를 한 글자 한 글자 자세히 공부해 보아요.

매양 **매** | 母(毋)부 | 총 7획
- 每番(매번): 번번이
- 每週(매주): 각각의 주

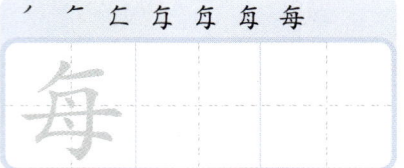

주일 **주** | 辵(辶)부 | 총 12획
- 週末(주말): 한 주일의 끝
- 前週(전주): 지난 주

빛날 **요** | 日부 | 총 18획
- 曜日(요일): 일주일의 각 날을 나타내는 말
- 月曜日(월요일): 일주일의 첫째 요일

날 **일** | 日부 | 총 4획
- 日記(일기): 날마다 생긴 일이나 느낌 등을 적은 개인의 기록
- 今日(금일): 오늘

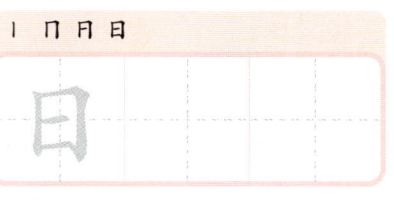

'書(글 서)'와 모양이 비슷해요.

낮 **주** | 日부 | 총 11획
- 晝間(주간): 낮
- 晝夜(주야): 밤낮

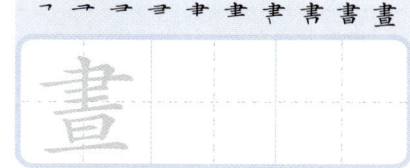

밤 **야** | 夕부 | 총 8획
- 夜景(야경): 밤의 경치
- 夜光(야광): 어둠 속에서 빛을 냄. 또는 그런 물건

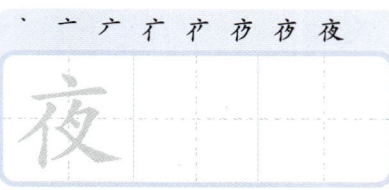

띵똥 띵똥 퀴즈 다음 ( ) 안에 알맞은 한자어의 독음을 채워 볼까요?

(1) 민주는 每週(   ) 일요일에 북한산으로 등산을 갑니다.
(2) 오늘이 무슨 曜日(   )인지 알고 계세요?
(3) 유람선에서 본 한강의 夜景(   )은 무척 아름다웠습니다.

정답 (1) 매주 (2) 요일 (3) 야경

낮 **오** | 十부 | 총 4획
- 午前(오전): 밤 12시부터 낮 12시까지의 동안
- 午後(오후): 낮 12시부터 밤 12시까지의 동안

앞 **전** | 刀(刂)부 | 총 9획
- 前面(전면): 앞면
- 事前(사전): 일이 있기 전

🔍 반대자는 '後(뒤 후)'예요.

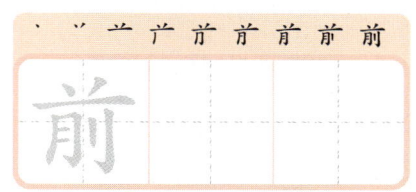

아침 **조** | 月부 | 총 12획
- 朝夕(조석): 아침과 저녁
- 朝鮮(조선): 태조 이성계가 고려를 무너뜨리고 세운 나라

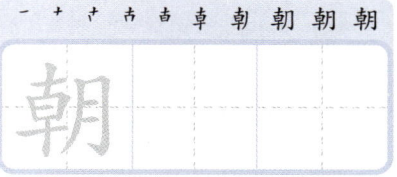

저녁 **석** | 夕부 | 총 3획
- 夕陽(석양): 저녁때의 해
- 秋夕(추석): 우리나라 명절의 하나

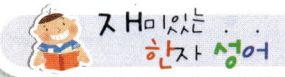 다음 ( ) 안에 알맞은 한자어의 독음을 채워 볼까요?

(1) 재석이는 토요일 午後(　　　)에 친구들과 자전거를 타기로 했습니다.
(2) 午前(　　　) 내내 비가 와서 외출을 할 수 없었습니다.
(3) 효녀 심청은 朝夕(　　　)으로 아버지께 문안을 드렸습니다.

정답 (1)오후 (2)오전 (3)조석

재미있는 한자성어 — 朝變夕改 아침 **조**, 변할 **변**, 저녁 **석**, 고칠 **개**

계획이나 결정 따위를 일관성없이 자주 고침을 이르는 말

연이와 버들 도령 이야기를 알고 있나요? 새어머니의 구박으로 한겨울에 산나물을 찾아 나섰던 연이가 버들 도령의 도움으로 산나물을 구해 오자, 새어머니는 다시 산딸기가 먹고 싶다며 변덕을 부리지요. '朝變夕改'란 '아침에 바꾸고 저녁에 고친다.'는 뜻으로, 변덕이 심해 자꾸만 말이나 계획을 고치는 경우를 이르는 말이에요. 연이는 어떻게 되었느냐고요? 새어머니의 구박에도 착한 마음을 잃지 않고 있다가 마침내 무지개를 타고 버들 도령과 함께 하늘로 올라갔답니다.

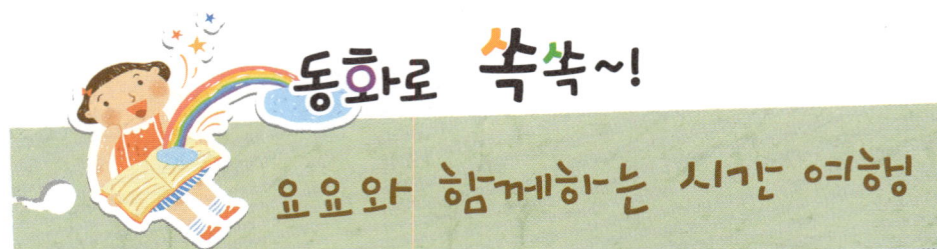

동화를 읽으며 한자어의 독음을 써 보아요.

민호는 동욱이에게 할아버지가 만들어 준 요요를 자랑했어요. 나무를 깎아서 만들었는데, 가게에서 산 것보다 훨씬 잘 돌았어요.

"요요 묘기 대회가 무슨 曜日(① ☐☐)에 열리니?"

"응, 每週(② ☐☐) 토요일마다 공원에서 열려."

"몇 시에 하지?"

"午前(③ ☐☐) 10시부터야. 너 꼭 와야 해. 이번 주에는 내가 우승할 거거든."

"큰소리치기는, 알았어. 꼭 응원갈 게."

"그런데, 여기에 있는 이 버튼은 뭐야?"

버튼을 누르자 요요에서 빛이 나오면서 민호와 동욱이를 어딘가로 데려 갔어요.

사람들이 많이 모여 있고, 물건을 파는 사람들이 있는 것으로 보아 시장인 것 같았지요. 그런데 어떤 여학생이 사람들에게 태극기를 나눠주고 있었어요.

"동욱아, 저 누나말이야. 유관순 누나 같은데?"

"맞아. 그럼 지금 여기가 어디야?"

"3·1 운동은 1919년의 일인데……, 그럼 우리가 과거로 온 거야?"

시간과 관계있는 한자어

할아버지가 만들어준 요요는 원하는 時代(④　　)로 여행을 할 수 있는 기계인데, 작동법을 모르는 민호와 동욱이가 버튼을 막 눌러서 1919년으로 간 것이었어요. 갑자기 여기저기서 사람들이 萬歲(⑤　　)를 부르기 시작했어요. 그러자 일본 헌병들이 나타나 사람들을 마구 잡아갔습니다. 깜짝 놀란 민호는 요요의 버튼을 서둘러 눌렀어요.

그러자 이번에 간 곳은 사람들이 잠수부처럼 산소통을 메고 다녔어요.

"요즘은 공기가 너무 나빠."

"옛날 사람들이 환경 보호를 하지 않고 자연을 파괴해서 그런 거지 뭐."

"이거 朝夕(⑥　　)으로 산소통을 바꿔 들고 다녀야 하니 무척 불편하군."

사람들이 하는 이야기를 듣던 민호와 동욱이는 얼굴이 빨개졌어요. 평소에 아무데나 쓰레기를 버리고, 전기나 물을 아껴 쓰지 않았던 행동들이 생각났기 때문이지요.

미래는 첨단 도시였지만 민호와 동욱이가 살던 시대처럼 아름답지는 않았어요. 민호와 동욱이는 다시 자기들이 살던 시대로 돌아가면 환경 보호에 앞장서겠다고 다짐을 했어요. 어떻게 하면 現在(⑦　　)의 시간으로 돌아갈 수 있을까요?

100점 만점에 100점

1 다음 漢字語의 讀音을 보기에서 찾아 그 번호를 쓰세요.

> 보기   ① 만감   ② 오후   ③ 현대   ④ 야경

(1) 現代 (   )   (2) 午後 (   )
(3) 夜景 (   )   (4) 萬感 (   )

2 다음 밑줄 친 漢字語의 讀音을 쓰세요.

(1) 할아버지께서는 <u>歲月</u>(   ) 참 빠르다고 하신다.
(2) 동생은 <u>每週</u>(   ) 한 번씩 학습지를 받아 본다.
(3) <u>今年</u>(   ) 여름은 작년보다 더운 것 같다.
(4) 고려가 망하고 <u>朝鮮</u>(   ) 왕조가 들어섰다.

3 다음 밑줄 친 곳에 漢字의 訓을 쓰세요.

(1) 每番(_____매, _____번)   (2) 昨今(_____작, _____금)
(3) 曜日(_____요, _____일)   (4) 新聞(_____신, _____문)

4 다음 뜻풀이에 맞는 漢字語를 보기에서 찾아 그 번호를 쓰세요.

> 보기   ① 週末   ② 夕陽   ③ 日記   ④ 現實

(1) 지금 사실로 나타나 있는 일이나 물건. (   )
(2) 날마다 생긴 일이나 느낌 등을 적은 개인의 기록. (   )
(3) 한 주일의 끝. (   )
(4) 저녁때의 해. (   )

5 다음 漢字의 訓과 音을 쓰세요.

(1) 在 (   )   (2) 晝 (   )
(3) 夕 (   )   (4) 新 (   )

6 다음 訓과 音에 맞는 漢字를 쓰세요.

(1) 해 년 (   )   (2) 밤 야 (   )
(3) 나타날 현 (   )   (4) 아침 조 (   )

7 다음 (   ) 안에 들어갈 漢字를 보기에서 찾아 그 번호를 쓰세요.

보기	① 前	② 萬	③ 改
	④ 淸	⑤ 朝	⑥ 新

(1) 今日(   )聞: 오늘 발간된 신문.
(2) 朝變夕(   ): 아침에 바꾸고 저녁에 고침.
(3) (   )鮮時代: 태조 이성계가 건국한 조선 왕조의 시대.
(4) 百年河(   ): 아무리 오랜 시일이 지나도 어떤 일이 이루어지기 어려움.

8 다음 밑줄 친 漢字語를 漢字로 쓰세요.

(1) 가랑비가 <u>오전</u>(   ) 내내 내리고 있다.
(2) 비전이 있는 사람만이 <u>시대</u>(   )를 앞서 간다.
(3) 우리 학교는 <u>매년</u>(   ) 가을에 축제를 한다.
(4) 그는 <u>주야</u>(   )로 쉬지 않고 공부에 전념했다.

한자 쏙쏙~! '운동'과 관계있는 한자어

한자를 한 글자 한 글자 자세히 공부해 보아요.

다툴 경 立부 총 20획
- 競技(경기): 일정한 규칙 아래 기량과 기술을 겨루는 일
- 競爭(경쟁): 같은 목적을 두고 서로 겨루는 것

다툴 쟁 爪(爫)부 총 8획
- 相爭(상쟁): 서로 다툼.
- 戰爭(전쟁): 국가와 국가 또는 교전 단체 간에 무력을 사용하여 싸움.

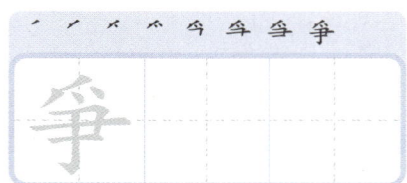

🔍 반대자는 '後(뒤 후)'예요.

먼저 선 儿부 총 6획
- 先頭(선두): 맨 앞
- 先生(선생): 학생을 가르치는 일을 하는 사람. 덕망이 있는 사람

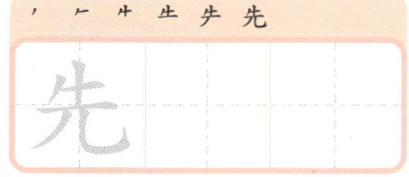

머리 두 頁부 총 16획
- 頭角(두각): 짐승의 머리에 난 뿔. 뛰어난 학식이나 재능 등을 비유적으로 이르는 말
- 序頭(서두): 일이나 말의 첫머리

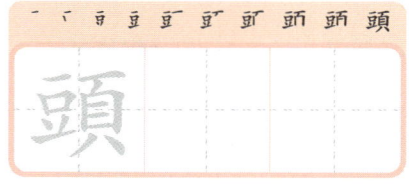

뿌리 근 木부 총 10획
- 根本(근본): 사물의 본질이나 본바탕
- 根性(근성): 어떤 사람의 마음이나 태도 속에 깊이 박혀 있는 성질

성품 성 心(忄)부 총 8획
- 性質(성질): 사물이나 현상이 본디부터 가지고 있는 고유한 특성
- 天性(천성): 선천적으로 타고난 성품

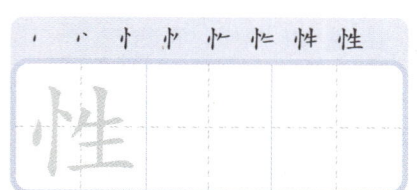

🔍 '姓(성 성)'과 모양이 비슷해요.

띵똥띵똥 퀴즈 다음 ( ) 안에 알맞은 한자어의 독음을 채워 볼까요?

(1) 박 선생님이 배구 競技(　　　)의 심판을 보았습니다.
(2) 결승점이 가까워 오자 손기정 선수는 先頭(　　　)로 달려 나가기 시작했습니다.
(3) 물은 갈라놓아도 다시 합쳐지는 性質(　　　)을 갖고 있습니다.

정답 (1) 경기 (2) 선두 (3) 성질

반대자는 '出(날 출)'이에요.

들 입 　入부 | 총 2획
- 入賞(입상): 상을 타게 되는 등수에 드는 것
- 入場(입장): 극장·식장·경기장 등의 장내로 들어감.

상줄 상 　貝부 | 총 15획
- 賞金(상금): 상으로 주는 돈
- 賞品(상품): 상으로 주는 물품

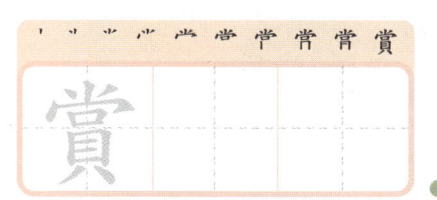

칠 타 　手(扌)부 | 총 5획
- 打席(타석): 야구에서 타자가 타격하기 위하여 들어서는 곳
- 打者(타자): 야구에서 배트로 공을 치는 공격 팀 선수

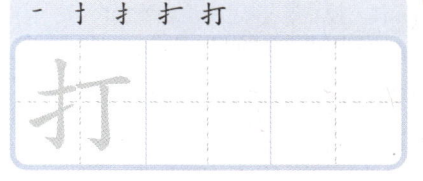

자리 석 　巾부 | 총 10획
- 客席(객석): 극장 따위에서 손님이 앉는 자리
- 出席(출석): 공부하거나 참여하기 위해 나가는 것

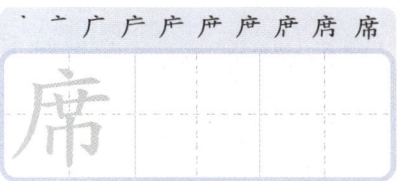

띵똥띵똥 퀴즈 다음 ( ) 안에 알맞은 한자어의 독음을 채워 볼까요?

(1) 민수는 교내 미술 대회에서 入賞(　　　)을 했습니다.
(2) 체육 대회에서 賞品(　　　)으로 축구공을 받았습니다.
(3) 영혜는 감기 때문에 出席(　　　)을 하지 못했습니다.

정답　(1)입상　(2)상품　(3)출석

재미있는 한자 성어

先見之*明 　먼저 선, 볼 견, 어조사 지, 밝을 명

어떤 일이 일어나기 전에 미리 앞을 내다보고 아는 지혜

　율곡 이이 선생은 대학자이자 정치가로 잘 알려진 분이에요. 그가 활동하던 시기는 정치가 아주 혼란했어요. 정책을 세울 때마다 당파 싸움 때문에 많은 반대에 부딪히곤 했답니다.
　임진왜란이 일어나기 9년 전에 율곡은 '십만 명의 군사를 양성하여 위급한 사태에 대비하자'고 주장했어요. 하지만 이러한 주장은 받아들여지지 않았고, 난이 일어나자 선조 임금은 피난길에 그를 생각하며 눈물지었답니다.

하나. 배정 한자 익히기　105

'운동'과 관계있는 한자어

한자를 한 글자 한 글자 자세히 공부해 보아요.

높을 **탁** | 十부 | 총 8획
- 卓見(탁견): 뛰어난 의견이나 견해
- 卓球(탁구): 대의 중앙에 네트를 치고 작은 공을 쳐서 넘겨 겨루는 경기

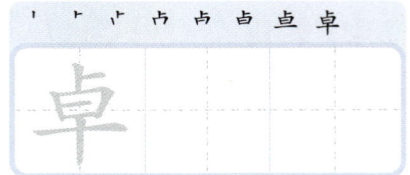

공 **구** | 玉(王)부 | 총 11획
- 球技(구기): 공을 사용하는 운동 경기
- 野球(야구): 두 팀이 9회씩 공격과 수비를 번갈아 하며 승패를 겨루는 구기 경기

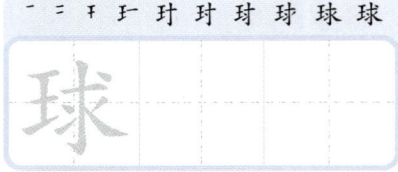

반대자는 '分(나눌 분)', '別(나눌 별)'이에요.

합할 **합** | 口부 | 총 6획
- 合宿(합숙): 여러 사람이 한 곳에 집단적으로 묵는 것
- 結合(결합): 둘 이상이 서로 관계를 맺고 합쳐서 하나가 됨.

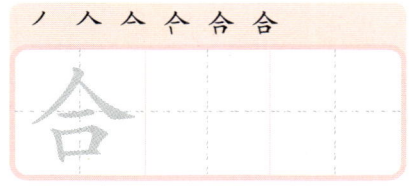

잘 **숙** 별자리 **숙** | 宀부 | 총 11획
- 宿所(숙소): 제 집을 떠난 사람이 임시로 머물러 묵는 곳
- 宿題(숙제): 학교에서 배운 것의 복습과 예습을 위해 내주는 과제

약자는 '体'로 써요.

몸 **체** | 骨부 | 총 23획
- 體操(체조): 신체의 발육과 건강 증진을 위하여 일정한 형식으로 몸을 움직이는 운동
- 身體(신체): 사람의 몸

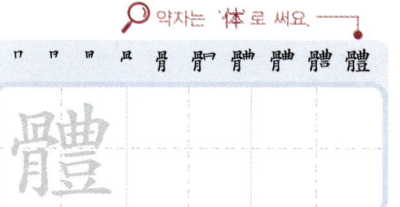

잡을 **조** | 手(扌)부 | 총 16획
- 操心(조심): 잘못이나 실수가 없도록 말이나 행동에 마음을 씀.
- 操作(조작): 기계 따위를 다루어 움직임.

띵똥 띵똥 퀴즈 다음 ( ) 안에 알맞은 한자어의 독음을 채워 볼까요?

(1) 나는 球技( ) 운동 중에서도 농구를 제일 좋아합니다.
(2) 이곳은 국가 대표 축구 선수들이 合宿( ) 훈련을 하는 곳입니다.
(3) 낯선 곳을 여행할 때에는 길을 잃지 않도록 操心( )해야 합니다.

정답 (1) 구기 (2) 합숙 (3) 조심

🔍 '心(마음 심)'과 모양이 비슷해요.

반드시 **필**   心부 | 총 5획

- 必勝(필승): 반드시 이기는 것
- 必要(필요): 꼭 있어야 하거나 갖추어져야 하는 것

이길 **승**   力부 | 총 12획

- 勝利(승리): 겨루어 이김.
- 勝敗(승패): 승리와 패배를 아울러 이르는 말

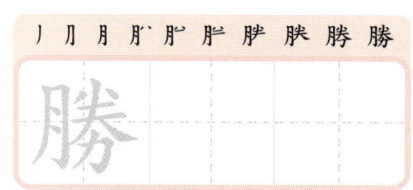

익힐 **련**   糸부 | 총 15획

- 練兵(연병): 병사를 훈련함.
- 練習(연습): 익숙하도록 되풀이하여 익히는 것

익힐 **습**   羽부 | 총 11획

- 實習(실습): 이미 배운 이론을 토대로 하여 실제로 해 보고 익히는 일
- 自習(자습): 혼자의 힘으로 공부하여 익히는 것

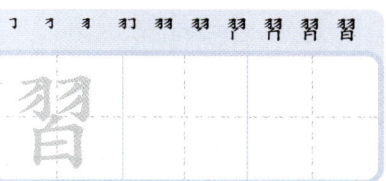

딩동딩동 퀴즈

다음 ( ) 안에 알맞은 한자어의 독음을 채워 볼까요?

(1) 실험에 必要(   )한 기구들은 모두 준비되었나요?
(2) 뜀틀 운동을 잘하려면 꾸준히 반복적으로 練習(   )해야 합니다.
(3) 지호는 自習(   )하는 시간에 깜박 잠이 들었습니다.

정답 (1) 필요 (2) 연습 (3) 자습

재미있는 한자 성어

事必歸正 일 **사**, 반드시 **필**, 돌아갈 **귀**, 바를 **정**

모든 일은 반드시 바른길로 돌아감.

우리 속담 가운데 '콩 심은 데 콩 나고 팥 심은 데 팥 난다.' 라는 말이 있는데, 이 말은 원인에 따라 결과가 생긴다는 뜻이에요. 콩을 심었는데 팥이 나고, 팥을 심었는데 콩이 나올 수는 없겠죠. 마찬가지로 좋은 일을 하면 복을 받게 되고, 만약 나쁜 짓을 하면 결국은 벌을 받게 된다는 뜻이지요. '事必歸正'이란 말에는 '원인에 따라 결과가 생기는 인과의 법칙을 어길 수 없다.'는 생각이 담겨 있는 것이죠.

동화로 쏙쏙~!
신들의 올림픽

동화를 읽으며 한자어의 독음을 써 보아요.

올림푸스 산에서는 백 년에 한 번씩 세계 여러 나라의 신들이 참가하는 올림픽 경기가 열립니다. 신들의 올림픽을 주관하는 신은 제우스와 헤라예요. 올림픽에 출전하는 신들은 승부 根性(①)이 대단해서 평소에도 함께 合宿(②)을 하며 열심히 練習(③)을 한다고 해요.

첫째 날은 그리스 팀과 인도 팀의 야구 경기가 펼쳐졌어요. 그리스 팀의 투수는 태양의 신 아폴론이고, 인도 팀 투수는 폭풍우의 신 마루투스예요. 두 팀은 모두 팽팽한 대결을 이어갔어요. 그러나 8회 초, 打席(④)에 들어선 바람의 신 바유의 홈런으로 인도 팀이 승리를 했지요.

둘째 날은 그리스 팀과 일본 팀의 복식 卓球(⑤) 경기가 펼쳐졌어요. 그리스 팀의 선수는 전쟁과 지혜의 신 아테나와 바다의 신 포세이돈이고, 일본 팀 선수는 폭풍의 신 스사노오와 달을 지배하는 신 쓰쿠요미예요. 이 날 양 팀 선수들은 막상막하의 경기를 펼쳤어요.

운동과 관계있는 한자어

|모범 답안| 273쪽

셋째 날에는 **體操**(⑥) 경기가 펼쳐졌어요. 이 날 관중석은 일찌감치 꽉 찼어요. 그리스의 여신 아프로디테와 이집트의 여신 하토르가 출전하기 때문이지요. 아프로디테와 하토르는 아름다울 뿐 아니라 실력도 대단해서 누가 우승할지 아무도 모르거든요.

하루하루 경기가 계속될수록 각 나라 신들의 **競爭**(⑦)도 치열해졌어요. 신들의 올림픽은 실력을 겨루는 무대이기도 하지만 서로 간에 친목을 다지는 장이기도 했어요.

신들 중에서 가장 인기가 많은 신은 한국의 신 조왕신과 그리스의 신 헤파이스토스예요. 조왕신은 올림픽 기간 동안 맛있는 음식을 만들어 주고, 헤파이스토스는 멋진 기념품을 만들어 선물로 주고 있기 때문이지요.

마지막 날에는 신들이 모두 참여하는 마라톤을 했어요. 마지막 경기라서 모두 **必勝**(⑧)을 다짐하였지요. 마침내 선수들이 올림푸스 주경기장 안으로 달려 들어왔어요. 가장 앞에서 **先頭**(⑨)로 북유럽의 젊음과 영원의 신 이둔이 달렸고, 그 뒤를 그리스 전쟁의 신 아레스가 뒤쫓고 있었어요. 그러나 최후의 우승은 마지막에 전력 질주를 한 아레스가 하여 월계관을 받았어요. 이제 또 백 년을 기다려야 신들의 올림픽을 볼 수 있었기에 신들은 올림픽이 끝난 것을 모두 아쉬워했답니다.

100점 만점에 100점

1 다음 漢字語의 讀音을 보기에서 찾아 그 번호를 쓰세요.

> 보기   ① 필요   ② 두각   ③ 구기   ④ 숙제

(1) 球技 (   )   (2) 頭角 (   )
(3) 宿題 (   )   (4) 必要 (   )

2 다음 밑줄 친 漢字語의 讀音을 쓰세요.

(1) 학교에서 배운 요리를 집에서 <u>實習</u>(   )해 보았다.
(2) 국민 대다수는 명분 없는 <u>戰爭</u>(   )에 반대했다.
(3) 재적 위원 중 과반수가 <u>出席</u>(   )하지 않아 회의를 열지 못했다.
(4) 갑작스러운 소나기로 <u>野球</u>(   ) 경기가 잠시 중단되었다.

3 다음 밑줄 친 곳에 漢字의 訓을 쓰세요.

(1) 入賞(_____입, _____상)   (2) 體操(_____체, _____조)
(3) 根本(_____근, _____본)   (4) 宿所(_____숙, _____소)

4 다음 뜻풀이에 맞는 漢字語를 보기에서 찾아 그 번호를 쓰세요.

> 보기   ① 客席   ② 性質   ③ 勝敗   ④ 操心

(1) 사물이나 현상이 본디부터 가지고 있는 고유한 특성. (   )
(2) 극장 따위에서, 손님이 앉는 자리. (   )
(3) 잘못이나 실수가 없도록 말이나 행동에 마음을 씀. (   )
(4) 승리와 패배를 아울러 이르는 말. (   )

5 다음 漢字의 訓과 音을 쓰세요.

(1) 性 (   ) (2) 卓 (   )
(3) 練 (   ) (4) 打 (   )

6 다음 訓과 音에 맞는 漢字를 쓰세요.

(1) 자리 석 (   ) (2) 익힐 습 (   )
(3) 공 구 (   ) (4) 뿌리 근 (   )

7 다음 (   ) 안에 들어갈 漢字를 보기에서 찾아 그 번호를 쓰세요.

보기	① 競	② 明	③ 根
	④ 頭	⑤ 球	⑥ 必

(1) 入賞(   )爭: 상을 받으려고 서로 겨룸.
(2) 事(   )歸正: 모든 일은 반드시 바른길로 돌아감.
(3) 卓(   )競技: 탁구로 실력을 겨룸.
(4) 先見之(   ): 어떤 일이 일어나기 전에 미리 앞을 내다보고 아는 지혜.

8 다음 밑줄 친 漢字語를 漢字로 쓰세요.

(1) 마라톤 경기에서 우리 선수가 선두(   )로 나섰다.
(2) 선수들 입장(   )이 끝나자 대회장의 환영 인사가 시작되었다.
(3) 건강한 신체(   )에 건전한 정신이 깃든다.
(4) 아침 자습(   )을 학생들의 자율에 맡겼다.

한자 쏙쏙~! '군대·역사'와 관계있는 한자어

한자를 한 글자 한 글자 자세히 공부해 보아요.

| 목숨 | 명 | 口부 | 총 8획 |

- 命令(명령): 윗사람이 아랫사람에게 무엇을 하게 함. 또는 그런 내용
- 使命(사명): 마땅히 해야 할 일로서 맡겨진 일

| 하여금 | 령 | 人부 | 총 5획 |

- 打令(타령): 어떤 사물에 대해 자꾸 이야기하거나 뇌까리는 일
- 號令(호령): 지휘하여 명령함. 큰 소리로 꾸짖음.

🔍 '今(이제 금)'과 모양이 비슷해요.

| 날랠 | 용 | 力부 | 총 9획 |

- 勇氣(용기): 씩씩하고 굳센 기운
- 勇士(용사): 용맹스러운 사람

| 선비 | 사 | 土부 | 총 3획 |

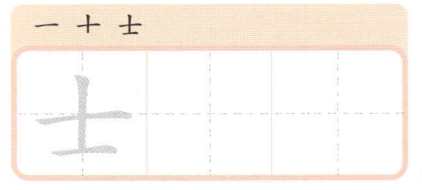

- 士氣(사기): 의욕이나 자신감이 가득 차서 굽힐 줄 모르는 의기
- 士大夫(사대부): 문무(文武) 양반의 일반적인 총칭

🔍 '土(흙 토)'와 모양이 비슷해요.

| 군사 | 군 | 車부 | 총 9획 |

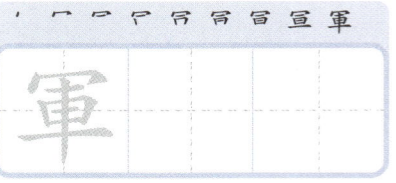

- 軍旗(군기): 군에서 부대를 대표하는 기
- 陸軍(육군): 육상에서의 전투를 주 임무로 하는 군대

| 기 | 기 | 方부 | 총 14획 |

- 國旗(국기): 한 나라를 상징하기 위하여 그 나라의 표지로 정한 기
- 白旗(백기): 바탕이 흰 기

띵똥띵똥 퀴즈 다음 ( ) 안에 알맞은 한자어의 독음을 채워 볼까요?

(1) 이순신 장군은 왕의 命令(　　　)에 따라 다시 전쟁터로 나갔습니다.
(2) 공주를 구하기 위해 각지에서 勇士(　　　)들이 모여들었습니다.
(3) 우리나라 國旗(　　　)에 담겨진 뜻을 알고 있나요?

정답 (1) 명령 (2) 용사 (3) 국기

| 싸움 | 전 | 戈부 | 총 16획 |

- 戰死(전사): 전장에서 싸우다가 죽는 것
- 戰爭(전쟁): 나라와 나라가 서로 무력을 사용하여 싸우는 일

약자는 '战'으로 써요.

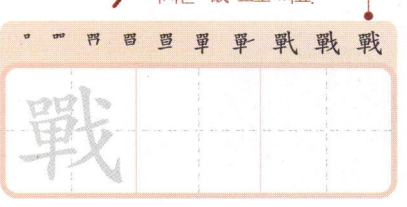

| 죽을 | 사 | 歹부 | 총 6획 |

- 死後(사후): 죽은 후
- 生死(생사): 사는 일과 죽는 일. 삶과 죽음

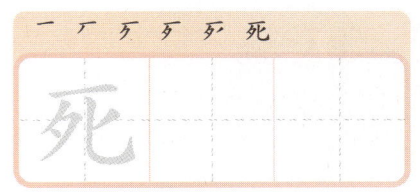

| 병사 | 병 | 八부 | 총 7획 |

- 兵法(병법): 군사를 지휘하여 전쟁하는 방법
- 兵卒(병졸): 군사. 군인

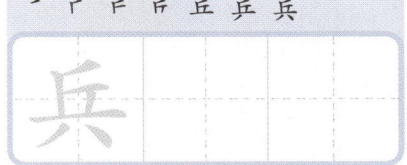

| 마칠 | 졸 | 十부 | 총 8획 |

- 卒業(졸업): 학생이 소정의 교과 과정을 모두 마치고 나오는 것
- 高卒(고졸): 고등학교 졸업의 학력

'兵(병사 병)'과 비슷한 뜻도 있어요.

딩동딩동 퀴즈

다음 (   ) 안에 알맞은 한자어의 독음을 채워 볼까요?

(1) 박씨 할아버지는 戰爭(   ) 때문에 사랑하는 가족과 친구들을 잃었습니다.
(2) 죽었는지 살았는지 生死(   )를 알 수 없구나!
(3) 전투를 앞두고 兵卒(   )들의 사기가 하늘을 찔렀다.

정답 (1) 전쟁 (2) 생사 (3) 병졸

재미있는 한자 성어

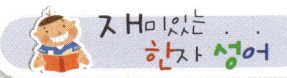

千軍萬馬 일천 천, 군사 군, 일만 만, 말 마

아주 많은 수의 군사와 군마를 이르는 말

'千軍萬馬'란 글자 그대로 풀면 '천 명의 군사와 만 마리의 말'이라는 뜻이에요. 여기서 '千'과 '萬'은 아주 많은 숫자를 상징하지요. 옛날에는 말이 전쟁에 유용하게 쓰였고, 군사의 숫자가 매우 중요했어요. 전쟁터에서 많은 지원 부대가 온다면 사기가 하늘로 솟구치겠지요? 그래서 요즘도 '千軍萬馬'를 얻은 듯 용기가 솟구친다는 말을 쓴답니다. 정호는 교내 달리기 시합에 나갔다가, 평소에 좋아하던 은혜가 자신을 응원하고 있는 것을 보았어요. 정호는 '千軍萬馬'를 얻은 듯 힘이 나서 1등을 했답니다.

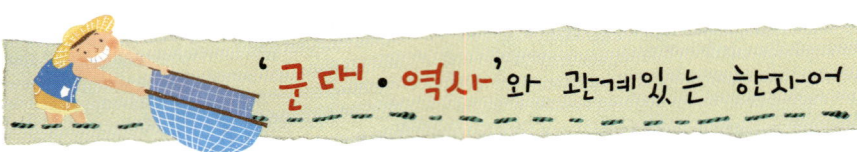 '군대·역사'와 관계있는 한자어

한자를 한 글자 한 글자 자세히 공부해 보아요.

지날 **력** | 止부 | 총 16획
- 歷代(역대): 이어 내려온 여러 대
- 歷史(역사): 인류 사회의 변천·흥망의 과정 또는 그 기록

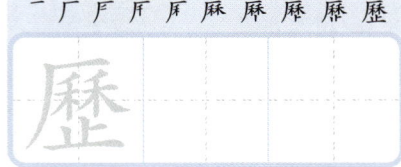

사기 **사** | 口부 | 총 5획
- 史記(사기): 역사적 사실을 기록한 책
- 國史(국사): 한 나라의 역사. 우리나라의 역사

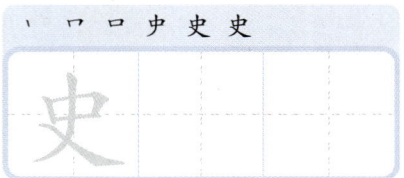

신하 **신** | 臣부 | 총 6획
- 臣下(신하): 임금을 섬기어 벼슬하는 사람
- 功臣(공신): 나라에 공을 세운 신하

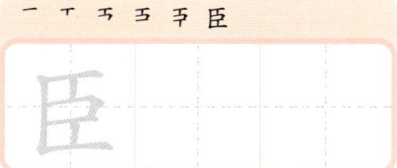

[쓰기] 아래 **하** | 一부 | 총 3획
- 下校(하교): 공부를 끝내고 학교에서 집으로 돌아옴.
- 地下(지하): 땅의 속. 땅속에 만든 구조물의 공간

🔍 반대자는 '上(윗 상)'이에요.

[쓰기] 임금 **왕** | 玉(王)부 | 총 4획
- 王命(왕명): 임금의 명령
- 王位(왕위): 임금의 자리

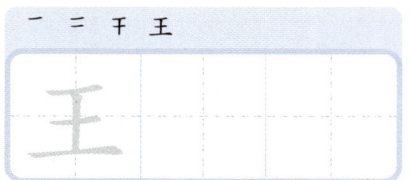

자리 **위** | 人(亻)부 | 총 7획
- 地位(지위): 개인의 사회적 신분에 따르는 어떠한 자리나 위치
- 品位(품위): 사람이 갖추어야 할 위엄이나 기품

🔍 '席(자리 석)'과 뜻이 비슷해요.

띵똥띵똥 퀴즈 다음 ( ) 안에 알맞은 한자어의 독음을 채워 볼까요?

(1) 민수의 장래 희망은 歷史( )를 연구하는 학자가 되는 것입니다.
(2) 예로부터 훌륭한 임금에게는 훌륭한 臣下( )들이 있었습니다.
(3) 세종대왕은 형들을 대신하여 王位( )에 올랐습니다.

정답 (1) 역사 (2) 신하 (3) 왕위

| 클 | 위 | 人(亻)부 | 총 11획 |

丨 亻 伊 伊 伊 伊 偉 偉 偉

- 偉業(위업): 위대한 사업이나 업적
- 偉人(위인): 뛰어나고 훌륭한 사람

| 사람 | 인 | 人부 | 총 2획 |

ノ 人

- 人材(인재): 학식, 능력이 뛰어난 사람
- 老人(노인): 늙은이

🔍 '入(들 입)'과 모양이 비슷해요.

| 꽃부리 | 영 | 艸(艹)부 | 총 9획 |

一 十 艹 芍 茾 苎 英 英

- 英雄(영웅): 보통 사람은 할 수 없는 뛰어난 일을 이룬 사람
- 英才(영재): 뛰어난 재능이나 높은 지능을 가진 사람

| 수컷 | 웅 | 隹부 | 총 12획 |

一 ナ 左 玄 玄 対 対 雄 雄 雄

- 雄大(웅대): 규모가 웅장하고 큼.
- 雄飛(웅비): 기운차고 용기있게 활동함.

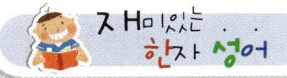 **퀴즈** 다음 ( ) 안에 알맞은 한자어의 독음을 채워 볼까요?

(1) 신라의 태종 무열왕은 삼국 통일의 偉業( )을 이루었습니다.
(2) 사람은 누구나 나이를 먹고 老人( )이 됩니다.
(3) 진영이는 매우 뛰어난 수학 英才( )입니다.

정답 (1)위업 (2)노인 (3)영재

재미있는 한자 성어

人山人海 사람 인, 메 산, 사람 인, 바다 해

사람이 산을 이루고 바다를 이루었다는 뜻으로, 사람이 매우 많이 모인 상태를 이르는 말

여름에 산이나 바다로 피서를 가 본 적이 있나요? 해마다 여름이면 더위를 피해 몰려든 사람들로 피서지는 발 디딜 틈이 없지요. 이렇게 사람이 헤아릴 수 없이 많이 모인 상태를 뜻하는 말이 바로 '人山人海'예요. 2002년 우리나라에서 열린 월드컵 축구 대회 때의 모습을 알고 있나요? 한국 팀을 응원하기 위해 구름처럼 모여든 사람들이 광화문, 대학로, 여의도, 한강 공원 등에서 열띤 응원전을 펼쳤답니다.

동화로 쏙쏙~!
진정한 영웅이란

동화를 읽으며 한자어의 독음을 써 보아요.

수업 시간에 자기가 존경하는 **歷史**(　　) 속 인물들에 대한 발표가 있었어요. 친구들의 발표를 들으면서 정석이는 훌륭한 일을 한 **偉人**(　　)들이 많다는 것을 알게 되었어요.

수창이는 나폴레옹을 가장 존경한다고 해요.

"나폴레옹은 프랑스 혁명 때문에 프랑스가 위험에 처하자 많은 무공을 세워 국민적인 **英雄**(　　)이 되었어요. 나폴레옹의 가장 큰 업적은 유럽 대륙 전체에 자유, 평등, 박애라는 프랑스 혁명의 정신을 전파한 것이에요.

영혜는 이순신 장군을 가장 존경한다고 해요.

"이순신 장군은 조선 시대의 명장으로, 임진왜란 때 거북선을 만들어 일본군을 물리치는 데 큰 공을 세웠어요. 이순신 장군은 큰 승리를 많이 거두었는데, 3대 대첩이 유명해요."

영혜는 신이 난 듯 계속 말을 이어갔어요.

"3대 대첩은 한산도 대첩, 명량 대첩 그리고 노량 대첩이에요. 하지만 이순신 장군은 안타깝게도 노량 대첩에서 일본군의 총탄을 맞아 **戰死**(　　)했어요. 그리고 이순

신 장군은 주변의 모함으로 파직되었다가 벼슬 없이 군대를 따라 싸움터로 가라는 임금의 命令(⑤　　)을 받았어요. 이런 상황이었음에도 불구하고 이순신 장군은 오로지 나라를 위하는 일만 생각했어요."

소희는 엘리자베스 1세를 존경한다고 해요.

"헨리 8세와 두 번째 왕비 앤 불린의 딸로 태어난 엘리자베스 여왕은 어머니가 반역죄로 죽은 뒤 王位(⑥　　) 계승권이 박탈되었어요. 그러다가 이복 언니 메리 1세가 죽은 뒤 여왕으로 즉위하게 되었어요. 엘리자베스 1세가 통치했던 시기에 영국은 세계에서 가장 강력하고 부유한 국가가 되었어요.

이렇게 반 친구들의 발표가 끝난 뒤 선생님은 다음과 같은 말씀을 해 주셨어요.

"여러분 모두 발표를 잘했어요. 위인들에 대한 조사를 잘해 왔군요. 그 분들은 모두 훌륭한 사람들이고, 본받을 점이 많은 분들이에요. 그런데 여러분이 잊지 말아야 할 것이 있어요. 역사 속 인물 중에는 이름을 남긴 훌륭한 분도 있지만 훌륭한 일을 하고도 이름 없이 전사한 勇士(⑦　　), 학자, 예술가, 의사, 사회 봉사자, 일반 백성들이 더 많아요. 그런 분들에 대한 고마움도 잊지 말아야 해요."

영혜는 선생님의 말을 들으면서 이순신 장군과 함께 싸우다 죽은 많은 사람들의 공도 잊으면 안 되겠다고 생각했어요.

이 세상을 살아가는 모든 사람은 각자가 주인공이에요.

100점 만점에 100점

1 다음 漢字語의 讀音을 보기에서 찾아 그 번호를 쓰세요.

> 보기   ① 영재   ② 사후   ③ 공신   ④ 용기

(1) 死後 (　　　)　　(2) 勇氣 (　　　)
(3) 功臣 (　　　)　　(4) 英才 (　　　)

2 다음 밑줄 친 漢字語의 讀音을 쓰세요.

(1) 교양인은 일상생활에서 品位(　　　) 있는 말을 사용한다.
(2) 선수단의 士氣(　　　)가 하늘을 찌를 듯하다.
(3) 그 팀은 축구 대회에서 5회 우승의 偉業(　　　)을 달성했다.
(4) 그는 무역 협정을 체결하는 使命(　　　)을 받고 출국했다.

3 다음 밑줄 친 곳에 漢字의 訓을 쓰세요.

(1) 戰爭(＿＿＿전, ＿＿＿쟁)　　(2) 勇士(＿＿＿용, ＿＿＿사)
(3) 軍旗(＿＿＿군, ＿＿＿기)　　(4) 人材(＿＿＿인, ＿＿＿재)

4 다음 뜻풀이에 맞는 漢字語를 보기에서 찾아 그 번호를 쓰세요.

> 보기   ① 兵法   ② 陸軍   ③ 史記   ④ 勇氣

(1) 씩씩하고 굳센 기운. (　　　)
(2) 육상에서의 전투를 주 임무로 하는 군대. (　　　)
(3) 군사를 지휘하여 전쟁하는 방법. (　　　)
(4) 역사적 사실을 기록한 책. (　　　)

5 다음 漢字의 訓과 音을 쓰세요.

(1) 位 (　　　　　)　　(2) 卒 (　　　　　)
(3) 偉 (　　　　　)　　(4) 下 (　　　　　)

6 다음 訓과 音에 맞는 漢字를 쓰세요.

(1) 목숨 명 (　　　　　)　　(2) 사람 인 (　　　　　)
(3) 죽을 사 (　　　　　)　　(4) 임금 왕 (　　　　　)

7 다음 (　) 안에 들어갈 漢字를 보기에서 찾아 그 번호를 쓰세요.

보기	① 軍	② 士	③ 命
	④ 英	⑤ 勇	⑥ 山

(1) 人(　　　)人海: 사람이 수없이 많이 모인 상태.
(2) 千(　　　)萬馬: 아주 많은 수의 군사와 군마.
(3) 歷戰(　　　)士: 수많은 전쟁을 겪은 용맹한 군사.
(4) (　　　)雄偉業: 영웅이 이루어낸 위대한 업적.

8 다음 밑줄 친 漢字語를 漢字로 쓰세요.

(1) 병사들은 이 싸움터에서 모두 전사(　　　　　)하였다.
(2) 태극기는 우리나라를 상징하는 국기(　　　　　)이다.
(3) 구조대는 실종자의 생사(　　　　　)를 확인하였다.
(4) 이 건물은 지하(　　　　　) 3층, 지상 16층이다.

한자 쏙쏙~! '병원·신체'와 관계있는 한자어

한자를 한 글자 한 글자 자세히 공부해 보아요.

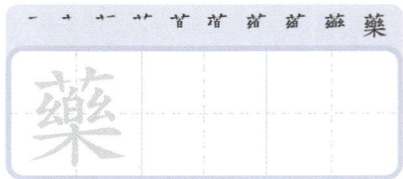
- 藥局(약국): 약사가 약을 조제하거나 파는 곳. 약방
- 藥效(약효): 약이 병을 낫게 하는 작용이나 정도

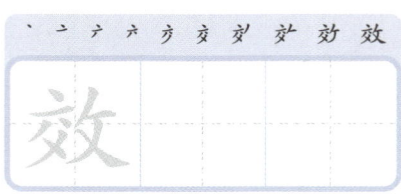
- 效果(효과): 어떤 목적을 지닌 행위에 의하여 나타나는 좋은 결과
- 效能(효능): 효험을 나타내는 능력

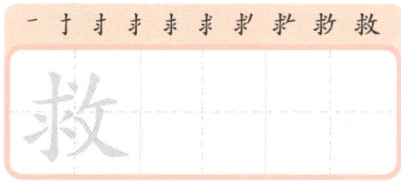
- 救急(구급): 위급한 상황에서 구하는 것
- 救命(구명): 위험한 상태에 있는 사람의 목숨을 구하는 것

- 急賣(급매): 물품을 급히 팖.
- 急變(급변): 갑자기 달라짐.

🔍 '速(빠를 속)'과 뜻이 비슷해요.

🔍 약자는 '医'로 써요.

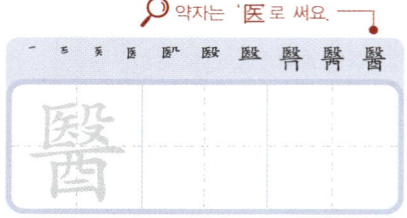
- 醫術(의술): 병을 고치는 기술
- 醫院(의원): 진료 시설을 갖추고 의사가 의료 행위를 하는 곳

- 開院(개원): 학원·병원 등을 처음으로 여는 것
- 學院(학원): 사립 교육 기관

🔍 '堂(집 당)'과 뜻이 비슷해요

딩동딩동 퀴즈 다음 ( ) 안에 알맞은 한자어의 독음을 채워 볼까요?

(1) 藥效( )가 나타나는지 환자가 조금씩 차도를 보이기 시작했습니다.
(2) 119 구급 대원들은 환자의 救命( )을 위해 열심히 노력하고 있습니다.
(3) 환절기에 들어서자 동네 醫院( )에 감기 환자들이 많아졌습니다.

정답 (1) 약효 (2) 구명 (3) 의원

病 병 | 疒부 | 총 10획
- 病者(병자): 병을 앓고 있는 사람
- 病患(병환): 상대의 병을 높여 이르는 말

`一 亠 广 疒 疒 疒 疒 病 病 病`
病

근심 환 | 心부 | 총 11획
- 患部(환부): 병 또는 상처가 난 곳
- 患者(환자): 병을 앓고 있는 사람

`1 口 口 ㅁ 吕 串 串 串 患 患 患`
患

'病(병 병)'과 뜻이 비슷해요.

쌀 미 | 米부 | 총 6획
- 米飮(미음): 쌀이나 좁쌀을 푹 끓여 체에 걸러 낸 걸쭉한 음식
- 白米(백미): 흰쌀

`丶 丷 ㅛ 半 米 米`
米

마실 음 | 食(飠)부 | 총 13획
- 飮料(음료): 사람이 갈증을 풀거나 맛을 즐기기 위해 마시는 액체
- 飮食(음식): 사람이 먹을 수 있도록 만든 것

`丿 ㇉ 忄 ㇉ 㐬 𠂤 食 食 食 飮 飮 飮 飮`
飮

띵똥띵똥 퀴즈 다음 ( ) 안에 알맞은 한자어의 독음을 채워 볼까요?

(1) 아버님의 病患( )은 좀 어떠하신가요?
(2) 白米( )보다는 현미로 지은 밥이 건강에 좋다고 합니다.
(3) 탄산 飮料( )를 지나치게 마시면 건강에 해롭습니다.

정답 (1)병환 (2)백미 (3)음료

재미있는 한자 성어

有備*無患
있을 **유**, 갖출 **비**, 없을 **무**, 근심 **환**

미리 준비가 되어 있으면 걱정할 것이 없음.

은정이네 마을은 매년 수해 피해를 입었는데, 올해에는 수해가 비켜 갔습니다. 물론 거기에는 수해에 대비하려는 마을 주민들의 노력이 숨어 있었어요. 더 이상 당하고만 있을 수 없다고 생각한 사람들이 힘을 모아 수해에 대비한 게 효과를 본 것이었죠.

주민들은 우선 물이 잘 빠져 나갈 수 있도록 마을 앞 하천 바닥을 깨끗하게 하고, 물이 넘치지 않도록 둑도 쌓았답니다. 하수 시설이 막히지 않았는지 살피기도 하고요. 모든 준비를 마친 은정이네 마을 사람들은 근심할 것이 없었답니다.

'병원 · 신체'와 관계있는 한자어

한자를 한 글자 한 글자 자세히 공부해 보아요.

귀 **이** 耳부 총 6획

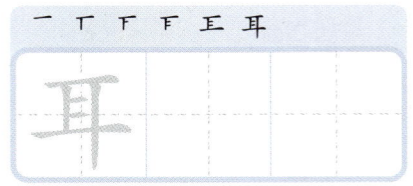

- 耳目(이목): 귀와 눈. 남들의 주의나 관심
- 耳順(이순): 나이 예순을 이르는 말

눈 **목** 目부 총 5획

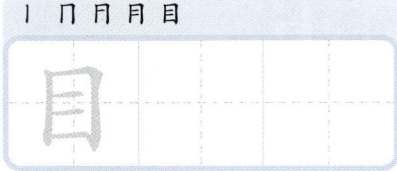

- 科目(과목): (분야별로 나눈) 학문의 구분
- 種目(종목): 여러 가지 종류에 따라 나눈 항목

🔍 '日(날 일)'과 모양이 비슷해요.

입 **구** 口부 총 3획

- 口鼻(구비): 입과 코
- 食口(식구): 같은 집에서 살며 끼니를 함께하는 사람

코 **비** 鼻부 총 14획

- 鼻音(비음): 코 안을 울리면서 내는 소리
- 鼻祖(비조): 한 겨레의 맨 처음이 되는 조상. 시조

손 **수** 手부 총 4획

- 手足(수족): 손과 발
- 擧手(거수): 손을 위로 들어 올림.

발 **족** 足부 총 7획

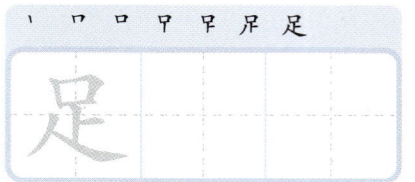

- 足球(족구): 발로 공을 차서 승부를 겨루는 경기
- 充足(충족): 일정한 분량을 채워 모자람이 없게 함.

띵똥띵똥 퀴즈 다음 ( ) 안에 알맞은 한자어의 독음을 채워 볼까요?

(1) 내 동생은 耳目口鼻( )가 뚜렷하게 생겼습니다.
(2) 주말에는 食口( )들과 함께 나들이를 가기로 했습니다.
(3) 우리 마을 팀이 친선 足球( ) 경기에서 승리했습니다.

정답 (1) 이목구비 (2) 식구 (3) 족구

獨

홀로 **독** | 犬(犭)부 | 총 16획

- 獨立(독립): 남에게 의지하지 않고 따로 섬.
- 獨身(독신): 성인으로서 배우자가 없이 지내는 사람

身

몸 **신** | 身부 | 총 7획

- 身體(신체): 사람의 몸
- 終身(종신): 목숨을 다하기까지의 동안

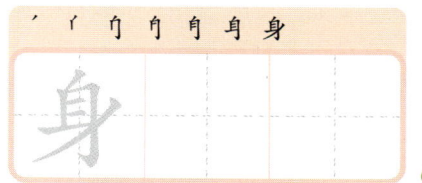

'體(몸 체)'와 뜻이 비슷해요.

消

사라질 **소** | 水(氵)부 | 총 10획

- 消費(소비): 돈, 물건, 시간, 노력 등을 써서 없앰.
- 消化(소화): 먹은 음식물이 체내에 흡수될 수 있도록 하는 작용

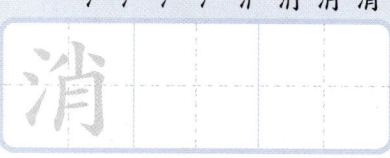

化

될 **화** | 匕부 | 총 4획

- 文化(문화): 인간 사회가 이룩한 가치 있는 삶의 양식 및 표현 체계
- 變化(변화): 사물의 형상, 성질 등이 달라짐.

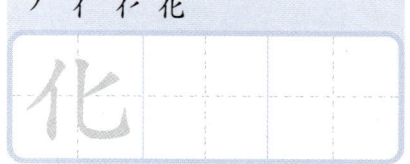

띵똥띵똥 퀴즈 다음 ( ) 안에 알맞은 한자어의 독음을 채워 볼까요?

(1) 요즘은 獨身( )으로 사는 사람이 늘고 있습니다.
(2) 身體( )는 부모님이 주신 것이므로 소중히 간직해야 합니다.
(3) 이번 전시회는 세계 각국의 文化( )를 이해하는 데 도움을 줄 것입니다.

정답 (1)독신 (2)신체 (3)문화

재미있는 한자성어

身土不二 몸 **신**, 흙 **토**, 아닐 **불**, 두 **이**

몸과 땅은 둘이 아니고 하나라는 뜻으로, 자기 땅에서 나는 농산물이 체질에 맞음을 이르는 말

'身土不二'는 우리 땅에서 나온 우리 음식이 우리 몸에 가장 잘 맞는다는 의미로 쓰입니다. 우리 민족은 오랜 기간 동안 이 땅에서 나는 음식을 먹고 거기에 맞춰서 적응해 왔기 때문에, 자기 땅에서 나는 음식이 가장 몸에 이롭다는 이야기는 과학적인 근거가 있답니다.

건강도 생각하고 땀 흘려 농사지은 고마운 농부들도 생각한다면 우리 땅에서 나는 우리 음식을 맛있게 먹고 몸과 마음을 튼튼하게 길러야겠지요?

동화로 쏙쏙~!
효자 부부 이야기

동화를 읽으며 한자어의 독음을 써 보아요.

옛날 옛날에 외아들을 데리고 살던 부부가 있었어요. 부부는 일찍 남편을 여의고 獨身(　　)으로 아들을 키우며 살아오신 어머니를 모시고 살았어요. 그런데 나이가 많으신 어머니는 병에 걸려 자리에 눕게 되었어요.

> 부모나 사랑하는 사람이 죽어서 이별하다.

부부는 어머니의 手足(　　)처럼 움직이며 정성을 다해 병간호를 했어요. 그러나 유명한 醫院(　　)에서 지어온 약을 정성껏 달여 드렸지만 藥效(　　)가 없었고, 어머니의 病患(　　)은 날로 깊어 갔어요.

어느 날, 밤새워 간호하던 부부가 깜박 잠이 들었는데 꿈속에 흰 수염을 기른 할아버지가 나타나 다음과 같이 말했어요.

"너희 어머니를 구할 방법이 전혀 없는 것은 아니다."

"아니 그게 정말입니까, 신령님! 제발 방법을 알려 주세요."

"그게 쉬운 일이 아니다."

"어머님 병을 고칠 수만 있다면 불바다에라도 뛰어 들겠습니다."

"그렇다면 너희 외동아들인 돌이를 삶아서 어머니께 대접하여라."

깜짝 놀라 잠에서 깬 남편은 며칠을 울며 고민을 했어요. 그러나 어머니가 정신을 잃고 삶과 죽음 사이를 오가자 救急(　　) 처치를 하고는 결심을 했어요.

병원 · 신체 와 관계있는 한자어

|모범 답안| 274쪽

"여보, 자식은 또 낳아서 기르면 되지만 부모님은 한 번 가면 다시 돌아 올 수 없으니 먼저 어머님부터 살려 놓읍시다."

아내의 대답이 없자 남편은 부엌으로 가서 아궁이에 불을 지펴 솥에 물을 끓이기 시작했어요. 그리고 잘생긴 **耳目口鼻**(　　　　)를 가진 아들을 생각하며 눈물 지었어요. 얼마 후, 남편은 밖에서 놀다가 들어온 아들에게 눈물을 흘리며 말했어요.

"아들아, 미안하다. 이 빚은 다음 세상에서 내가 너의 자식으로 태어나 갚으마."

그리고는 아들을 솥에 넣고 까무러쳤어요. 그런데 이게 어떻게 된 일인가요? 어디선가 외동아들 돌이가 외쳤어요.

"엄마, 배고파. 빨리 밥 줘."

멀쩡한 아들을 보고 깜짝 놀란 부부는 부엌으로 가서 솥을 열어 봤어요. 그 안에는 놀랍게도 산삼이 들어 있었어요. 꿈속에 나타난 할아버지는 부부의 효심이 얼마나 지극한지 알아보려고 시험을 한 것이었어요. 나이가 많으신 어머니는 산삼을 먹고 건강을 회복하셨고, 돌이네 가족은 오랫동안 행복하게 살았답니다.

100점 만점에 100점

1 다음 漢字語의 讀音을 보기에서 찾아 그 번호를 쓰세요.

> 보기　　① 변화　② 독립　③ 의술　④ 학원

(1) 學院 (　　　)　　　　　　(2) 醫術 (　　　)
(3) 獨立 (　　　)　　　　　　(4) 變化 (　　　)

2 다음 밑줄 친 漢字語의 讀音을 쓰세요.

(1) 구성원들의 다양한 욕구를 모두 充足(　　　)시킬 수는 없다.
(2) 사태가 이렇게 急變(　　　)할 줄은 전혀 예상하지 못했다.
(3) 무더운 여름에는 청량 飮料(　　　)가 두 배 이상 팔린다.
(4) 좋다는 약은 모두 먹었으나 별 效果(　　　)가 없었다.

3 다음 밑줄 친 곳에 漢字의 訓을 쓰세요.

(1) 醫院(____의, ____원)　　(2) 種目(____종, ____목)
(3) 擧手(____거, ____수)　　(4) 手足(____수, ____족)

4 다음 뜻풀이에 맞는 漢字語를 보기에서 찾아 그 번호를 쓰세요.

> 보기　　① 食口　② 救命　③ 消費　④ 患部

(1) 위험한 상태에 있는 사람의 목숨을 구하는 것. (　　　)
(2) 병 또는 상처가 난 곳. (　　　)
(3) 같은 집에서 살며 끼니를 함께하는 사람. (　　　)
(4) 돈·물건·시간·노력 등을 써서 없앰. (　　　)

5 다음 漢字의 訓과 音을 쓰세요.

(1) 化 (　　　　　)　　(2) 消 (　　　　　)
(3) 救 (　　　　　)　　(4) 鼻 (　　　　　)

6 다음 訓과 音에 맞는 漢字를 쓰세요.

(1) 급할 급 (　　　　　)　　(2) 쌀 미 (　　　　　)
(3) 마실 음 (　　　　　)　　(4) 입 구 (　　　　　)

7 다음 (　) 안에 들어갈 漢字를 보기 에서 찾아 그 번호를 쓰세요.

보기	① 土	② 鼻	③ 醫
	④ 患	⑤ 目	⑥ 急

(1) 有備無(　　　): 미리 준비가 되어 있으면 걱정할 것이 없음.
(2) 身(　　　)不二: 몸과 땅은 둘이 아니고 하나임.
(3) 耳目口(　　　): 얼굴의 생김새.
(4) 救(　　　)藥品: 응급 치료에 필요한 의약품.

8 다음 밑줄 친 漢字語를 漢字로 쓰세요.

(1) 인간의 신체(　　　　　)는 정교한 구조로 되어 있다.
(2) 단식을 끝낼 때에는 먼저 미음(　　　　　)으로 속을 다스려야 한다.
(3) 영희가 유일하게 자신 있는 과목(　　　　　)은 국어이다.
(4) 주인이 하인을 수족(　　　　　)처럼 부리고 있다.

한자 쏙쏙~! '가족'과 관계있는 한자어

한자를 한 글자 한 글자 자세히 공부해 보아요.

아비 부 | 父부 총 4획
- 父母(부모): 아버지와 어머니
- 祖父(조부): 할아버지

어미 모 | 母(毋)부 총 5획
- 母親(모친): 어머니를 정중히 이르는 말
- 老母(노모): 늙은 어머니

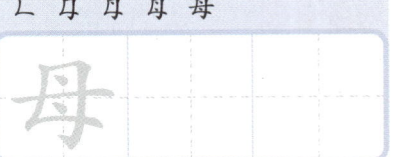

형 형 | 儿부 총 5획
- 兄弟(형제): 형과 동생
- 義兄(의형): 의로 맺은 형. 의형제의 형

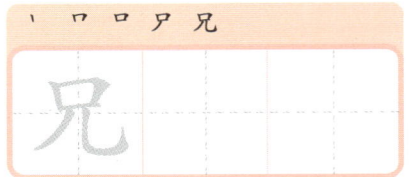

아우 제 | 弓부 총 7획
- 弟子(제자): 스승에게서 지식이나 기술을 배우는 사람
- 子弟(자제): 남의 아들의 높임말

'第(차례 제)'와 모양이 비슷해요.

손자 손 | 子부 총 10획
- 孫子(손자): 아들이 낳은 아들
- 子孫(자손): 남의 아들의 높임말

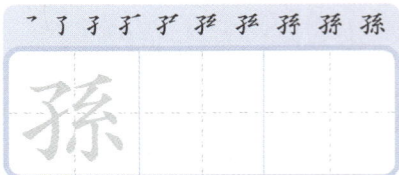

상대자는 '祖(할아비 조)'예요.

아들 자 | 子부 총 3획
- 父子(부자): 아버지와 아들
- 王子(왕자): 왕의 아들

딩동딩동 퀴즈
다음 ( ) 안에 알맞은 한자어의 독음을 채워 볼까요?

(1) 선생님의 母親(　　　)은 연세가 어떻게 되십니까?
(2) 兄弟(　　　)간에는 우애가 있어야 합니다.
(3) 영호 할아버지는 孫子(　　　)가 여섯 명입니다.

정답 (1) 모친 (2) 형제 (3) 손자

> 상대자는 '長(긴 장)'이에요.

 아이 **아** | 儿부 | 총 8획

- 兒童(아동): 신체적, 지적으로 미숙한 아이
- 育兒(육아): 어린아이를 기름.

 아이 **동** | 立부 | 총 12획

- 童心(동심): 어린이의 마음
- 童話(동화): 어린이를 위해 지은 이야기

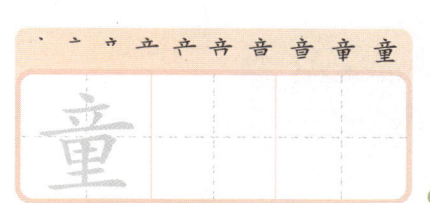

 기를 **양** | 食부 | 총 15획

- 養育(양육): 아이를 보살펴서 자라게 함.
- 奉養(봉양): 부모나 조부모를 받들어 섬기는 것

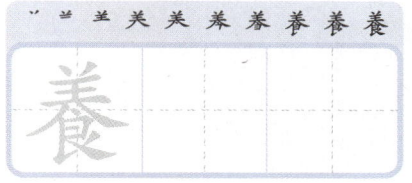

 기를 **육** | 肉(月)부 | 총 8획

- 育成(육성): 길러 자라게 함.
- 敎育(교육): 기술·지식 등을 가르치며 인격을 기름.

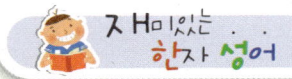 다음 ( ) 안에 알맞은 한자어의 독음을 채워 볼까요?

(1) 성주 어머니는 童話( )를 쓰는 작가입니다.
(2) 부모는 자식을 잘 敎育( )할 의무가 있습니다.
(3) 심청이는 눈먼 아버지를 지극한 정성으로 奉養( )하였습니다.

정답 (1)동화 (2)교육 (3)봉양

漁父之利 고기잡을 **어**, 아비 **부**, 어조사 **지**, 이할 **리**

두 사람이 서로 싸우는 사이에 엉뚱한 사람이 애쓰지 않고 이득을 얻음

하늘을 날던 도요새가 입을 벌린 채 쉬고 있는 조개를 발견했어요. 그래서 냉큼 부리로 조갯살을 쪼았답니다. 그러자 쉬고 있던 조개도 깜짝 놀라서 입을 다물어 도요새의 부리를 물었어요.
"야, 이 입 벌리지 못해."
"흥, 그러는 너나 부리를 벌려."
그렇게 서로 싸우는 사이 한 어부가 지나가다가 두 마리를 다 잡아버렸습니다.

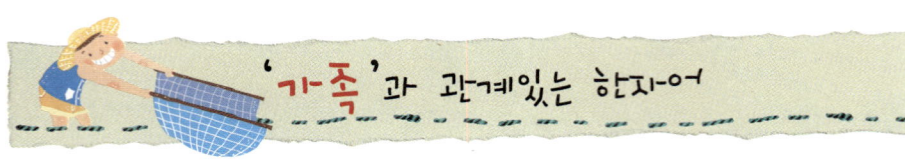

한자를 한 글자 한 글자 자세히 공부해 보아요.

예도 **례** | 示부 | 총 18획
- 禮物(예물): 고마움의 뜻으로 보내는 물건
- 禮節(예절): 예의와 범절

🔍 '禮'가 한자어의 맨 앞에 올 때는 '예'로 읽어요.

마디 **절** | 竹(⺮)부 | 총 15획
- 節氣(절기): 한 해를 스물넷으로 나눈 기후의 표준점
- 名節(명절): 민속적으로 해마다 일정하게 지키어 즐기는 날

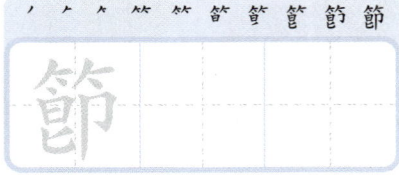

효도 **효** | 子부 | 총 7획
- 孝道(효도): 부모님을 잘 섬기는 도리
- 孝心(효심): 효도하는 마음

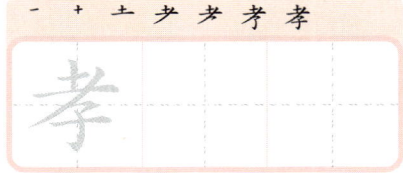

마음 **심** | 心부 | 총 4획
- 關心(관심): 마음이 끌림.
- 童心(동심): 어린이의 마음. 또는 어린이처럼 순진한 마음

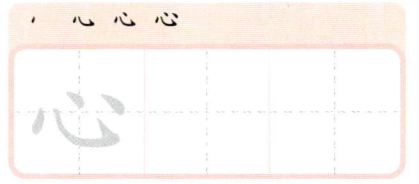

벗 **우** | 又부 | 총 4획
- 友愛(우애): 형제간의 사랑. 친구 사이의 정분
- 友情(우정): 벗 사이의 정

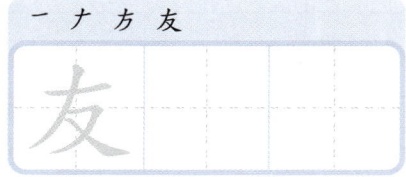

사랑 **애** | 心부 | 총 13획
- 愛民(애민): 백성을 사랑하는 것
- 愛用(애용): 사랑하여 씀. 즐겨 씀.

🔍 상대자는 '惡(미워할 오)' 예요.

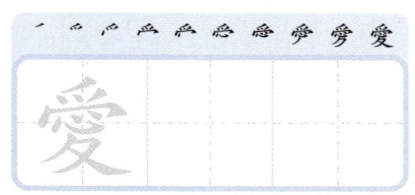

딩똥딩똥 퀴즈 다음 ( ) 안에 알맞은 한자어의 독음을 채워 볼까요?

(1) 이번 방학에 학교에서 禮節( ) 교실을 열었습니다.
(2) 孝道( )는 모든 행실의 근본이 됩니다.
(3) 부모님은 동생과 友愛( )있게 지내도록 당부하셨습니다.

정답 (1) 예절 (2) 효도 (3) 우애

| 씨 | 종 | 禾부 | 총 14획 |

- 種子(종자): 종자식물의 밑씨가 수정 후에 성숙한 것
- 種族(종족): 같은 종류의 생물 전체를 일컫는 말

| 겨레 | 족 | 方부 | 총 11획 |

- 同族(동족): 같은 겨레
- 親族(친족): 촌수가 가까운 겨레붙이

'旅(나그네 려)'와 모양이 비슷해요.

| 으뜸 | 원 | 儿부 | 총 4획 |

- 元氣(원기): 마음과 몸의 기운
- 元祖(원조): 첫 대의 조상. 어떤 일을 시작한 사람

| 할아비 | 조 | 示부 | 총 10획 |

- 祖國(조국): 조상 대대로 살아온 나라
- 先祖(선조): 먼 대의 조상

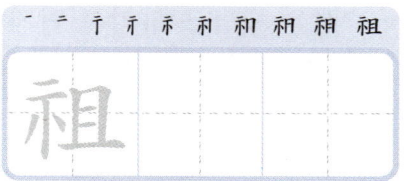

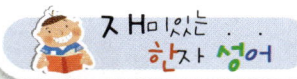 다음 ( ) 안에 알맞은 한자어의 독음을 채워 볼까요?

(1) 이 호랑이는 우리 동물원에서 種族( ) 보존을 위해 보호하고 있습니다.
(2) 수확량이 많은 새로운 볍씨 種子( )를 개발했습니다.
(3) 우리는 祖國( )을 소중히 여기고 조국의 발전에 이바지해야 합니다.

정답 (1)종족 (2)종자 (3)조국

作心三日 지을 **작**, 마음 **심**, 석 **삼**, 날 **일**

단단히 먹은 마음이 사흘을 가지 못한다는 뜻으로, 결심이 굳지 못함을 이르는 말

여러분, 새해 첫날 '성적 올리기'란 목표를 정한 후 '잠자고 식사하는 시간을 제외하고는 모두 공부해야지.'라는 계획표를 짜 본 적이 있죠? 그 계획을 끝까지 잘 지키셨나요? 혹시 며칠 만에 포기한 경험은 없었는지요? 만약 그런 경험이 있다면 이를 가리켜 '作心三日'이라고 해요. 처음부터 지키지 못할 무리한 계획을 세우는 것보다는 꼭 하고 싶은 일 한두 가지를 계획하여 반드시 실행하는 것이 훨씬 효과적입니다.

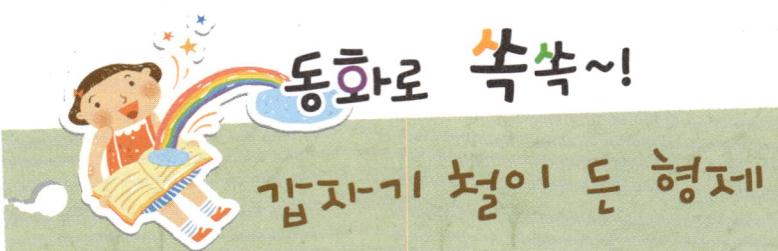

동화로 쏙쏙~!
갑자기 철이 든 형제

동화를 읽으며 한자어의 독음을 써 보아요.

준서와 준영이네 집은 하루도 조용할 날이 없어요. 오늘도 兄弟(　　)간에 컴퓨터를 서로 차지하겠다고 싸우고 있어요. 孫子(　　)들을 귀여워하는 할아버지도 이제는 아이들 버릇을 고쳐야겠다고 생각했어요.

"준영아, 준서야. 이리 오너라."

준영이와 준서는 서로 씩씩 대며 할아버지 앞에 앉았어요.

"오늘은 왜 또 싸우냐?"

"할아버지, 제가 먼저 컴퓨터를 켰는데, 준서가 자기가 먼저 한다고 밀치잖아요."

"형은 게임을 하려는 거지만, 나는 숙제를 해야 한다고!"

"형제간에는 서로 友愛(　　) 있게 지내야지. 서로 자기 하고 싶은 대로만 하면 되겠니? 너희가 지금 싸웠는데, 원하는 대로 되었니?"

"아니요……."

"준서는 숙제를 하려는 거고, 준영이는 게임을 하려는 거라구?"

"할아버지, 게임보다는 숙제가 더 중요하죠?"

"그렇기는 하지만 방법이 잘못되었구나. 숙제가 급했다면 형보다 먼저 시작했어야지."

"막 하려고 했는데, 형이 먼저 컴퓨터를 켰어요."

"그렇다면 형에게 급한 숙제가 있다고 양보해 달라고 말했어야지. 형을 밀치면 되겠니? 父母(④), 형제, 친구 간처럼 가까운 사이일수록 더 禮節(⑤)을 지켜야 하는 거란다."

준서와 준영이는 할아버지의 말씀을 듣고 곰곰이 생각해 보았어요. 사람들이 왜 싸울까 하고요. 지금도 세계에는 種族(⑥) 분쟁, 종교 분쟁으로 다투는 나라들이 많아요. 신문에는 兒童(⑦)을 학대하는 기사도 나오는가 하면, 孝心(⑧) 지극한 사람들의 이야기도 나와요.

"형, 어떤 사람들은 서로 으르렁대거나 해치는데, 어떤 사람들은 서로 도우며 살아가고 있어. 봐봐, 어떤 사람은 자기 자식인데도 학대하는데, 어떤 사람들은 모르는 아이를 입양해서 친자식보다 더 養育(⑨)을 잘하고 말이야. 이유가 뭘까?"

"음, 사람들이 서로 자기만 생각하면 싸우게 되는 거 같아. 우리처럼."

"맞아, 상대방의 입장을 먼저 생각하면 다툼도 없고, 내 기분도 좋아지는데 말이야."

밖에서 벨 소리가 들려 나가보니, 아버지가 맛있는 음식을 사 왔어요.

"할아버지, 족발 드세요. 아버지가 사 오셨어요."

"준서와 준영이가 웬일이냐. 먹을 것만 보면 서로 달려들더니."

"네, 아까 할아버지께서 예절 교육을 시켜주셨거든요."

우리 가족 모두는 함박 웃음을 지었답니다.

100점 만점에 100점

1 다음 漢字語의 讀音을 보기에서 찾아 그 번호를 쓰세요.

> 보기 ① 우정   ② 선조   ③ 봉양   ④ 친족

(1) 奉養 (   )   (2) 友情 (   )
(3) 親族 (   )   (4) 先祖 (   )

2 다음 밑줄 친 漢字語의 讀音을 쓰세요.

(1) 역 광장이 <u>名節</u>(   ) 귀성 인파로 붐볐다.
(2) 그녀는 <u>童話</u>(   )를 재미있게 낭독하는 능력이 있다.
(3) 스승은 <u>弟子</u>(   )들에게 자신의 기술을 전수하였다.
(4) 그 형제는 <u>友愛</u>(   )가 넘친다.

3 다음 밑줄 친 곳에 漢字의 訓을 쓰세요.

(1) 孝道(_____효, _____도)   (2) 種族(_____종, _____족)
(3) 養育(_____양, _____육)   (4) 元氣(_____원, _____기)

4 다음 뜻풀이에 맞는 漢字語를 보기에서 찾아 그 번호를 쓰세요.

> 보기 ① 節氣   ② 母親   ③ 祖國   ④ 後孫

(1) 어머니를 정중히 이르는 말. (   )
(2) 몇 대가 지난 뒤의 자손. (   )
(3) 한 해를 스물넷으로 나눈, 기후의 표준점. (   )
(4) 조상 대대로 대대로 살아온 나라. (   )

5 다음 漢字의 訓과 音을 쓰세요.

(1) 節 (　　　　　)　　(2) 兄 (　　　　　)
(3) 兒 (　　　　　)　　(4) 元 (　　　　　)

6 다음 訓과 音에 맞는 漢字를 쓰세요.

(1) 아이 동 (　　　　　)　　(2) 할아비 조 (　　　　　)
(3) 아우 제 (　　　　　)　　(4) 예도 례 (　　　　　)

7 다음 (　　) 안에 들어갈 漢字를 보기 에서 찾아 그 번호를 쓰세요.

보기	① 孫	② 養	③ 作
	④ 利	⑤ 弟	⑥ 元

(1) 漁父之(　　　): 두 사람이 다투는 가운데 엉뚱하게 제3자가 이익을 봄.
(2) (　　　)心三日: 단단히 먹은 마음이 사흘을 가지 못함.
(3) 兄(　　　)友愛: 형제간에 서로 아끼고 사랑함.
(4) 父母奉(　　　): 자식이 부모님을 받들어 모심.

8 다음 밑줄 친 漢字語를 漢字로 쓰세요.

(1) 심청이의 효심(　　　　　)이 아버지의 눈을 뜨게 했다.
(2) 할머니가 어린 손자(　　　　　)를 데리고 산책을 한다.
(3) 자식을 생각하는 부모(　　　　　) 마음은 모두 하나같다.
(4) 이 원시 부족(　　　　　)은 고유의 말은 있지만 글자는 없다.

 '개인 생활'과 관계있는 한자어

한자를 한 글자 한 글자 자세히 공부해 보아요.

생각 **사** | 心부 | 총 9획
- 思考(사고): 생각하는 일
- 意思(의사): 마음먹은 생각. 뜻

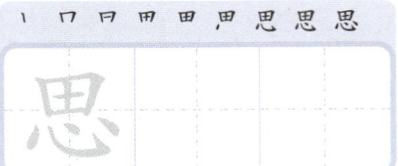

생각할 **고** | 老부 | 총 6획
- 考案(고안): 연구하여 생각해 내는 것
- 再考(재고): 다시 한 번 자세하게 생각함.

돌이킬 **반** | 又부 | 총 4획
- 反省(반성): 잘못이나 허물이 없었는지 돌이켜 생각하는 것
- 相反(상반): 서로 반대되거나 어긋나는 것

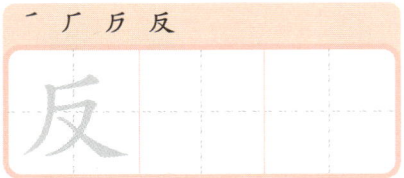

살필 **성** 덜 **생** | 目부 | 총 9획
- 省改(성개): 스스로 반성하여 행동을 고침.
- 內省(내성): 자신을 돌이켜 살펴봄.

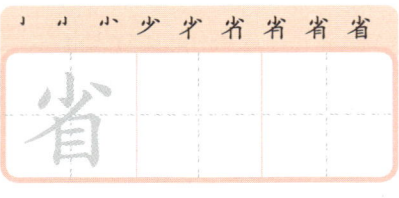

기운 **기** | 气부 | 총 10획
- 氣運(기운): 바야흐로 어떤 일이 벌어지려는 분위기
- 氣質(기질): 어떤 사람의 행동에 나타나는 특유의 성질

약자는 '気'로 써요.
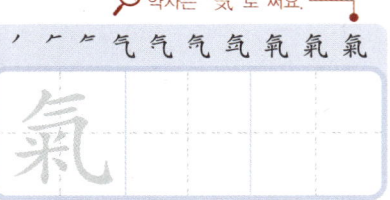

바탕 **질** | 貝부 | 총 15획
- 質問(질문): 모르거나 의심나는 점을 물음.
- 變質(변질): 성질이 달라지거나 물질의 질이 변함.

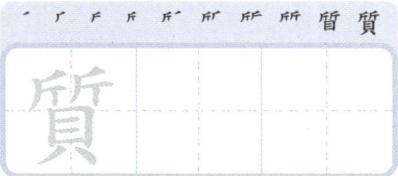

띵똥띵똥 퀴즈 다음 (   ) 안에 알맞은 한자어의 독음을 채워 볼까요?

(1) 현수는 연필을 쉽게 깎을 수 있는 기계를 考案(   )하였습니다.
(2) 그는 자기가 저지른 죄를 깊이 反省(   )하고 있습니다.
(3) 환자가 氣運(   )을 차리고 밥을 먹기 시작했습니다.

정답 (1) 고안 (2) 반성 (3) 기운

'思(생각 사)', '情(뜻 정)'과 뜻이 비슷해요.

뜻 의 | 心부 | 총 13획

- 惡意(악의): 나쁜 마음
- 意識(의식): 사람이 깨어 있을 때 자신이나 사물에 대해 느끼는 상태

알 식 기록할 지 | 言부 | 총 19획

- 識見(식견): 학식과 견문. 사물을 분별할 수 있는 능력
- 知識(지식): 어떤 대상의 연구, 학습 등을 통해 얻은 인식이나 이해

더울 열 | 火(灬)부 | 총 15획

- 熱情(열정): 어떤 일에 열렬한 애정을 가지고 열중하는 마음
- 熱中(열중): 한 가지 일에 정신을 쏟는 것

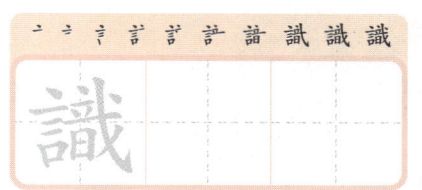

뜻 정 | 心(忄)부 | 총 11획

- 感情(감정): 어떤 일이나 현상에 대하여 일어나는 마음이나 느끼는 기분
- 物情(물정): 세상의 형편이나 인심

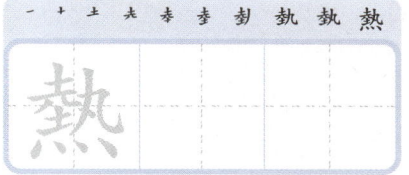

딩동댕동 퀴즈

다음 ( ) 안에 알맞은 한자어의 독음을 채워 볼까요?

(1) 아버지가 갑자기 쓰러져 意識(　　　　)을 잃으셨습니다.
(2) 知識(　　　　)이 아무리 많아도 활용하지 않으면 이룰 수 있는 것이 없습니다.
(3) 형돈이는 책읽기에 熱中(　　　　)한 나머지 초인종 소리를 듣지 못했습니다.

정답 (1) 의식 (2) 지식 (3) 열중

재미있는 한자 성어

以熱治熱 써 이, 더울 열, 다스릴 치, 더울 열

열은 열로써 다스림. 힘은 힘으로 상대함.

　명진이는 어제 아버지께서 일하시는 제철소에 갔다가, 이글이글 끓어오르는 용광로 앞에서 땀을 비 오듯 흘리는 아버지의 모습을 보았지요. 명진이는 선풍기와 에어컨에 둘러싸여서도 연신 아이스크림을 찾던 자신이 부끄러워졌답니다.
　하지만 집으로 돌아오신 아버지께서는 하나도 덥지 않다고 하십니다. 그렇게 뜨거운 곳에 있다 보면 아무리 한여름이라도 바깥 공기가 서늘하게 느껴진다며 "이런 걸 열로써 열을 다스리는 '以熱治熱'이라고 하지." 라고 하시며 껄껄 웃으셨답니다.

'개인 생활'과 관계있는 한자어

한자를 한 글자 한 글자 자세히 공부해 보아요.

다행 **행**   干부   총 8획

- 幸福(행복): 욕구가 충족되어 충분한 만족과 기쁨을 느끼는 상태
- 幸運(행운): 행복한 운수. 좋은 운수

옮길 **운**   辵(辶)부   총 13획

- 運動(운동): 몸을 튼튼히 하기 위해 얼마 동안 움직이는 것
- 運河(운하): 배의 운항 등을 위하여 육지에 파 놓은 물길

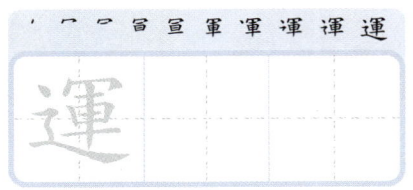

빌 **축**   示부   총 10획

- 祝福(축복): 남을 위하여 행복하기를 빎. 또는 비는 일
- 祝典(축전): 축하하는 의식이나 행사

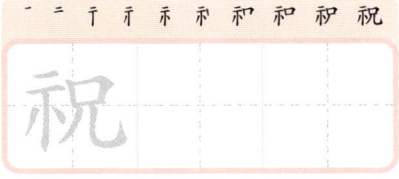

복 **복**   示부   총 14획

- 福利(복리): 행복과 이익
- 飮福(음복): 제사를 마치고 제사에 쓴 술이나 음식을 나누어 먹는 일

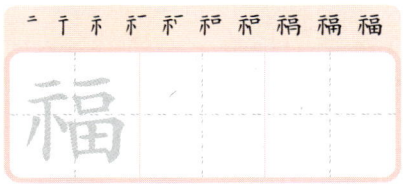

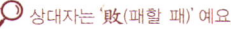
상대자는 '敗(패할 패)'예요.

이룰 **성**   戈부   총 7획

- 成功(성공): 뜻을 이룸. 부나 사회적 지위를 이룸.
- 成事(성사): 일이 이루어짐. 또는 일을 이룸.

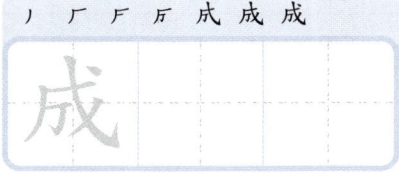

공 **공**   力부   총 5획

- 功勞(공로): 어떤 일에 애쓰고 이바지한 공적
- 戰功(전공): 싸움에서의 공로

딩똥딩똥퀴즈   다음 ( ) 안에 알맞은 한자어의 독음을 채워 볼까요?

(1) 運動(　　　)을 하면 밥맛도 좋아지고 잠도 잘 옵니다.
(2) 삼촌은 많은 사람들의 祝福(　　　) 속에 결혼식을 올렸습니다.
(3) 에디슨은 마침내 전구를 발명하는 데 成功(　　　)했습니다.

정답 (1) 운동 (2) 축복 (3) 성공

🔍 '念'이 한자어의 맨 앞에 올 때는 '염'으로 읽어요.

생각 **념** | 心부 | 총 8획

- 念願(염원): 늘 마음속으로 간절히 바라는 것
- 信念(신념): 굳게 믿는 마음

원할 **원** | 頁부 | 총 19획

- 所願(소원): 이루어지기를 간절히 원하는 바
- 宿願(숙원): 오랜 소원

잃을 **실** | 大부 | 총 5획

- 失望(실망): 바라는 대로 되지 않아 마음이 좋지 않은 상태가 되는 것
- 失敗(실패): 일이 뜻한 대로 되지 못하거나 그릇됨.

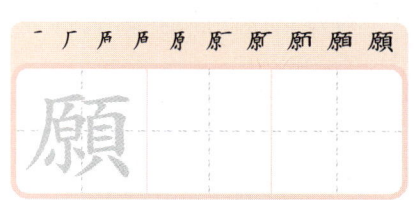

바랄 **망** | 月부 | 총 11획

- 大望(대망): 큰 희망
- 熱望(열망): 열렬히 바람.

🔍 '願(원할 원)'과 뜻이 비슷해요.

띵똥띵똥 퀴즈 다음 ( ) 안에 알맞은 한자어의 독음을 채워 볼까요?

(1) 우리 할머니의 所願( )은 우리 민족의 통일입니다.
(2) 시험 점수가 낮게 나오더라도 너무 失望( )하지 마세요.
(3) 失敗( )를 두려워하면 아무것도 이루지 못하게 됩니다.

정답 (1)소원 (2)실망 (3)실패

재미있는 한자 성어 語不成說 말씀 **어**, 아닐 **불**, 이룰 **성**, 말씀 **설**

말이 조금도 사리에 맞지 아니함.

　오랜 옛날 그리스의 유명한 역설가 제논은, 그리스에서 빠르기로 유명한 육상 선수 아킬레스가 자신보다 앞서가는 거북이를 절대 따라잡을 수 없다는 주장을 했어요. 이 말을 들은 사람들은 모두 말도 안 되는 '語不成說'이라고 했지만 제논의 설명은 그럴듯하게 들렸어요.
　아킬레스가 거북이와의 거리를 반만큼 좁히면 거북이도 그 사이 조금이라도 앞으로 나가 있을 것이기 때문에 결코 따라 잡을 수 없다는 것이었죠.
　제논은 사람들을 혼란에 빠뜨린 죄로 왕의 미움을 사 결국 죽임을 당했다는군요.

동화로 속속~!
너는 멋져!

동화를 읽으며 한자어의 독음을 써 보아요.

체육 시간에 뜀틀 뛰어넘기를 했어요. 원숭이는 힘껏 달려 멋지게 成功(　　)을 했어요. 그런데 코끼리는 힘껏 뛰어 올랐지만 뜀틀을 넘지 못하고 그 위에 주저앉고 말았어요. 친구들이 웃자 코끼리는 시무룩해졌어요.

학예회에서 백조는 친구들에게 멋진 발레를 선보였어요. 백조는 발레에 대한 熱情(　　)이 대단해요. 최고의 발레리나가 되고 싶다는 念願(　　)을 갖고 매일 5시간씩 연습을 해요.

코끼리는 '나는 왜 하나도 잘하는 게 없을까?' 하고 생각했어요. 뚱뚱한 몸매와 긴 코, 재주 없는 자신에게 코끼리는 失望(　　)해서 혼자 터벅터벅 걸어가고 있었어요.

그때였어요.

"누가 도와주세요. 우리 집에 불이 났어요."

코끼리는 소리 나는 곳으로 서둘러 뛰어 갔어요. 그리고 코에 물을 담아 토끼네 집에 물을 뿌렸어요. 코끼리 덕분에 토끼네 집의 불은 꺼졌어요.

"고마워, 코끼리야. 네가 주변에 있었다는 건 정말 幸運(　　)이야."

"뭐, 대단한 일도 아닌데……."

개인 생활과 관계있는 한자어

|모범 답안| 274쪽

　　토끼와 헤어진 코끼리는 '나도 잘하는 게 있구나.' 라고 생각하며 걸어갔어요. 그런데 그만 사냥꾼이 쳐 놓은 그물에 걸리고 말았어요. 코끼리는 어찌 할 바를 몰라 울고 있는데, 그 소리를 듣고 토끼가 뛰어 왔어요.

　　"코끼리야, 조금만 기다려. 내가 도와줄게."

　　"토끼야, 정말 고마워. 네 덕분에 위험을 벗어날 수 있었어."

　　"아니야, 네가 먼저 도와주었잖아. 나도 너처럼 멋진 코를 갖고 싶다고 생각했어."

　　집에 온 코끼리는 자기 자신에 대해 곰곰이 생각해 보았어요. 자기의 긴 코와 뚱뚱한 몸을 늘 창피하게 생각했던 것을 反省(⑥　　)했어요. 짧지만 튼튼한 자신의 다리도 사랑스럽게 여겼고, 긴 코도 자랑스러워 했지요.

　　다음 날 학교에 간 코끼리는 운동장에서 농구를 하고 있는 친구들에게 말을 걸었어요.

　　"나는 뜀틀은 잘 못하지만 농구는 잘해. 나도 같이 해도 될까?"

　　"그래, 같이 하자."

　　코끼리는 긴 코로 공을 드리블하여 멋지게 골을 넣었어요. 그러자 친구들은 "코끼리 최고야!"라고 함성을 질렀어요. 순간 코끼리는 얼굴을 붉히며 환하게 웃었어요.

　　코끼리는 이후 긍정적으로 思考(⑦　　)방식이 바뀌면서 자신감도 많이 생겼답니다.

100점 만점에 100점

1 다음 漢字語의 讀音을 보기에서 찾아 그 번호를 쓰세요.

> 보기   ① 열망   ② 운하   ③ 상반   ④ 공로

(1) 相反 (   )   (2) 熱望 (   )
(3) 運河 (   )   (4) 功勞 (   )

2 다음 밑줄 친 漢字語의 讀音을 쓰세요.

(1) 우리는 그녀의 해박한 知識(   )에 탄복하였다.
(2) 철규는 선생님께 궁금한 점을 質問(   )하였다.
(3) 그는 우리 일에 알맞은 도구를 考案(   )해 왔다.
(4) 그의 모든 관심과 熱情(   )은 음악을 향한다.

3 다음 밑줄 친 곳에 漢字의 訓을 쓰세요.

(1) 念願(_____념, _____원)   (2) 意識(_____의, _____식)
(3) 感情(_____감, _____정)   (4) 思考(_____사, _____고)

4 다음 뜻풀이에 맞는 漢字語를 보기에서 찾아 그 번호를 쓰세요.

> 보기   ① 所願   ② 信念   ③ 失敗   ④ 意思

(1) 굳게 믿는 마음. (   )
(2) 마음먹은 생각. (   )
(3) 이루어지기를 간절히 원하는 바. (   )
(4) 일이 뜻한 바대로 되지 못하거나 그릇됨. (   )

5 다음 漢字의 訓과 音을 쓰세요.

(1) 運 (　　　　　)　　(2) 念 (　　　　　)
(3) 福 (　　　　　)　　(4) 祝 (　　　　　)

6 다음 訓과 音에 맞는 漢字를 쓰세요.

(1) 믿을 신 (　　　　　)　　(2) 기운 기 (　　　　　)
(3) 돌이킬 반 (　　　　　)　　(4) 다행 행 (　　　　　)

7 다음 (　) 안에 들어갈 漢字를 보기에서 찾아 그 번호를 쓰세요.

보기	① 念	② 幸	③ 思
	④ 意	⑤ 說	⑥ 熱

(1) 以熱治(　　　): 열로써 열을 다스림.
(2) 語不成(　　　): 말이 조금도 사리에 맞지 아니함.
(3) (　　　)考方式: 어떤 문제에 대하여 생각하고 궁리하는 방법이나 태도.
(4) 統一(　　　)願: 남과 북이 하나가 되기를 마음에 간절히 생각하고 기원함.

8 다음 밑줄 친 漢字語를 漢字로 쓰세요.

(1) 건강을 위해 규칙적으로 운동(　　　　)을 하는 것이 좋다.
(2) 실패는 성공(　　　　)의 어머니이다.
(3) 천수는 과거의 잘못을 깊이 반성(　　　　)하였다.
(4) 이번 일이 성사(　　　　)된 데는 그의 공이 컸다.

한자 쏙쏙~! '공동 생활'과 관계있는 한자어

한자를 한 글자 한 글자 자세히 공부해 보아요.

모을 **집** | 隹부 | 총 12획
- 集團(집단): 여럿이 모여 이룬 모임.
- 雲集(운집): 구름처럼 많이 모임.

🔍 '會(모일 회)', '社(모일 사)'와 뜻이 비슷해요.

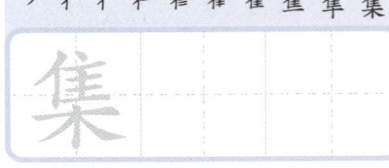

둥글 **단** | 囗부 | 총 14획
- 團結(단결): 많은 사람이 한데 뭉침.
- 團體(단체): 여러 사람이 모여 이루어진 집단.

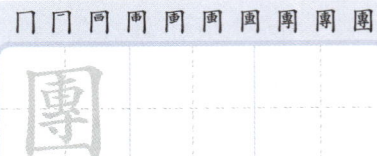

한가지 **공** | 八부 | 총 6획
- 共用(공용): 함께 씀. 또는 그런 물건.
- 共有(공유): 두 사람 이상이 한 물건을 함께 소유함.

있을 **유** | 月부 | 총 6획
- 有利(유리): 이익이 있음. 이로움.
- 有名(유명): 세상에 널리 이름이 알려져 있음.

🔍 반대자는 '無(없을 무)'예요.

받들 **봉** | 大부 | 총 8획
- 奉仕(봉사): 국가나 사회 또는 남을 위하여 애씀.
- 信奉(신봉): 사상이나 학설 등을 옳다고 믿고 받듦.

섬길 **사** | 人(亻)부 | 총 5획
- 出仕(출사): 벼슬을 하여 관청에 나감.
- 登仕(등사): 벼슬에 오름.

🔍 '任(맡길 임)'과 모양이 비슷해요.

딩동딩동 퀴즈
다음 ( ) 안에 알맞은 한자어의 독음을 채워 볼까요?

(1) 소풍 같은 集團(　　　) 행동을 할 때에는 선생님의 지시를 잘 따라야 합니다.
(2) 이 티셔츠는 남녀 共用(　　　)으로 착용할 수 있는 것입니다.
(3) 공무원은 국민을 위해 奉仕(　　　)하는 직업입니다.

정답 (1) 집단 (2) 공용 (3) 봉사

活 살 활 | 水(氵)부 | 총 9획
- 活氣(활기): 활발한 기개나 기운
- 活動(활동): 몸을 움직여 행동함.

動 움직일 동 | 力부 | 총 11획
- 動物(동물): 사람을 제외한 길짐승, 날짐승, 물짐승 따위를 통틀어 이르는 말
- 動作(동작): 몸이나 손발 따위를 움직임.

🔍 상대자는 '停(머무를 정)'이에요.

各 각각 각 | 口부 | 총 6획
- 各界(각계): 사회의 각 분야
- 各自(각자): 각각의 자기 자신

🔍 상대자는 '合(합할 합)'이에요.

界 지경 계 | 田부 | 총 9획
- 學界(학계): 학문 연구 및 저술에 종사하는 학자들의 활동 분야.
- 世界(세계): 지구 위의 모든 나라. 온 세상.

띵동띵동 퀴즈 다음 ( ) 안에 알맞은 한자어의 독음을 채워 볼까요?

(1) 진수는 미술반에서 열심히 活動( )하고 있습니다.
(2) 미나는 다람쥐처럼 動作( )이 재빠릅니다.
(3) 우리 모두 各自( )가 맡은 일에 최선을 다합시다.

정답 (1)활동 (2)동작 (3)각자

재미있는 한자 성어 — 有口無言 있을 유, 입 구, 없을 무, 말씀 언

입은 있어도 말은 없다는 뜻으로, 변명할 말이 없거나 변명을 못함을 이르는 말

민우는 이번 중간고사 시험지를 자기 방 책상 속에 살짝 숨겼어요. 지난번보다 성적이 떨어져서 어머니께 혼날까 봐 그렇게 한 것이죠. 그런데 오늘 반 친구인 옆집 창수에게 놀러 갔다가, 시험 결과를 어머니가 이미 알고 계셨다는 이야기를 들었어요. 집에 돌아온 민우는 뭐라고 할 말이 없었어요. 하지만 어머니께서는 "시험은 다음에 잘 보면 되니, 앞으로는 그러지 말아라." 하고 민우를 용서해 주셨어요.

 '공동 생활'과 관계있는 한자어

한자를 한 글자 한 글자 자세히 공부해 보아요.

約

맺을 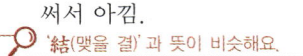 糸부 　총 9획

- 約束(약속): 다른 사람과 장래의 일을 미리 정하여 둠.
- 節約(절약): 함부로 쓰지 아니하고 꼭 필요한 데에만 써서 아낌.

🔍 '結(맺을 결)'과 뜻이 비슷해요.

束

묶을 속 　木부 　총 7획

- 結束(결속): 한덩어리가 되게 묶음.
- 團束(단속): 규칙·명령·법령 등을 지키도록 통제함.

 법 규 　見부 　총 11획

- 規格(규격): 제품이나 재료의 품질, 모양, 크기 따위의 일정한 표준
- 規則(규칙): 여러 사람이 다 같이 지키기로 정한 법칙

법칙 칙 　刀(刂)부 　총 9획

- 法則(법칙): 꼭 지켜야만 하는 규범
- 變則(변칙): 규칙·규정에서 벗어나 달라짐. 또는 그 법칙이나 규정

 가릴 선 　辵(辶)부 　총 16획

- 選擧(선거): 일정한 집단이 대표자나 임원을 뽑는 일
- 選手(선수): 운동 경기나 기술 따위에서 기량이 뛰어나 대표로 뽑힌 사람

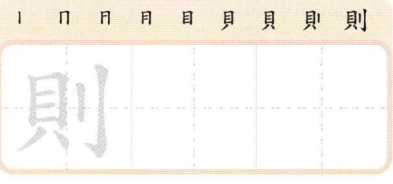

 들 거 　手부 　총 18획

- 擧手(거수): 손을 위로 들어 올림.
- 擧行(거행): 명령대로 시행함.

띵똥띵똥 퀴즈 다음 (　) 안에 알맞은 한자어의 독음을 채워 볼까요?

(1) 우리 모두 물건을 節約(　　　)하는 태도를 가집시다.
(2) 교통 規則(　　　)을 지키는 것은 자신의 안전을 지키는 일입니다.
(3) 학생 회장 選擧(　　　)에 모두 5명의 후보가 나왔습니다.

정답 (1) 절약　(2) 규칙　(3) 선거

상대자는 '他(다를 타)'예요.

스스로 **자** | 自부 | 총 6획
- 自給(자급): 자기가 쓰는 물건을 스스로 공급함.
- 自由(자유): 무엇에 얽매이지 않고 자기 마음대로 행동함.

말미암을 **유** | 田부 | 총 5획
- 事由(사유): 일의 까닭
- 理由(이유): 어떤 결론이나 결과에 이른 까닭이나 근거

평평할 **평** | 干부 | 총 5획
- 平等(평등): 권리, 의무, 자격 등이 차별 없이 고르고 한결같음.
- 平和(평화): 평온하고 화목함.

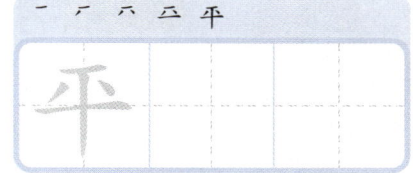

화할 **화** | 口부 | 총 8획
- 人和(인화): 여러 사람이 서로 화합함.
- 調和(조화): 서로 잘 어울리게 함. 또는 잘 어울림.

상대자는 '爭(다툴 쟁)'이에요.

띵똥띵똥 퀴즈 다음 ( ) 안에 알맞은 한자어의 독음을 채워 볼까요?

(1) 정당한 理由(　　　)없이 결석하는 것은 좋지 않습니다.
(2) 우리 민족은 平和(　　　)를 사랑하는 민족입니다.
(3) 인간은 누구나 자유와 平等(　　　)을 누릴 권리가 있습니다.

정답 (1) 이유 (2) 평화 (3) 평등

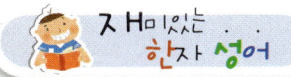

家和萬事成 집 **가**, 화할 **화**, 일만 **만**, 일 **사**, 이룰 **성**

집안이 화목하면 모든 일이 잘 이루어짐.

옛날 어떤 사람이 화목하기로 소문난 집에 비결을 알아보러 갔더니, 잘못은 서로 제 탓이라고 하고 좋은 것이 있으면 서로 양보하더랍니다. 별로 어려운 일이 아니라고 생각하고 집에 돌아온 그는, 잘못은 서로 남의 탓이라고 하고 좋은 것은 서로 제 것이라고 하는 가족들을 발견했지요. 가정의 화목은 가족들에게 달려 있어요. 서로를 아끼고 배려하는 마음이 그 비결임을 잊어서는 안 되겠지요?

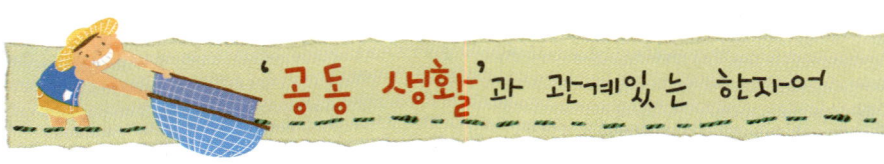

한자를 한 글자 한 글자 자세히 공부해 보아요.

敬 공경 **경** | 攴(攵)부 | 총 13획
- 敬老(경로): 노인을 공경함.
- 敬意(경의): 존경하는 뜻

老 늙을 **로** | 老부 | 총 6획
- 老兵(노병): 늙은 병사
- 元老(원로): 나이 많고 덕망이 높은 사람

상대자는 '少(적을 소)'예요.

責 꾸짖을 **책** | 貝부 | 총 11획
- 責任(책임): 맡아서 해야 할 임무나 의무
- 自責(자책): 자신의 잘못에 대하여 스스로 뉘우치고 책망함.

任 맡길 **임** | 人(亻)부 | 총 6획
- 任意(임의): 자기 의사대로 하는 일
- 主任(주임): 주로 그 임무를 담당하는 사람

상대자는 '害(해할 해)'예요.

利 이할 **리** | 刀(刂)부 | 총 7획
- 利己(이기): 자기 자신만의 이익을 꾀함.
- 利他(이타): 자신을 희생하여 남을 이롭게 함.

他 다를 **타** | 人(亻)부 | 총 5획
- 他國(타국): 다른 나라. 남의 나라
- 他地(타지): 다른 지방

띵똥띵똥 퀴즈 다음 ( ) 안에 알맞은 한자어의 독음을 채워 볼까요?

(1) 우리 모두 노인을 공경하는 敬老( ) 정신을 가져야 합니다.
(2) 민우는 이번 일이 모두 자신의 잘못이라고 自責( )했습니다.
(3) 송희는 때때로 利己( )적으로 행동하기도 합니다.

정답 (1) 경로 (2) 자책 (3) 이기

| 친할 | 친 | 見부 | 총 16획 |

- 親舊(친구): 친하게 사귀는 벗
- 親切(친절): 매우 정답고 고분고분함. 또는 그런 태도

| 예 | 구 | 臼부 | 총 18획 |

- 舊式(구식): 예전의 방식이나 형식.
- 舊屋(구옥): 전에 살던 집. 옛집(古家)

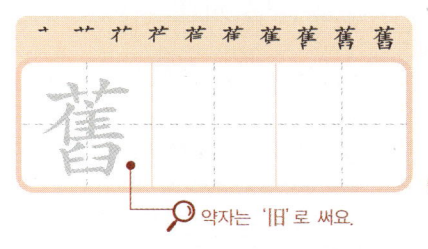

○ 약자는 '旧'로 써요.

○ '識(알 식)'과 뜻이 비슷해요.

| 알 | 지 | 矢부 | 총 8획 |

- 知己(지기): 자기의 마음을 알아주는 친구
- 通知(통지): 기별하여 알림.

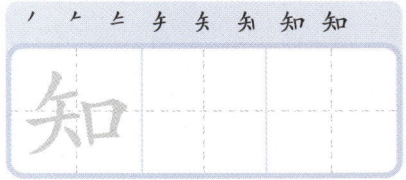

| 몸 | 기 | 己부 | 총 3획 |

- 利己(이기): 자기 이익만을 꾀함.
- 自己(자기): 그 사람 자신

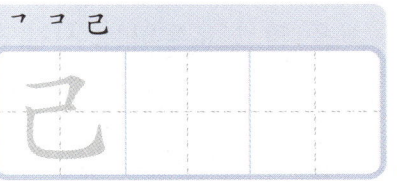

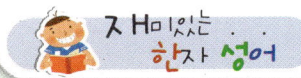 다음 ( ) 안에 알맞은 한자어의 독음을 채워 볼까요?

(1) 영주 아빠와 엄마는 어릴 때부터 **親舊**(　　　) 사이였답니다.
(2) 상철이는 집에 놀러 온 동생 친구들을 **親切**(　　　)하게 대해 주었습니다.
(3) **自己**(　　　) 일은 스스로 하는 습관을 가져야 합니다.

정답 (1) 친구 (2) 친절 (3) 자기

他山之石 다를 타, 메 산, 어조사 지, 돌 석

남의 말이나 행동도 자신의 지식과 인격을 수양하는 데 도움이 될 수 있음을 비유적으로 이르는 말

어린애가 엄마에게 장난감을 사달라고 떼를 쓰고 있어요. 엄마는 난처한 표정이고, 다른 어른들도 얼굴을 찌푸리고 있네요. 수미 어머니께서 말씀하셨어요.
"수미야, 저런 행동을 하면 남에게 피해를 주게 된단다."
수미는 어머니의 말씀이 아니더라도 정말 안 좋은 행동이라는 것을 알고 있답니다. 이렇듯 남의 잘못된 행동을 보고 자신의 행동의 본보기로 삼는 경우를 '他山之石'이라고 해요.

동화로 쏙쏙~!
학급 회장 뽑는 날

동화를 읽으며 한자어의 독음을 써 보아요.

　　오늘은 선희네 반에서 학급 회장을 뽑는 날이에요. 선생님께서는 規則(①　　)을 잘 지키며 選擧(②　　)를 치르라고 말씀하셨어요. 학급 회장 후보로 나온 현선, 태희, 도현, 은정이는 학교에 일찍 나와서 등교하는 親舊(③　　)들에게 반갑게 인사를 했어요. 그리고 쉬는 시간마다 친구들에게 자기들의 공약을 이야기했지요.

　　드디어 학급 회장을 뽑는 날이 되었어요. 학급 회장 후보들은 친구들 앞에서 자기들의 공약을 발표하기 시작했어요. 1번 후보 현선이가 먼저 발표를 했어요.

　　"저는 우리 반 친구들이 지식을 共有(④　　)할 수 있도록 할 거예요. 아침마다 책을 읽고 토론하는 시간도 갖고, 서로의 궁금증을 해결하는 궁금 노트를 만들 거예요. 그래서 우리 반을 최고의 두뇌 集團(⑤　　)이 되도록 하겠습니다."

　　2번 후보 태희는 예쁜 모습으로 발표를 했어요.

　　"저는 두 달에 한 번 各界(⑥　　) 각층의 인물을 초청해서 만남의 시간을 갖도록 하겠습니다. 그래서 우리 반 친구들이 견문도 넓히고 다양한 방면의 지식과 관심을 갖도록 하겠습니다. 우리는 지금 꿈을 키워나가는 시기이니까요."

　　3번 후보 도현이는 큰소리로 씩씩하게 발표했어요.

　　"여러분, 제가 반장이 된다면 여러분들이 自由(⑦　　)롭게 의견을 말하고, 그 의견을 학급 운영에 최대한 반영하도록 하겠습니다."

공동 생활 과 관계있는 한자어

|모범 답안| 274쪽

4번 후보 은정이는 야무지게 자기의 생각을 발표했어요.

"저는 봉사하는 마음으로 일을 하겠습니다. 그리고 奉仕活動(⑧ ☐☐☐☐)에 관심이 많은 친구들과 모임을 만들어 한 달에 한 번 길에 버려진 휴지 줍기, 주위의 노인분들 도와주기도 할 거고요. 우리 반이 웃어른을 공경하고, 효 사상을 실천하는 모범 학급이 되도록 하겠습니다."

반 친구들은 누구를 학급 회장으로 뽑을까 고민을 했어요. 투표가 끝나고, 현선이와 태희가 막상막하의 표 대결을 펼친 결과 현선이가 회장, 태희가 부회장으로 선출되었어요.

친구들은 현선이와 태희를 축하해 주었고, 도현이와 은정이에게도 최선을 다했다고 위로해 주었어요. 선생님은 우리들에게 말씀을 하셨어요.

"학급 회장으로 선출된 현선이, 부회장으로 선출된 태희는 자기가 내건 約束(⑨ ☐☐)을 최대한 지켜 주길 바라요. 누구나 자기가 한 말에는 責任(⑩ ☐☐)을 져야 하는 거예요. 그리고 우리 반의 주인은 여러분 개개인 모두라는 것 잊지 마세요."

우리는 선생님의 말씀을 듣고 최고의 반이 될 수 있도록 함께 노력할 것을 다짐했답니다.

100점 만점에 100점

1 다음 漢字語의 讀音을 보기에서 찾아 그 번호를 쓰세요.

> 보기   ① 지식   ② 이유   ③ 신봉   ④ 절약

(1) 信奉 (   )   (2) 知識 (   )
(3) 節約 (   )   (4) 理由 (   )

2 다음 밑줄 친 漢字語의 讀音을 쓰세요.

(1) 그는 축구 국가대표 選手(   )로 선발되었다.
(2) 이번 일이 실패한 것은 우리 모두의 責任(   )이다.
(3) 인간은 서로 협력하면서 集團(   ) 생활을 한다.
(4) 선수들은 경기 規則(   )을 준수할 것을 선서하였다.

3 다음 밑줄 친 곳에 漢字의 訓을 쓰세요.

(1) 奉仕(_____봉, _____사)   (2) 選舉(_____선, _____거)
(3) 親舊(_____친, _____구)   (4) 利他(_____리, _____타)

4 다음 뜻풀이에 맞는 漢字語를 보기에서 찾아 그 번호를 쓰세요.

> 보기   ① 動作   ② 調和   ③ 有名   ④ 變則

(1) 세상에 널리 이름이 알려져 있음. (   )
(2) 몸이나 손발 따위를 움직임. (   )
(3) 규칙·규정에서 벗어나 달라짐. (   )
(4) 서로 잘 어울림. (   )

| 모범 답안 | 275쪽

5 다음 漢字의 訓과 音을 쓰세요.

(1) 己 (   )   (2) 知 (   )
(3) 敬 (   )   (4) 有 (   )

6 다음 訓과 音에 맞는 漢字를 쓰세요.

(1) 각각 각 (   )   (2) 한가지 공 (   )
(3) 늙을 로 (   )   (4) 지경 계 (   )

7 다음 (   ) 안에 들어갈 漢字를 보기에서 찾아 그 번호를 쓰세요.

보기	① 老	② 規	③ 利
	④ 任	⑤ 有	⑥ 知

(1) (   )己主義 : 자기 자신의 이익만을 꾀하려는 태도.
(2) 敬(   )思想 : 노인을 공경하는 생각.
(3) (   )口無言 : 변명할 말이 없거나 변명을 못함.
(4) 交通(   )則 : 자동차 등을 운행할 때 지켜야 할 법칙.

8 다음 밑줄 친 漢字語를 漢字로 쓰세요.

(1) 감옥에서 풀려나 자유(   )의 몸이 되었다.
(2) 나의 소원은 조국의 평화(   ) 통일이다.
(3) 그는 입원한 노모(   )를 정성껏 간병하였다.
(4) 미란이는 양로원에서 봉사(   )활동에 열성을 다했다.

하나. 배정 한자 익히기 153

 한자 쏙쏙~! '**수량·숫자**'와 관계있는 한자어

한자를 한 글자 한 글자 자세히 공부해 보아요.

순할 순 頁부 총 12획
- 順序(순서): 정하여져 있는 차례
- 順位(순위): 순서를 나타내는 위치나 지위

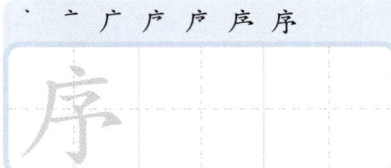

차례 서 广부 총 7획
- 序文(서문): 머리말
- 序章(서장): 예술 작품에서, 기본 내용에 들어가기 전에 앞머리에 설정하는 부분

🔍 '등급 등' 이라고도 읽어요.

무리 등 竹(⺮)부 총 12획
- 等級(등급): 높고 낮음이나 좋고 나쁨의 차이를 나눈 급수
- 同等(동등): 등급이나 정도가 같음.

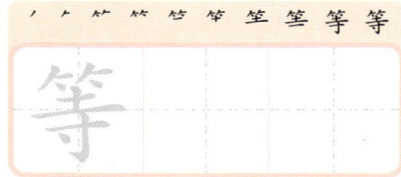

등급 급 糸부 총 10획
- 高級(고급): 물건 따위의 품질이 뛰어나고 값이 비쌈.
- 特級(특급): 특별한 계급이나 등급

🔍 '完(완전할 완)' 과 뜻이 비슷해요.

온전 전 入부 총 6획
- 全量(전량): 전체의 분량이나 수량
- 安全(안전): 평안하여 위험이 없음.

헤아릴 량 里부 총 12획
- 數量(수량): 수효와 분량을 아울러 이르는 말
- 多量(다량): 많은 양

딩동딩동 퀴즈 다음 ( ) 안에 알맞은 한자어의 독음을 채워 볼까요?

(1) 수돗가에 빨리 온 順序(   )대로 줄을 섰습니다.
(2) 이 물건은 高級(   ) 제품은 아니지만 나에게는 소중한 것입니다.
(3) 이 물건을 사람들에게 나누어 주기에는 數量(   )이 부족합니다.

정답 (1) 순서 (2) 고급 (3) 수량

가장 **최** | 日부 | 총 12획
- 最大(최대): 수나 양, 정도 따위가 가장 큼.
- 最近(최근): 얼마 전부터 현재 또는 바로 직전까지의 기간

적을 **소** | 小부 | 총 4획
- 少年(소년): 아주 어리지도 않고 완전히 성숙하지도 않은 사내아이
- 少數(소수): 적은 수

🔍 '小(작을 소)'와 모양이 비슷해요.

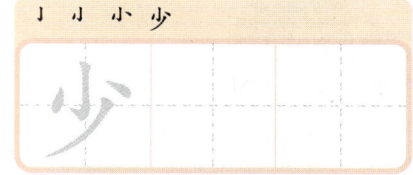

지날 **과** | 辶(辵)부 | 총 13획
- 過多(과다): 너무 많음.
- 通過(통과): 어떤 곳이나 때를 거쳐서 지나감.

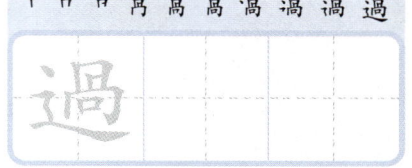

많을 **다** | 夕부 | 총 6획
- 多數(다수): 수효가 많음. 많은 수효
- 多幸(다행): 운수가 좋음. 일이 좋게 됨.

🔍 상대자는 '少(적을 소)'예요.

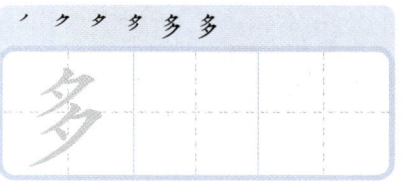

띵똥땡똥 퀴즈 다음 ( ) 안에 알맞은 한자어의 독음을 채워 볼까요?

(1) 라디오의 볼륨을 最大( )로 크게 했습니다.
(2) 아무리 좋은 약도 過多( )하게 복용하면 몸에 해롭습니다.
(3) 마라톤 선수가 지금 막 40km 지점을 通過( )하고 있습니다.

정답 (1) 최대 (2) 과다 (3) 통과

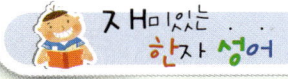 **多多益善** 많을 **다**, 많을 **다**, 더할 **익**, 착할 **선**

많으면 많을수록 좋음.

한나라를 세운 유방은 자신을 도운 한신이 너무 뛰어난 것을 경계하여 벼슬을 낮추고 수도인 장안을 벗어나지 못하게 했어요. 어느 날 유방이 한신에게 "그대가 보기에 나는 몇 명의 군사를 지휘할 수 있을 것 같은가?" 하고 물었어요. 그러자 한신이 "십만 정도."라고 대답했답니다. 유방이 다시 "그럼 경은?" 하고 묻자, 한신은 "多多益善입니다." 하고 대답했어요. 그리고 나서 얼른 "폐하께서는 장수들의 장수이시기 때문입니다." 하고 말해 위기를 모면했다고 해요.

'수량·숫자'와 관계있는 한자어

한자를 한 글자 한 글자 자세히 공부해 보아요.

한 **일** ─부 총 1획
- 一切(일체): 모든 것 • 一切(일절): 아주, 절대, 결코
- 一致(일치): 서로 어긋나지 않고 꼭 맞음.

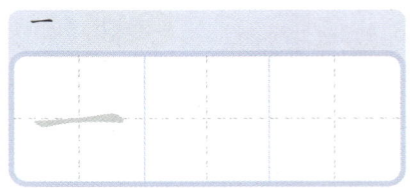

끊을 **절** 온통 **체** 刀부 총 4획
- 切感(절감): 절실히 느낌.
- 切實(절실): 느낌이나 생각이 뼈저리게 강렬한 상태

두 **이** 二부 총 2획
- 二重(이중): 두 번 거듭되거나 겹침.
- 二勝(이승): 승부를 겨루는 경기에서 두 번 이김.

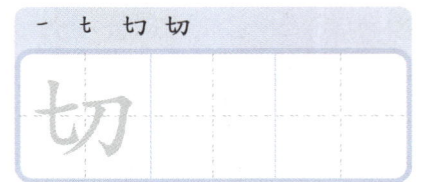

패할 **패** 攴(攵)부 총 11획
- 敗戰(패전): 싸움에 짐.
- 失敗(실패): 일을 잘못하여 그르침.

🔍 반대자는 '勝(이길 승)'이에요.

석 **삼** ─부 총 3획
- 三寸(삼촌): 아버지의 형제.
- 三女(삼녀): 세 딸. 또는 셋째 딸

물건 **품** 口부 총 9획
- 品質(품질): 물품의 성질. 물건이 된 바탕
- 上品(상품): 질이 좋은 물품

띵똥띵똥 퀴즈 다음 ( ) 안에 알맞은 한자어의 독음을 채워 볼까요?

(1) 교장 선생님이 이번 행사의 경비 一切(　　　)를 부담하셨습니다.
(2) 스포츠 경기는 勝敗(　　　)를 떠나서 최선을 다하는 것이 중요합니다.
(3) 형기네 三寸(　　　)은 119 구조 대원입니다.

정답 (1) 일체 (2) 승패 (3) 삼촌

🔍 '西(서녘 서)'와 모양이 비슷해요.

넉 사 | 口부 | 총 5획

- 四方(사방): 동·서·남·북의 네 방위
- 四寸(사촌): 아버지의 친형제 자매의 아들이나 딸과의 촌수.

마디 촌 | 寸부 | 총 3획

- 寸數(촌수): 친족 사이의 멀고 가까운 정도
- 三寸(삼촌): 아버지의 형제

다섯 오 | 二부 | 총 4획

- 五億(오억): 억의 다섯 배가 되는 수
- 五月(오월): 한 해 열두 달 가운데 다섯째 달.

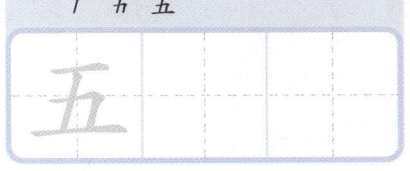

억 억 | 人(亻)부 | 총 15획

- 百億(백억): 억의 백배가 되는 수
- 數億(수억): 여러 억. 억의 두서너 갑절 되는 수효

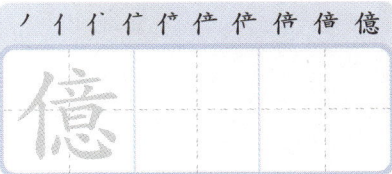

딩똥딩똥 퀴즈 다음 ( ) 안에 알맞은 한자어의 독음을 채워 볼까요?

(1) 오늘은 四寸( ) 누나의 졸업식 날입니다.
(2) 범수는 나보다 세 살 어리지만 寸數( )로 치면 5촌 당숙이 됩니다.
(3) 五月( )은 청소년의 달이자 가정의 달입니다.

정답 (1) 사촌 (2) 촌수 (3) 오월

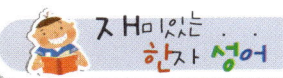

三三五五 석 삼, 석 삼, 다섯 오, 다섯 오

서너 사람 또는 대여섯 사람이 떼를 지어 다니거나 무슨 일을 함.

여러분은 아침에 학교갈 때 누구와 함께 가나요? 누나나 형, 동생 또는 친한 친구와 서너 명이나 너댓 명씩 짝을 지어 도란도란 이야기꽃을 피우며 교문에 들어설 것이에요.

만약 혼자 가게 된다면 얼마나 외롭겠어요. 사람은 이처럼 항상 서로 어울려 살아야 해요. '三三五五'란 '서너 사람 또는 대여섯 사람이 떼를 지어 다니거나 무슨 일을 하는 모양'을 이르는 말이랍니다.

하나. 배정 한자 익히기 **157**

'수량·숫자'와 관계있는 한자어

한자를 한 글자 한 글자 자세히 공부해 보아요.

 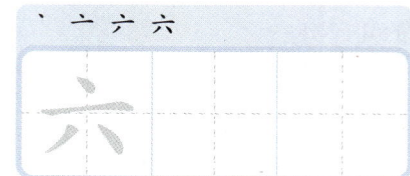

여섯 **륙** | 八부 | 총 4획
- 六百(육백): 백의 여섯 배가 되는 수
- 六十(육십): 십의 여섯 배가 되는 수

 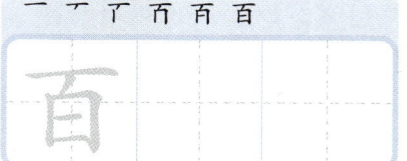

일백 **백** | 白부 | 총 6획
- 百年(백년): 백년. 오랜 세월
- 百方(백방): 여러 방면. 온갖 방법

🔍 '白(흰 백)'과 모양이 비슷해요.

 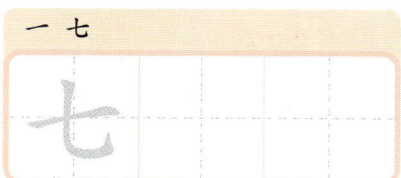

일곱 **칠** | 一부 | 총 2획
- 七夕(칠석): 음력 칠월 초이렛날의 밤
- 七千(칠천): 천의 일곱 배가 되는 수

 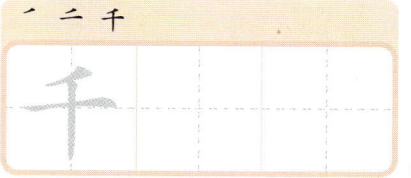

일천 **천** | 十부 | 총 3획
- 千萬(천만): 만의 천 배가 되는 수
- 三千(삼천): 천의 세 배가 되는 수

여덟 **팔** | 八부 | 총 2획
- 八方(팔방): 동, 서, 남, 북, 동북, 동남, 서북, 서남의 여덟 방위
- 八月(팔월): 한 해 열두 달 가운데 여덟째 달

 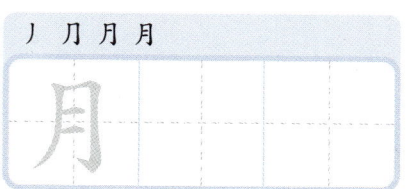

달 **월** | 月부 | 총 4획
- 月別(월별): 달을 단위로 나눈 구별
- 月末(월말): 그 달의 끝 무렵

띵똥띵똥 퀴즈 다음 ( ) 안에 알맞은 한자어의 독음을 채워 볼까요?

(1) 이 은행나무는 수령이 六百( ) 년이나 되었다고 합니다.
(2) 서울은 千萬( ) 명이 넘는 사람들이 모여 사는 대도시입니다.
(3) 八月( ) 한가위에는 각지로 흩어졌던 가족들이 모두 모입니다.

정답 (1) 육백 (2) 천만 (3) 팔월

| 아홉 | 구 | 乙부 | 총 2획 |

- 九番(구번): 기준에 따라 매긴 번호 중 아홉 번째 되는 차례
- 九月(구월): 한 해 열두 달 가운데 아홉째 달

| 차례 | 번 | 田부 | 총 12획 |

- 番地(번지): 땅을 일정한 기준에 따라 나누어서 매겨 놓은 번호
- 番號(번호): 차례를 나타내거나 식별하기 위해 붙이는 숫자

| 열 | 십 | 十부 | 총 2획 |

- 十倍(십배): 열 곱절
- 五十(오십): 십의 다섯 배가 되는 수

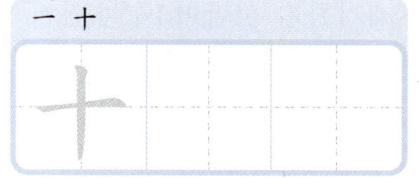

| 곱 | 배 | 人(亻)부 | 총 10획 |

- 倍加(배가): 갑절 또는 몇 배로 늘어남. 또는 그렇게 늘림.
- 倍數(배수): 어떤 수의 갑절이 되는 수

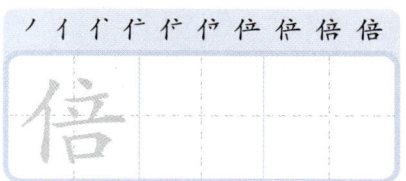

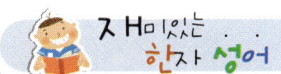 다음 ( ) 안에 알맞은 한자어의 독음을 채워 볼까요?

(1) 선생님께서 수업 시간에 九番( )인 나를 지목하셨습니다.
(2) 이 주소에는 동 이름만 있고 番地( )가 적혀 있지 않습니다.
(3) 3의 倍數( )는 '3, 6, 9, 12, 15……' 입니다.

정답 (1) 구번 (2) 번지 (3) 배수

재미있는 한자 성어   九死一生   아홉 구, 죽을 사, 한 일, 날 생

아홉 번 죽을 뻔하다 한 번 살아난다는 뜻으로, 죽을 고비를 여러번 넘기고 겨우 살아남을 이르는 말

옛날이야기 중에 토끼가 자라에게 속아 용궁으로 끌려가서 용왕의 병을 고치는 약이 될 뻔했다가 겨우 살아난 이야기가 있어요. 그 이야기에서 토끼는 죽을 위기에서 꾀를 내어 용왕과 자라를 속이고 다시 육지로 나오게 되죠.

토끼처럼 하마터면 죽을 뻔한 위기에서 겨우 목숨을 건지게 되었을 때 쓰는 말이 '九死一生'이에요.

동화로 쏙쏙~!
축제의 하루

동화를 읽으며 한자어의 독음을 써 보아요.

오늘은 우리 학교에서 체험 행사가 있는 날입니다. 이날 체험 행사에 필요한 도구들은 全量(　　) 학교에서 준비했어요. 아이들은 모두 기분이 들떠 있었어요. 세계의 축제를 축소해서 체험해 보는 것이라 흥미로운 것들이 많거든요.

우리나라의 정월 대보름 축제 코너에서는 제기차기, 널뛰기, 팽이치기를 할 수 있어요. 제기차기 시합이 제일 먼저 열렸는데, 우리 반 팀은 二敗(　　)나 해서 예선 탈락했어요. 그렇지만 초급, 중급, 고급으로 等級(　　)을 나눠서 벌인 팽이치기에서는 우승을 했답니다.

스페인에서 토마토 값 폭락에 분노한 농민들이 시의원들에게 분풀이로 토마토를 던진 것에서 유래되었다는 토마토 축제 코너도 게임으로 구성했어요. 얼굴 모양으로 구멍을 뚫어 놓은 곳에 머리를 내밀고 서면, 친구들이 물을 가득 채운 토마토 모양의 풍선을 던지는 거예요. 토마토 축제에 참여하려면 줄을 서서 기다려야 했어요. 30분을 기다린 끝에 드디어 희준이의 順序(　　)가 되었어요.

수량·숫자와 관계있는 한자어

| 모범 답안 | 275쪽

"와, 재미있겠다. 철민아 각오해, 날아간다."

철민이와 희준이는 四寸(⑤   ) 간인데 친형제처럼 지내지만 게임을 할 때는 경쟁이 심해요. 그래서 희준이는 온 힘을 다해 철민이의 얼굴에 토마토 풍선을 던졌어요. 그러나 희준이가 던진 토마토 풍선은 물을 過多(⑥   )하게 넣어서 잘 날아가지가 않았어요.

우리 학교에서도 가면 축제를 하였어요. 강희는 五億(⑦   )년 전에 지구에 살았다는 공룡 가면을 쓰고 나타났고, 혜순이는 조선 시대 양반 가면과 의상을 입고 나타났어요. 범수는 프랑켄슈타인 가면을 쓰고 나타나서 친구들을 놀라게 했어요.

여자 어린이들의 무병장수와 행복을 기원하는 일본의 전통 행사인 히나 마쯔리 코너는 여자들만 참여할 수 있었어요. 이 코너에서는 예쁜 인형과 과자를 가져가서 친한 친구에게 주고 이야기하며 놀 수 있었지요.

이렇게 즐거운 축제의 한 마당이 끝나고. 우리는 나중에 어른이 되면 세계 방방곡곡을 다니며 그 나라의 축제를 즐겨 보자고 약속을 했답니다.

100점 만점에 100점

1 다음 漢字語의 讀音을 보기에서 찾아 그 번호를 쓰세요.

> 보기   ① 천만   ② 배수   ③ 소수   ④ 백억

(1) 小數 (   )   (2) 千萬 (   )
(3) 百億 (   )   (4) 倍數 (   )

2 다음 밑줄 친 漢字語의 讀音을 쓰세요.

(1) 학생들의 질문에 선생님은 <u>親切</u>(   )하게 대답해 주셨다.
(2) 4대 명절 중 <u>八月</u>(   ) 한가위가 가장 풍성하다.
(3) 수도권에 인구가 <u>過多</u>(   )하게 집중되고 있다.
(4) 성공과 <u>失敗</u>(   )의 기로에 있다.

3 다음 밑줄 친 곳에 漢字의 訓을 쓰세요.

(1) 三品(_____삼, _____품)   (2) 二敗(_____이, _____패)
(3) 九番(_____구, _____번)   (4) 五億(_____오, _____억)

4 다음 뜻풀이에 맞는 漢字語를 보기에서 찾아 그 번호를 쓰세요.

> 보기   ① 最大   ② 通過   ③ 安全   ④ 勝敗

(1) 평안하여 위험이 없음.(   )
(2) 수나 양, 정도 따위가 가장 큼. (   )
(3) 어떤 곳이나 때를 거쳐서 지나감. (   )
(4) 승리와 패배를 아울러 이르는 말. (   )

5 다음 漢字의 訓과 音을 쓰세요.

(1) 百 (　　　　　) (2) 七 (　　　　　)
(3) 級 (　　　　　) (4) 倍 (　　　　　)

6 다음 訓과 音에 맞는 漢字를 쓰세요.

(1) 여섯 륙 (　　　　　) (2) 열 십 (　　　　　)
(3) 일천 천 (　　　　　) (4) 무리 등 (　　　　　)

7 다음 (　) 안에 들어갈 漢字를 보기에서 찾아 그 번호를 쓰세요.

보기	① 億	② 八	③ 三
	④ 寸	⑤ 敗	⑥ 九

(1) (　　)死一生 : 죽을 고비를 여러 차례 넘기고 겨우 살아남.
(2) 三(　　)五五 : 서너 사람 또는 대여섯 사람이 떼를 지어 다니거나 무슨 일을 함.
(3) (　　)月秋夕 : 우리 고유의 명절인 한가위.
(4) 四(　　)兄弟 : 아버지의 친형제자매의 아들.

8 다음 밑줄 친 漢字語를 漢字로 쓰세요.

(1) 우리 사촌(　　　　　)형제들은 모일 때마다 이야기꽃을 피운다.
(2) 인간은 누구나 평등(　　　　　)하다.
(3) 이 호텔은 특급(　　　　　) 시설을 갖추고 있다.
(4) 소녀(　　　　　)의 입가에 방긋이 미소가 떠올랐다.

한자 쏙쏙~! '의식주'와 관계있는 한자어

한자를 한 글자 한 글자 자세히 공부해 보아요.

흰 **백** | 白부 | 총 5획
- 白雪(백설): 흰 눈
- 白衣(백의): 흰 옷

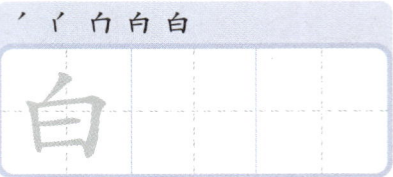

옷 **의** | 衣부 | 총 6획
- 衣服(의복): 몸을 싸서 가리거나 보호하기 위해 만들어 입는 물건
- 雨衣(우의): 비에 젖지 아니하도록 덧입는 옷

여름 **하** | 夂부 | 총 10획
- 夏服(하복): 여름철에 입는 옷
- 夏節期(하절기): 여름철 기간

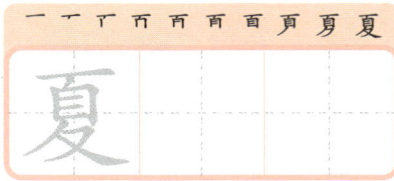

옷 **복** | 月부 | 총 8획
- 校服(교복): 학교의 제복
- 洋服(양복): 서양식의 의복

🔍 '衣(옷 의)'와 뜻이 비슷해요.

헤아릴 **료** | 斗부 | 총 10획
- 料金(요금): 물건의 사용이나 서비스의 대가로 치르는 돈
- 原料(원료): 어떤 물건을 만드는 데 들어가는 재료

🔍 '科(과목 과)'와 모양이 비슷해요.

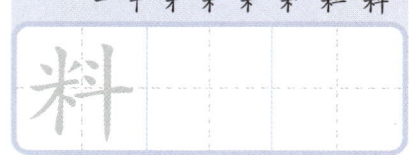

다스릴 **리** | 玉(王)부 | 총 11획
- 原理(원리): 사물의 근본이 되는 이치
- 調理(조리): 건강이 회복되도록 몸을 보살피고 병을 다스림.

띵똥띵똥 퀴즈 다음 ( ) 안에 알맞은 한자어의 독음을 채워 볼까요?

(1) 우리는 간호사를 '白衣( )의 천사'라고 부릅니다.
(2) 우리나라 초등학생들은 校服( )을 입지 않습니다.
(3) 어머니는 중국 料理( )를 잘하십니다.

정답 (1) 백의 (2) 교복 (3) 요리

'氷(얼음 빙)'과 모양이 비슷해요.

길 영 | 水부 | 총 5획

- 永遠(영원): 어떤 상태가 끝없이 이어짐.
- 永住(영주): 한 곳에 오래 삶.

살 주 | 人(亻)부 | 총 7획

- 住民(주민): 그 땅에 사는 사람
- 住所(주소): 사람이 살고 있는 곳을 행정 구역으로 나타낸 이름

'屋(집 옥)'과 뜻이 비슷해요.

집 가 | 宀부 | 총 10획

- 家宅(가택): 살고 있는 집
- 家事(가사): 집안 일

집 택 / 댁 | 宀부 | 총 6획

- 古宅(고택): 옛날에 지은 집.
- 住宅(주택): 사람이 들어가 살 수 있게 지은 집.

띵동 띵동 퀴즈 다음 ( ) 안에 알맞은 한자어의 독음을 채워 볼까요?

(1) 승부의 세계에는 永遠(　　　)한 승자도 패자도 없습니다.
(2) 혜주는 멋진 시를 쓰는 作家(　　　)가 되는 것이 꿈이라고 합니다.
(3) 우리 집은 이층 住宅(　　　)입니다.

정답 (1) 영원 (2) 작가 (3) 주택

재미있는 한자 성어 白衣從*軍 흰 **백**, 옷 **의**, 좇을 **종**, 군사 **군**

벼슬 없이 군대를 따라 싸움터로 감.

　이순신 장군은 임진왜란 때 거북선을 만들어 남해 바다를 굳게 지킨 분이죠. 이렇게 훌륭한 이순신 장군이 나쁜 무리의 모함으로 감옥에 갇혀 고통을 당하고, 장군이 입는 갑옷도 입을 수 없게 된 때가 있었어요.
　그러나 나라를 사랑하는 마음이 누구보다 컸던 이순신 장군은 일반 병사들이 입는 흰 옷을 입고도 전쟁터에 나가서 싸워 크게 이겼답니다. '白衣從軍'은 '흰 옷을 입고 군대를 따라 싸움터에 나간다.'는 뜻으로, 벼슬이 없이 보통 사람의 복장을 하고 전쟁터에 나가는 것을 이릅니다

한자를 한 글자 한 글자 자세히 공부해 보아요.

 큰바다 **양**   水(氵)부 총 9획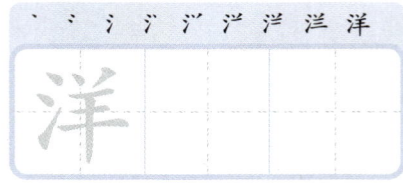

- 洋屋(양옥): 서양식으로 지은 집
- 海洋(해양): 넓고 큰 바다

🔍 '注(부을 주)'와 모양이 비슷해요.

집 **옥**   尸부 총 9획

- 屋上(옥상): (마당처럼 편평하게 만든)지붕의 위
- 家屋(가옥): 사람이 사는 집

 뜰 **정**   广부 총 10획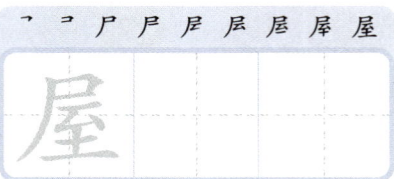

- 庭園(정원): 집 안에 있는 뜰이나 꽃밭
- 法庭(법정): 법원이 소송 절차에 따라 송사를 심리하고 판결하는 곳

동산 **원**   囗부 총 13획

- 公園(공원): 공중의 보건·휴양·놀이 따위를 위하여 마련한 시설
- 樂園(낙원): 괴로움 없이 안락하게 살 수 있는 즐거운 곳

 풀 **초**   艸(艹)부 총 10획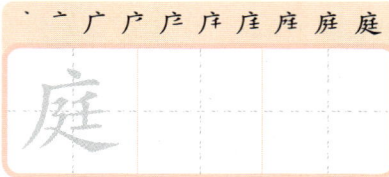

- 草堂(초당): 본채 근처에 억새나 짚으로 지붕을 인 조그마한 집채
- 草木(초목): 풀과 나무를 통틀어 이르는 말

집 **당**   土부 총 11획

- 別堂(별당): 몸채의 곁이나 뒤에 따로 지은 집이나 방
- 神堂(신당): 신령을 모신 집

🔍 '當(마땅 당)'과 모양이 비슷해요.

띵똥띵똥 퀴즈 다음 ( ) 안에 알맞은 한자어의 독음을 채워 볼까요?

(1) 간밤에 내린 폭우로 많은 家屋(　　　)들이 물에 잠겼습니다.
(2) 할머니가 정성들여 가꾸신 庭園(　　　)에 꽃들이 활짝 피었습니다.
(3) 봄이 오면서 산과 들의 草木(　　　)이 푸르러졌습니다.

정답 (1) 가옥 (2) 정원 (3) 초목

꽃 **화** | 艸(艹)부 | 총 8획
- 花壇(화단): 꽃을 심기 위하여 흙을 한 층 높게 하여 꾸민 꽃밭
- 花草(화초): 꽃이 피는 풀과 나무

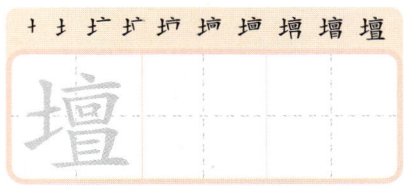

단 **단** | 土부 | 총 16획
- 敎壇(교단): 교실에서 선생이 강의할 때 서는 단
- 基壇(기단): 건축물의 바탕이 되는 단

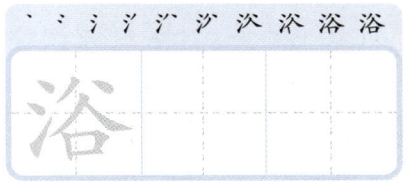

목욕할 **욕** | 水(氵)부 | 총 10획
- 浴室(욕실): 목욕실. 목욕하는 시설을 갖춘 방
- 入浴(입욕): 목욕탕에 들어감.

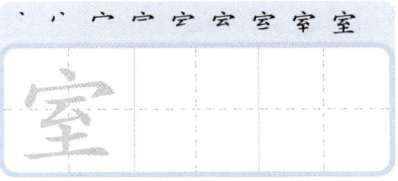

집 **실** | 宀부 | 총 9획
- 室內(실내): 방이나 건물 따위의 안
- 溫室(온실): 온도 등을 조절하여 식물의 재배가 편하도록 하는 구조물

🔍 '堂(집 당)'과 뜻이 비슷해요.

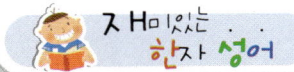 다음 ( ) 안에 알맞은 한자어의 독음을 채워 볼까요?

(1) 우리 반 앞의 花壇( )에 코스모스와 국화가 만발했습니다.
(2) 浴室( )을 사용한 후에는 깨끗이 뒷정리를 해야 합니다.
(3) 밖에 있다 室內( )로 들어오니 따뜻했습니다.

정답 (1) 화단 (2) 욕실 (3) 실내

재미있는 한자 성어

正正堂堂 바를 **정**, 바를 **정**, 집 **당**, 집 **당**

태도나 수단이 정당하고 떳떳함.

2002 월드컵은 우리나라에서 열린 세계인의 축제였습니다. 축구라는 운동을 통해 세계인이 화합하는 자리였지요. 그때 우리 대표팀은 개최국답게 그 어느 나라 선수들보다 정정당당한 경기 모습을 보여 주면서 4강이라는 신화를 이루어 냈습니다.

'正正堂堂'은 원래 사기가 왕성하고 질서가 정연한 군대를 가리키는 말이었답니다. 사기 넘치고 질서 있는 군대가 그렇지 못한 군대와 싸운다면 누가 승리할 지 말 안 해도 알 만한 일이겠죠?

동화로 쏙쏙~!
아기 도깨비

동화를 읽으며 한자어의 독음을 써 보아요.

"쉿, 조용히 해. 엄마한테 들키겠다."

창식이는 옷장을 들여다보면서 말했어요. 옷장 속에는 머리에 뿔이 달린 아기 도깨비가 앉아 있었어요.

"심심하다니까, 창식아 나랑 놀자."

"안 돼, 들키 면 너 쫓겨난다고."

화가 난 도깨비는 홱 뒤돌더니 벌렁 누워 버렸어요.

창식이는 얼마 전 아파트에서 庭園(❶　　)이 있는 2층 洋屋(❷　　)으로 이사를 왔어요. 정원에는 갖가지 들꽃이 심어진 花壇(❸　　)이 있었고, 화단 옆으로 작은 草堂(❹　　)이 지어져 있었어요. 초당 안에는 작은 마루가 있어서 동생 창현이랑 놀기에 좋았어요. 그런데 이곳에 아기 도깨비가 있었어요.

"앗! 너 누구야?"

"난 도깨비야. 무섭지? 살 곳을 찾아 여기저기 돌아다녔는데, 여기가 마음에 들어."

"여긴 우리 집인데?"

"몰라, 몰라. 난 여기가 마음에 든다고."

요사이 왜 그렇게 버릇이 나빠진거니?

의식주 와 관계있는 한자어

| 모범 답안 | 275쪽

창식이와 창현이는 식구들 몰래 아기 도깨비를 숨겨 주며 같이 지냈어요.

아기 도깨비는 창식이, 창현이와 함께 浴室(⑤)에서 목욕도 하고 밥도 같이 먹었지요. 그런데 장난을 잘 치는 아기 도깨비는 엄마가 해 놓은 料理(⑥)를 먼저 손가락으로 찍어 먹었어요. 그러면 엄마는 창현이가 먹은 줄 알고 혼을 내셨고, 이 모습을 본 아기 도깨비는 즐거워하며 웃었지요.

아기 도깨비가 가장 좋아하는 놀이는 숨바꼭질이에요. 아기 도깨비는 창식이와 창현이가 숨은 곳은 잘 찾아내는데, 창식이와 창현이는 아기 도깨비를 찾지 못할 때가 많았어요.

어느 날 정원에서 놀던 창현이가 넘어져 무릎을 다쳤어요. 그러자 아기 도깨비는 방망이를 뚝딱 두드려서 약을 구한 후, 白衣(⑦)의 천사처럼 창현이의 상처를 치료해 주었지요.

그런데 아기 도깨비는 어느 날 보이지 않게 되었어요. 그리고 시간이 흘러 대학생이 된 창식이와 창현이는 지금도 가끔 아기 도깨비 생각을 한답니다.

아기 도깨비, 이 녀석.

100점 만점에 100점

1 다음 漢字語의 讀音을 보기에서 찾아 그 번호를 쓰세요.

> 보기   ① 조리   ② 법정   ③ 신당   ④ 해양

(1) 調理 (   )   (2) 神堂 (   )
(3) 海洋 (   )   (4) 法庭 (   )

2 다음 밑줄 친 漢字語의 讀音을 쓰세요.

(1) 우주의 생성 原理(   )에 대하여 탐구하였다.
(2) 공공 料金(   ) 인상은 물가에 큰 영향을 미친다.
(3) 윤희는 浴室(   )에 들어가 샤워를 하였다.
(4) 이번 전시회에서는 衣服(   )의 변천 과정을 한눈에 볼 수 있다.

3 다음 밑줄 친 곳에 漢字의 訓을 쓰세요.

(1) 家宅(_____가, _____택)   (2) 洋服(_____양, _____복)
(3) 屋上(_____옥, _____상)   (4) 白衣(_____백, _____의)

4 다음 뜻풀이에 맞는 漢字語를 보기에서 찾아 그 번호를 쓰세요.

> 보기   ① 住宅   ② 室內   ③ 雨衣   ④ 公園

(1) 비가 올 때 비에 젖지 아니하도록 덧입는 옷. (   )
(2) 사람이 들어가 살 수 있게 지은 집. (   )
(3) 공중의 보건·휴양·놀이 따위를 위하여 마련한 시설. (   )
(4) 방이나 건물 따위의 안. (   )

| 모범 답안 | 275쪽

5 다음 漢字의 訓과 音을 쓰세요.

(1) 永 (   )   (2) 屋 (   )
(3) 堂 (   )   (4) 壇 (   )

6 다음 訓과 音에 맞는 漢字를 쓰세요.

(1) 큰바다 양 (   )   (2) 살 주 (   )
(3) 풀 초 (   )   (4) 꽃 화 (   )

7 다음 (   ) 안에 들어갈 漢字를 보기에서 찾아 그 번호를 쓰세요.

보기	① 料	② 園	③ 堂
	④ 草	⑤ 衣	⑥ 住

(1) 白(   )從軍: 벼슬 없이 군대를 따라 싸움터로 감.
(2) 山川(   )木: 산과 내와 풀과 나무.
(3) 中國(   )理: 중국 고유의 요리.
(4) 正正(   )堂: 태도나 수단이 정당하고 떳떳함.

8 다음 밑줄 친 漢字語를 漢字로 쓰세요.

(1) 하복(   )을 입기엔 아직 날이 좀 쌀쌀하다.
(2) 그는 나무를 정원(   )에 옮겨 심었다.
(3) 실내(   )에서는 모자를 벗으세요.
(4) 그 마을 주민(   )의 대부분은 어업에 종사한다.

그 밖의 한자어 (1)

한자를 한 글자 한 글자 자세히 공부해 보아요.

고칠 **개** | 攴(攵)부 | 총 7획
- 改良(개량): 나쁜 점을 고쳐 좋게 함.
- 改善(개선): 잘못된 것, 부족한 것, 나쁜 것 등을 고쳐 더 좋게 만듦.

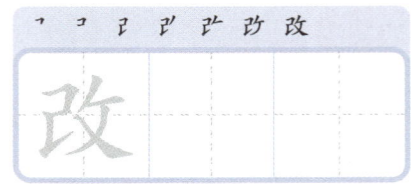

착할 **선** | 口부 | 총 12획
- 善良(선량): 착하고 어짊.
- 善行(선행): 착하고 어진 행실

🔍 반대자는 '惡(악할 악)'이에요.

굳셀 **건** | 人(亻)부 | 총 11획
- 健實(건실): 생각, 태도 따위가 건전하고 착실함.
- 健全(건전): 잘못된 생각에 물들지 않고 올바른 것

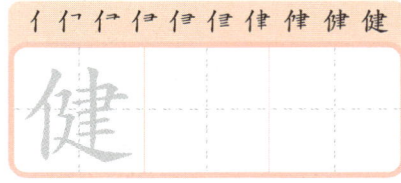

열매 **실** | 宀부 | 총 14획
- 結實(결실): 열매를 맺음. 일의 결과가 잘 맺어짐.
- 事實(사실): 실제로 있었던 일. 또는 현재에 있는 일

🔍 약자는 '実'로 써요.

🔍 반대자는 '下(아래 하)'예요.

높을 **고** | 高부 | 총 10획
- 高價(고가): 비싼 가격. 또는 값비싼 것
- 高貴(고귀): 훌륭하고 귀중함.

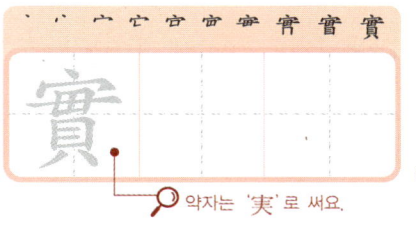

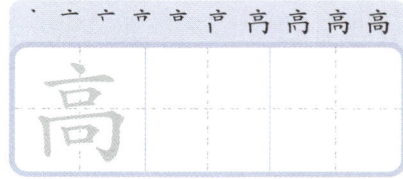

귀할 **귀** | 貝부 | 총 12획
- 貴重(귀중): 귀하고 중요함.
- 貴族(귀족): 가문이 좋거나 신분 따위가 높아 정치적·사회적 특권을 가진 계층

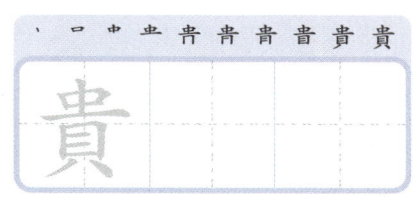

딩동댕동 퀴즈 다음 ( ) 안에 알맞은 한자어의 독음을 채워 볼까요?

(1) 정부에서는 입시 제도를 改善( )하겠다고 합니다.
(2) 건강한 신체에 健全( )한 정신이 깃듭니다.
(3) 헌혈은 高貴( )한 봉사 활동이라고 할 수 있습니다.

정답 (1) 개선 (2) 건전 (3) 고귀

 굳을 **고** | 口부 | 총 8획
- 固定(고정): 한 번 정한 대로 변경하지 아니함.
- 固體(고체): 일정한 모양과 부피가 있어 쉽게 바뀌지 않는 물질의 상태

 정할 **정** | 宀부 | 총 8획
- 決定(결정): 결단하여 정함.
- 規定(규정): 규칙으로서 정함. 또는 그 정해 놓은 것

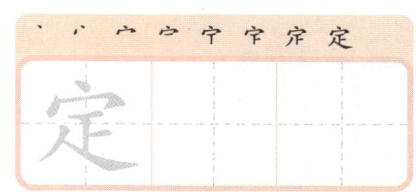

 빌 **공** | 穴부 | 총 8획
- 空間(공간): 아무것도 없는 빈 곳
- 空中(공중): 하늘과 땅 사이의 빈 곳. 하늘

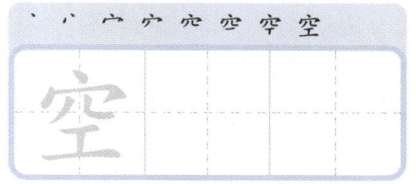

 사이 **간** | 門부 | 총 12획
- 期間(기간): 어느 일정한 시기의 사이
- 時間(시간): 어떤 시각에서 어떤 시각까지의 사이

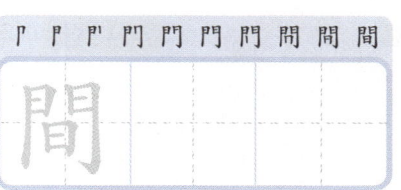

🔍 '問(물을 문)', '聞(들을 문)'과 모양이 비슷해요.

딩똥딩똥 퀴즈 다음 ( ) 안에 알맞은 한자어의 독음을 채워 볼까요?

(1) 민주는 그 연극에 固定( ) 출연합니다.
(2) 물은 액체이고 얼음은 固體( )입니다.
(3) 이 일은 생각했던 것보다 時間( )이 많이 걸렸습니다.

정답 (1) 고정 (2) 고체 (3) 시간

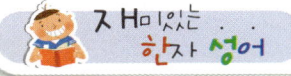 **改過遷*善** 고칠 **개**, 허물 **과**, 옮길 **천**, 착할 **선**

지난날의 잘못이나 허물을 고쳐 올바르고 착하게 됨.

중국 진나라 때 주처라는 남자가 살았어요. 주처는 힘은 센데 성질이 매우 포악해서 사람들은 매우 싫어했어요. 그가 자신의 잘못을 깨닫고 사람들을 괴롭히는 호랑이와 용을 물리쳤을 때에도 사람들은 '주처도 사라져 줬으면…….' 하고 바랄 정도였지요.

주처는 크게 실망해서 길을 떠났는데, 대학자를 만나 '지난날의 잘못을 뉘우치고 착한 사람이 되어야 한다.'는 깨달음을 얻고 마침내 유명한 학자가 되었답니다.

그 밖의 한자어 (1)

한자를 한 글자 한 글자 자세히 공부해 보아요.

구분할 / 지경 **구** ㄷ부 | 총 11획

- 區間(구간): 일정한 지점의 사이
- 區別(구별): 성질이나 종류에 따라 차이가 남.

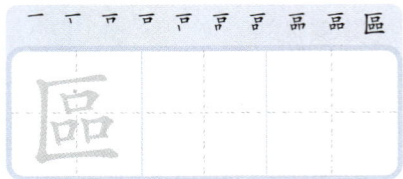

다를 / 나눌 **별** 刀(刂)부 | 총 7획

- 別名(별명): 외모나 성격 등의 특징에 따라 지어 부르는 이름
- 特別(특별): 보통과 아주 다름.

🔍 반대자는 '合(합할 합)'이에요.

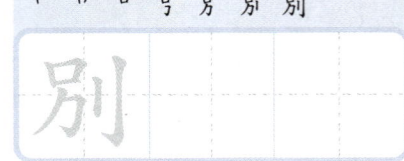

기약할 **기** 月부 | 총 12획

- 期待(기대): 어떤 일이 이루어지기를 바라고 기다림.
- 期約(기약): 때를 정하여 약속함 또는 그런 약속

기다릴 **대** 彳부 | 총 9획

- 苦待(고대): 몹시 기다림.
- 冷待(냉대): 정성을 들이지 않고 아무렇게나 하는 대접. 푸대접

🔍 '特(특별할 특)'과 모양이 비슷해요.

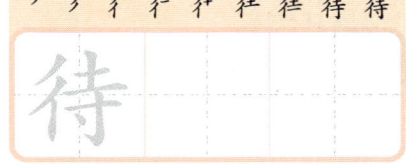

터 **기** 土부 | 총 11획

- 基壇(기단): 건축물의 터전이 되는 단
- 基本(기본): 사물이나 현상, 이론, 시설 따위의 기초와 근본

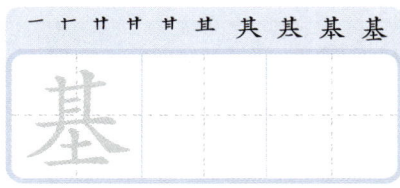

근본 **본** 木부 | 총 5획

- 本性(본성): 인간이 지닌 본래의 성질.
- 根本(근본): 사물이 발생하는 근원

🔍 '木(나무 목)'과 모양이 비슷해요.

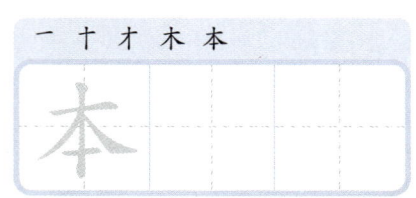

딩똥딩똥 퀴즈 다음 ( ) 안에 알맞은 한자어의 독음을 채워 볼까요?

(1) 요즘 옷은 남녀의 區別(   )이 없는 경우가 많습니다.
(2) 내가 期待(   )했던 만큼 좋은 결과가 나오지 않았습니다.
(3) 무슨 일을 하든지 基本(   )이 충실해야 발전할 수 있습니다.

정답 (1) 구별 (2) 기대 (3) 기본

반대자는 '長(긴 장)'이에요.

짧을 단 | 矢부 | 총 12획
- 短身(단신): 키가 작은 몸. 작은 키
- 短音(단음): 짧은 소리

소리 음 | 音부 | 총 9획
- 音質(음질): 말하거나 녹음된 소리의 질적인 상태
- 高音(고음): 높은 소리. 높은 음

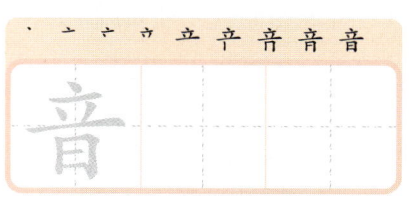

약자는 '団'로 써요.

그림 도 | 口부 | 총 14획
- 圖案(도안): 미술품, 상품 등의 모양, 색채 등을 그림으로 나타냄.
- 圖上(도상): 지도나 도면의 위

책상 안 | 木부 | 총 10획
- 案件(안건): 토의하거나 조사해야 할 사실
- 案內(안내): 어떤 내용을 소개하여 알려 줌.

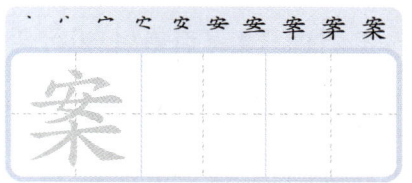

띵똥띵똥 퀴즈 다음 (   ) 안에 알맞은 한자어의 독음을 채워 볼까요?

(1) 우리말은 장음과 短音(   )의 구별을 확실하게 해야 합니다.
(2) 어머니가 소프라노처럼 高音(   )으로 노래를 부르셨습니다.
(3) 경복궁까지 어떻게 가야 하는지 案內(   )를 부탁합니다.

 (1) 단음 (2) 고음 (3) 안내

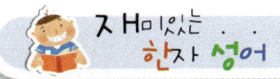   一長一短 한 일, 긴 장, 한 일, 짧을 단

일면의 장점과 다른 일면의 단점을 통틀어 이르는 말

　산에 커다란 굴을 뚫어 도로를 만들면 어떤 일이 벌어질까요? 우선 새 도로가 뚫리니 교통이 편리해지는 장점이 있습니다. 하지만 산 주변의 환경이 파괴되는 단점도 있어요.
　예쁜 옷을 입으면 친구들 앞에서 뽐낼 수 있는 장점이 있지만, 옷이 더러워질까봐 마음껏 뛰놀지 못하는 단점도 있습니다. 살다 보면 이렇게 '장점도 있고 단점도 있는[一長一短]'이 있는 일들이 많답니다.

동화로 쏙쏙~! 오감을 느껴봐!

동화를 읽으며 한자어의 독음을 써 보아요.

시골에 있는 폐교에 멋진 체험 학습 空間(　　)이 생겼어요. 오감을 체험해 볼 수 있게 '보고, 듣고, 냄새 맡고, 맛보고, 만지는' 5개의 구역으로 區別(　　)되어 있어요. 며칠 전부터 경식이와 친구들은 어떤 체험을 할 지 잔뜩 기대를 하고 있었어요.

아름드리나무가 심어져 있는 길을 따라 쭉 올라가니 커다란 상어 입 모양으로 생긴 입구가 나타났어요.

제1 구역은 시각 체험 공간이었어요. 작은 점들을 찍어 만든 아인슈타인의 그림이 한쪽 벽면에 크게 붙어 있었어요. 그런데 우리가 다가가니 아인슈타인의 얼굴이 점점 변하는 거예요. 그러더니 미국의 유명한 여배우 마릴린 먼로의 얼굴이 나타나는 것이 아니겠어요. 정말 신기했어요. 시각 체험 공간을 담당하고 계신 선생님께서 그림이 변하게 되는 基本(　　) 원리를 설명해 주셨는데 우리는 그 설명을 듣고도 신기했어요.

> 난 시각 체험 공간이 제일 기억에 남아.

> 난 청각 체험 공간에서 들은 대나무 소리가 인상적이야.

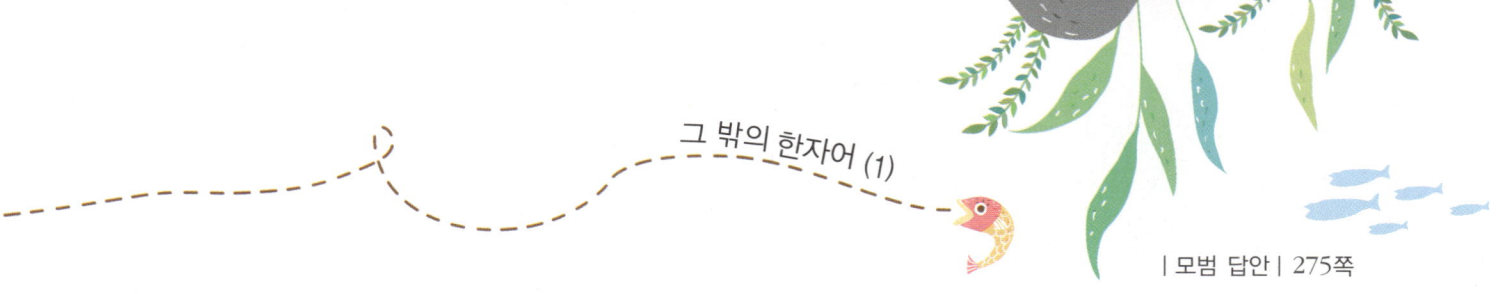

그 밖의 한자어 (1)

제2 구역은 청각 체험 공간이었어요. 이곳에서는 다양한 악기 소리와 자연의 소리를 들을 수 있었어요. 바람에 흔들리는 대나무 소리를 들었는데, 마치 쭉쭉 뻗은 대나무 숲 한가운데 있는 느낌이 들었어요.

제3 구역은 미각 체험 공간이었어요. 우리는 여기에서 맛있는 음식들을 먹을 수 있을 것이라는 期待(④　　)를 하며 빵과 주스를 먹었어요. 그런데 그 빵과 주스는 여러 가지 맛이 났어요. 신맛, 쓴맛, 단맛, 짠맛이 혀의 위치에 따라 다르게 느껴졌어요.

제4 구역은 후각 체험 공간이었어요. 문을 열고 들어서자마자 빵을 굽는 냄새가 났어요. 그리고 우리가 평소에 무심히 지나치던 많은 사물들의 냄새를 맡아 보았지요. 또한 실내 공기를 맑게 하려면 우리의 평소 생활을 어떻게 改善(⑤　　)해야 하는지에 대해서도 배웠어요.

제5 구역은 촉각 체험 공간이었어요. 여러 가지 느낌의 소재를 가지고 만들기 체험을 해볼 수 있었어요. 자기가 만들 물건을 圖案(⑥　　)하고 어떤 소재를 이용할 지 결정한 다음 각자 다양한 것들을 만들었어요. 이날 오감 체험은 우리에게 오래도록 신기하게 기억될 만한 소중한 추억이었답니다.

미각 체험 공간에서 먹은 빵과 주스는 진짜 맛있더라.

100점 만점에 100점

1 다음 漢字語의 讀音을 보기에서 찾아 그 번호를 쓰세요.

> 보기　　① 음질　　② 특별　　③ 건전　　④ 결정

(1) 健全 (　　　　)　　　　(2) 音質 (　　　　)
(3) 決定 (　　　　)　　　　(4) 特別 (　　　　)

2 다음 밑줄 친 漢字語의 讀音을 쓰세요.

(1) 高價(　　　　)의 수입품에는 특별소비세가 부과된다.
(2) 만수는 시험 期間(　　　　)인데도 걱정이 전혀 없다.
(3) 세금은 국가 재정 수입의 根本(　　　　)이다.
(4) 총학생회장은 그 案件(　　　　)을 투표에 부쳤다.

3 다음 밑줄 친 곳에 漢字의 訓을 쓰세요.

(1) 貴族(＿＿＿＿귀, ＿＿＿＿족)　　(2) 圖案(＿＿＿＿도, ＿＿＿＿안)
(3) 固定(＿＿＿＿고, ＿＿＿＿정)　　(4) 別名(＿＿＿＿별, ＿＿＿＿명)

4 다음 뜻풀이에 맞는 漢字語를 보기에서 찾아 그 번호를 쓰세요.

> 보기　　① 時間　　② 本性　　③ 改良　　④ 期約

(1) 나쁜 점을 고쳐 좋게 함. (　　　　)
(2) 어떤 시각에서 어떤 시각까지의 사이. (　　　　)
(3) 때를 정하여 약속함. (　　　　)
(4) 인간이 지닌 본래의 성질. (　　　　)

5 다음 漢字의 訓과 音을 쓰세요.

(1) 基 (　　　　　)　　(2) 健 (　　　　　)
(3) 貴 (　　　　　)　　(4) 實 (　　　　　)

6 다음 訓과 音에 맞는 漢字를 쓰세요.

(1) 근본 본 (　　　　　)　　(2) 짧을 단 (　　　　　)
(3) 높을 고 (　　　　　)　　(4) 소리 음 (　　　　　)

7 다음 (　) 안에 들어갈 漢字를 보기 에서 찾아 그 번호를 쓰세요.

보기	① 案	② 固	③ 區
	④ 善	⑤ 本	⑥ 基

(1) 生活改(　　　): 생활양식이나 생활에 필요한 도구 따위를 합리적으로 향상시킴.
(2) 觀光(　　　)內: 다른 지방의 여행에 대한 내용을 소개하여 알려줌.
(3) 人間(　　　)性: 사람이 본디부터 가진 성질.
(4) (　　　)本圖案: 형상, 모양 따위에 관하여 미리 생각하고 그림으로 설계함.

8 다음 밑줄 친 漢字語를 漢字로 쓰세요.

(1) 이 아파트 단지에는 놀이 공간(　　　　　)이 부족하다.
(2) 그는 비록 단신(　　　　　)이지만 올해의 최우수 농구 선수로 뽑혔다.
(3) 우리 형제는 쌍둥이라서 한눈에 구별(　　　　　)하기 어렵다.
(4) 간척 사업으로 해안선의 지도(　　　　　)가 달라진다.

그 밖의 한자어 (2)

한자를 한 글자 한 글자 자세히 공부해 보아요.

끝 **말** | 木부 | 총 5획
- 末路(말로): 사람의 일생 가운데에서 마지막 무렵
- 結末(결말): 일을 맺는 끝

🔍 '終(마칠 종)'과 뜻이 비슷해요.

길 **로** | 足부 | 총 13획
- 道路(도로): 사람, 차 따위가 다닐 수 있도록 만들어 놓은 길
- 陸路(육로): 육상의 길

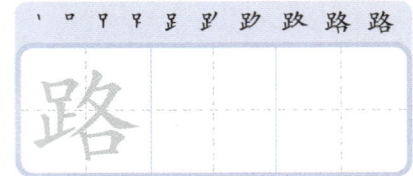

망할 **망** | 亠부 | 총 3획
- 亡者(망자): '죽은 사람', '돌아가신 이'를 뜻하는 옛말
- 敗亡(패망): 싸움에 져서 망함.

놈 **자** | 老(耂)부 | 총 9획
- 強者(강자): 힘이나 세력이 강한 사람이나 생물 및 그 집단
- 勝者(승자): 싸움이나 경기에서 이긴 사람

🔍 '老(늙을 로)'와 모양이 비슷해요.

나무 **목** | 木부 | 총 4획
- 木工(목공): 나무를 다루어서 물건을 만드는 일.
- 木材(목재): 건축이나 가구 따위에 쓰는, 나무로 된 재료

재목 **재** | 木부 | 총 7획
- 材料(재료): 물건을 만드는 데 드는 원료
- 材質(재질): 재료가 갖는 성질

🔍 '林(수풀 림)'과 모양이 비슷해요.

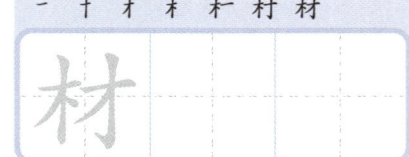

띵똥띵똥 퀴즈 다음 ( ) 안에 알맞은 한자어의 독음을 채워 볼까요?

(1) 교통사고 때문에 시내로 통하는 道路(　　　)가 막혔습니다.
(2) 동물의 세계에서는 호랑이와 사자가 強者(　　　)입니다.
(3) 이 책상을 만든 材料(　　　)는 무엇입니까?

정답 (1) 도로 (2) 강자 (3) 재료

반대자는 '有(있을 유)'예요.

| 없을 | 무 | 火(灬)부 | 총 12획 |

- 無禮(무례): 태도나 말에 예의가 없음.
- 無罪(무죄): 아무 잘못이나 죄가 없음.

| 허물 | 죄 | 网(罒)부 | 총 13획 |

- 罪惡(죄악): 죄가 될 만한 나쁜 짓
- 重罪(중죄): 무거운 죄

'間(사이 간)'과 모양이 비슷해요.

| 물을 | 문 | 口부 | 총 11획 |

- 問答(문답): 물음과 대답. 또는 서로 묻고 대답함.
- 質問(질문): 모르거나 의심나는 점을 물음.

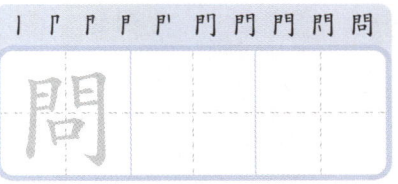

| 대답 | 답 | 竹(⺮)부 | 총 12획 |

- 答案(답안): 문제의 해답. 또는 그 해답을 쓴 것
- 正答(정답): 옳은 답

띵똥띵똥 퀴즈 다음 ( ) 안에 알맞은 한자어의 독음을 채워 볼까요?

(1) 본 변호인은 피고의 **無罪**(　　　　)를 주장합니다.
(2) 저의 **無禮**(　　　　)한 행동한 용서해 주십시오.
(3) **質問**(　　　　)이 있으신 분은 발표가 끝난 후에 해 주시기 바랍니다.

정답 (1)무죄 (2)무례 (3)질문

재미있는 한자 성어

不問可知 아닐 **불**, 물을 **문**, 옳을 **가**, 알 **지**

묻지 않아도 알 수 있음.

　영철이는 학교 수업이 끝나자 집에 가지 않고 친구들과 신나게 놀았습니다. 옷과 신발은 엉망이 되고 말았죠. 어둑해서야 집에 돌아온 영철이를 보고 엄마가 무슨 말을 하셨을지 묻지 않아도 알 수 있겠죠?
　영철이는 자기 손으로 운동화를 빨았습니다. 그리고 오락을 하지 않고 얌전히 동화책을 읽었어요. 영철이나 누구한테 잘 보이기 위해 그러는 건지 '不問可知'죠?

하나. 배정 한자 익히기　181

한자를 한 글자 한 글자 자세히 공부해 보아요.

법 法 水(氵)부 | 총 8획
- 法典(법전): 법규를 체계적으로 정리하여 엮은 책
- 法則(법칙): 반드시 지켜야만 하는 규범

🔍 '規(법 규)'와 뜻이 비슷해요.

법 典 八부 | 총 8획
- 古典(고전): 오랜 기간 동안 사람들에게 높이 평가되고 애호된 저술 또는 작품
- 出典(출전): 성어·인용 문구 등의 출처가 되는 서적

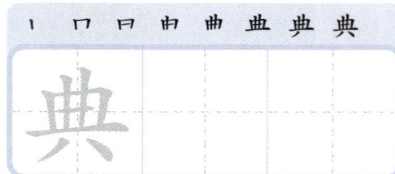

아닐 불 / 부 一부 | 총 4획
- 不變(불변): 사물의 모양이나 성질이 변하지 아니함.
- 不足(부족): 필요한 양이나 기준에 미치지 못함.

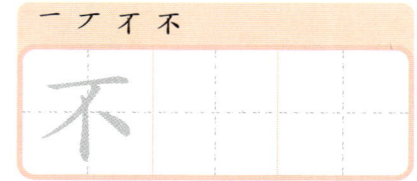

변할 변 言부 | 총 23획
- 變質(변질): 성질이나 물질이 변함.
- 變化(변화): 사물의 형상·성질 등이 달라짐.

🔍 약자는 '変'으로 써요.

일 사 ㅣ부 | 총 8획
- 事件(사건): 사회적으로 문제를 일으키거나 주목을 받을 만한 뜻밖의 일
- 事業(사업): 어떤 일을 짜임새 있게 경영함.

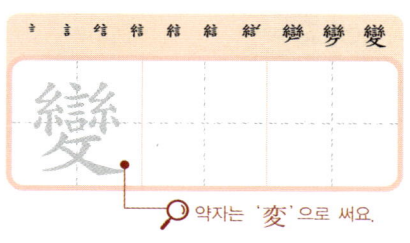

물건 건 人(亻)부 | 총 6획
- 件數(건수): 사물·사건의 수
- 物件(물건): 일정한 형체를 갖춘 모든 물질적 대상

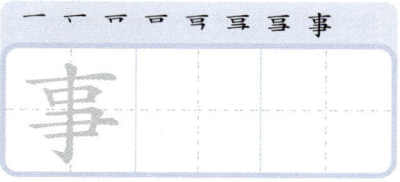

딩동딩동 퀴즈 다음 ( ) 안에 알맞은 한자어의 독음을 채워 볼까요?

(1) 과학자인 뉴턴은 만유인력의 法則(   )을 발견했습니다.
(2) 강이 오염되면서 산소 不足(   )으로 물고기가 떼죽음을 당했습니다.
(3) 경찰은 주민들로부터 事件(   ) 당시의 목격담을 들었습니다.

정답 (1) 법칙 (2) 부족 (3) 사건

| 성 **성** | 女부 | 총 8획 |

- 姓名(성명): 성과 이름을 아울러 이르는 말
- 百姓(백성): 일반 국민을 예스럽게 이르는 말

| 이름 **명** | 口부 | 총 6획 |

- 名節(명절): 민속적으로 해마다 일정하게 지키어 즐기는 날
- 名士(명사): 세상에 널리 알려진 사람

'各(각각 각)'과 모양이 비슷해요.

| 씻을 **세** | 水(氵)부 | 총 9획 |

- 洗面(세면): 얼굴을 씻음.
- 洗手(세수): 물로 손과 얼굴을 씻음.

| 낯 **면** | 面부 | 총 9획 |

- 面目(면목): 얼굴의 생김새. 또는 남을 대하는 낯
- 對面(대면): 서로 얼굴을 마주보고 대함.

띵동띵동 퀴즈 다음 ( ) 안에 알맞은 한자어의 독음을 채워 볼까요?

(1) 그 편지에는 보내는 사람의 **姓名**( )이 적혀 있지 않았습니다.
(2) 설날은 우리나라의 대표적인 **名節**( )입니다.
(3) **洗手**( )를 마치자 동생이 하얀 수건을 건넸습니다.

정답 (1)성명 (2)명절 (3)세수

재미있는 한자 성어 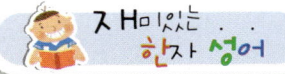 **白面書生** 흰 **백**, 낯 **면**, 글 **서**, 날 **생**

글만 읽고 세상일에는 전혀 경험이 없는 사람을 이르는 말

중국 송나라 때 심경지라는 사람이 있었어요. 심경지는 무예를 열심히 익혀 전쟁에서 큰 공을 세웠죠. 어느 날 왕이 문신들을 불러 다른 나라를 공격하자는 의논을 하고 있었어요. 그 때 심경지가 말했죠.

"폐하, '글만 읽고 세상 물정에는 어두운 사람들[白面書生]'과 전쟁에 대해 의논하신다면 어떻게 성공할 수 있겠습니까?"

하지만 왕은 계속 문신들의 의견만 듣다가 전쟁에서 지고 말았어요.

동화로 쏙쏙~! 골든 퀴즈 왕

동화를 읽으며 한자어의 독음을 써 보아요.

선영이네 학교에서는 매년 개교 기념일 전날에 퀴즈 대회가 열려요. 예선을 거쳐 본선에는 5명이 진출하고, 그 중에서 골든 퀴즈 왕을 뽑아요. 선영이도 본선에 진출하게 되었어요. 선영이는 아침에 일어나 洗面(①　　)을 하고, 예쁜 원피스를 입고 동생과 학교에 갔어요.

"언니, 자신 있어?"

"그럼. 내가 얼마나 열심히 준비했다고. 작년에도 아깝게 떨어졌는데, 내가 우승하는 건 不變(②　　)의 진리야. 두고 봐."

"그런데 친구들이 몰라보겠다. 너무 멋을 부린 거 아냐?"

조금 후, 퀴즈 대회를 알리는 안내 방송이 나왔고, 전교생과 선생님들이 강당에 모였어요.

"여러분, 오늘은 제16회 샛별초등학교 퀴즈 대회 날입니다. 참가한 학생들 모두 최선을 다해 주길 바랍니다. 여러분도 응원해 주세요. 자, 지금부터 시작하겠습니다."

그리고 사회를 보는 선생님은 참가자들의 姓名(③　　)을 확인했습니다.

"첫 번째 문제입니다. 세계 최초의 성문 法典(④　　)은?"

처음부터 어려운 문제였어요.

"3번 최남수 학생, 정답이 뭐죠?"

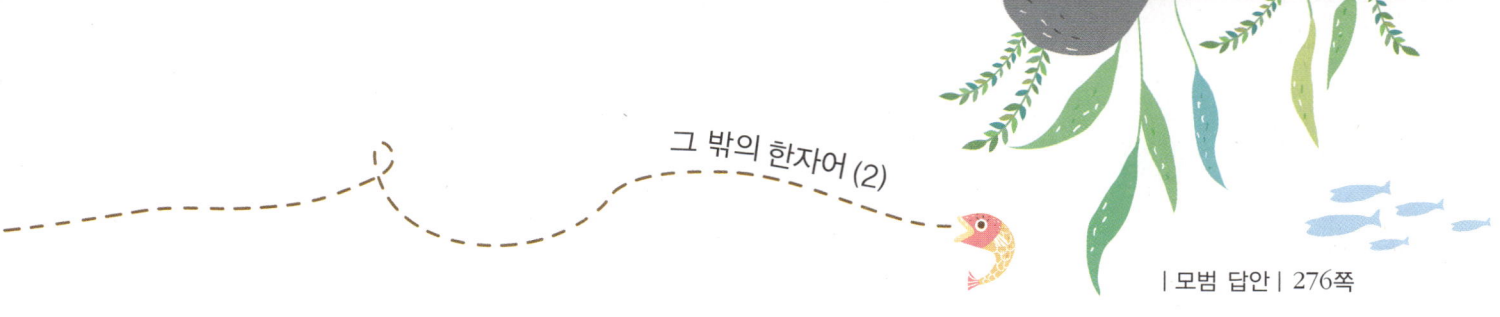

그 밖의 한자어 (2)

| 모범 답안 | 276쪽

"네, 함무라비 법전입니다."

"정답입니다. 다음 문제 드리겠습니다."

총 17개의 問答(　　)이 오고 갔고, 현재 순위는 60점을 받은 연수가 1위를 달리고 있었어요. 그리고 선영이는 50점으로 그 뒤를 바짝 쫓고 있었지요.

그런데 마지막 3문제를 남기고 事件(　　)이 벌어졌어요. 40점으로 3위를 달리던 미나가 두 문제를 연속으로 맞힌 거예요. 선영이는 작년의 악몽이 떠오르면서 자신이 또 비참한 末路(　　)를 겪게 될까봐 걱정이 되었어요. 하지만 심호흡을 하고 정신을 가다듬어 다음 문제를 맞혀 동점을 만들 수 있었어요.

마침내 우승자를 가릴 마지막 문제가 출제되었어요.

"머리는 소이고 몸은 사람인 괴물 미노타우로스를 잡은 영웅은?"

"네, 김선영 학생."

"테세우스입니다."

큰 함성이 강당에 가득 울려 퍼졌어요. 선영이가 역전 우승을 한 거예요. 선영이는 우승 메달과 木材(　　)로 만든 조각품을 상품으로 받았어요. 마침내 골든 퀴즈 왕이 된 선영이는 너무나 기뻤답니다.

100점 만점에 100점

1 다음 漢字語의 讀音을 보기에서 찾아 그 번호를 쓰세요.

> 보기   ① 대면   ② 법칙   ③ 죄악   ④ 질문

(1) 罪惡 (   )   (2) 對面 (   )
(3) 質問 (   )   (4) 法則 (   )

2 다음 밑줄 친 漢字語의 讀音을 쓰세요.

(1) 여행을 떠나기 위해 洗面(   ) 도구를 챙겼다.
(2) 나무 材質(   )이 단단해야 가구를 만드는 데 쓸 수 있다.
(3) 피고인은 자신이 無罪(   )임을 주장했다.
(4) 춘향전은 한국 古典(   ) 문학의 백미이다.

3 다음 밑줄 친 곳에 漢字의 訓을 쓰세요.

(1) 強者(_____강, _____자)   (2) 重罪(_____중, _____죄)
(3) 法典(_____법, _____전)   (4) 不變(_____불, _____변)

4 다음 뜻풀이에 맞는 漢字語를 보기에서 찾아 그 번호를 쓰세요.

> 보기   ① 材料   ② 勝者   ③ 名節   ④ 無禮

(1) 싸움이나 경기에서 이긴 사람. (   )
(2) 물건을 만드는 데 드는 원료. (   )
(3) 태도나 말에 예의가 없음. (   )
(4) 민속적으로 해마다 일정하게 지키어 즐기는 날. (   )

5 다음 漢字의 訓과 音을 쓰세요.

(1) 木 (　　　　)   (2) 末 (　　　　)
(3) 材 (　　　　)   (4) 亡 (　　　　)

6 다음 訓과 音에 맞는 漢字를 쓰세요.

(1) 길 로 (　　　　)   (2) 놈 자 (　　　　)
(3) 일 사 (　　　　)   (4) 물을 문 (　　　　)

7 다음 (　) 안에 들어갈 漢字를 보기에서 찾아 그 번호를 쓰세요.

보기	① 面	② 件	③ 姓
	④ 答	⑤ 亡	⑥ 問

(1) 事事件(　　　): 해당되는 모든 일마다.
(2) 不(　　　)可知: 묻지 아니하여도 알 수 있음.
(3) 東問西(　　　): 물음과는 전혀 상관없는 엉뚱한 대답.
(4) 白(　　　)書生: 한갓 글만 읽고 세상일에는 전혀 경험이 없는 사람.

8 다음 밑줄 친 漢字語를 漢字로 쓰세요.

(1) 답안지에 <u>정답</u>(　　　　)을 표시하시오.
(2) <u>도로</u>(　　　　) 양쪽에는 가로등이 켜 있었다.
(3) 응시 원서의 <u>성명</u>(　　　　) 기입란에 이름을 적었다.
(4) 선생님은 우리들과 학급 운영 방법에 대하여 <u>문답</u>(　　　　)했다.

한자 쏙쏙~! 그 밖의 한자어 (3)

한자를 한 글자 한 글자 자세히 공부해 보아요.

| 바 | 소 | 戶부 | 총 8획 |

- 所感(소감): 마음에 느낀 바
- 名所(명소): 경치나 고적 등으로 이름난 곳

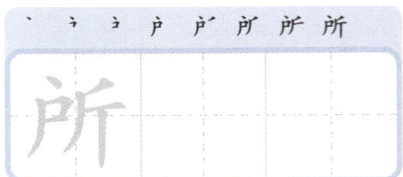

| 느낄 | 감 | 心부 | 총 13획 |

- 感動(감동): 크게 느끼어 마음이 움직임.
- 感情(감정): 느끼어 일어나는 심정. 기분

| 귀신 | 신 | 示부 | 총 10획 |

- 神仙(신선): 인간 세계를 떠나 도를 닦아서 신통한 능력을 얻은 사람
- 神話(신화): 옛 사람의 신비스런 이야기

| 신선 | 선 | 人(亻)부 | 총 5획 |

- 仙家(선가): 신선이 사는 집
- 仙風(선풍): 선인(仙人)과 같은 기질이나 풍채

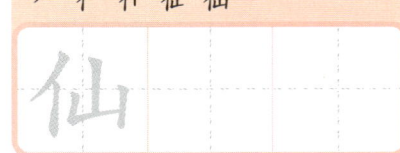

🔍 '化(될 화)'와 모양이 비슷해요.

| 어질 | 량 | 艮부 | 총 7획 |

- 良民(양민): 선량한 백성. 어진 백성
- 良藥(양약): 효험이 있는 좋은 약

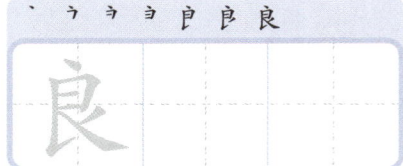

🔍 '食(밥 식)'과 모양이 비슷해요.

| 백성 | 민 | 氏부 | 총 5획 |

- 民家(민가): 일반 백성들이 사는 집
- 選民(선민): 한 사회에서 특별한 혜택을 받고 잘사는 소수의 사람

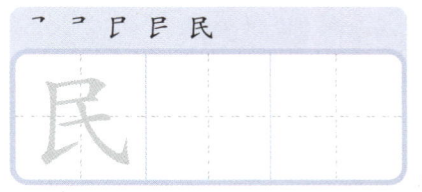

딩동딩동 퀴즈 다음 ( ) 안에 알맞은 한자어의 독음을 채워 볼까요?

(1) 올림픽 입장식을 보면서 우리는 感動(   )과 흥분을 느낍니다.
(2) 단군 神話(   )는 우리나라가 세워진 이야기를 담고 있습니다.
(3) 중국은 여러 民族(   )으로 이루어진 나라입니다

정답 (1) 감동 (2) 신화 (3) 민족

| 말씀 | 언 | 言부 | 총 7획 |

- 言語(언어): 생각, 느낌을 말소리로 전달하는 수단과 체계
- 言行(언행): 말과 행동

| 말씀 | 어 | 言부 | 총 14획 |

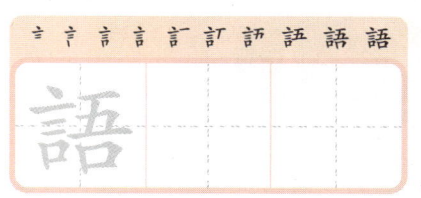

- 國語(국어): 국민 전체가 쓰는 그 나라의 고유한 말
- 敬語(경어): 공경하는 뜻을 나타내는 말

| 그럴 | 연 | 火(灬)부 | 총 12획 |

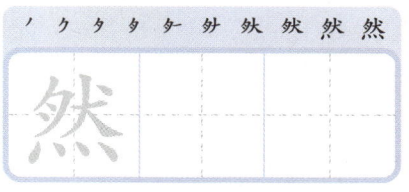

- 然後(연후): 그런 뒤
- 必然(필연): 사물의 관련이나 일의 결과가 반드시 그렇게 될 수밖에 없음.

| 뒤 | 후 | 彳부 | 총 9획 |

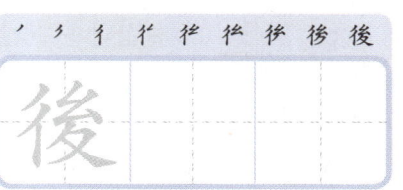

- 後食(후식): 나중에 먹음. 식사 뒤에 먹는 간단한 음식
- 最後(최후): 맨 뒤끝. 맨 마지막

반대자는 '前(앞 전)', '先(먼저 선)'이에요.

딩동딩동 퀴즈 다음 ( ) 안에 알맞은 한자어의 독음을 채워 볼까요?

(1) 인간은 동물과 달리 言語(   )를 사용합니다.
(2) 요즘에는 초등학생들도 英語(   )를 공부합니다.
(3) 오늘 저녁 後食(   )은 맛있는 수박입니다.

정답 (1) 언어 (2) 영어 (3) 후식

재미있는 한자 성어 言行一致   말씀 언, 다닐 행, 한 일, 이를 치

말과 행동이 서로 같음. 또는 말한 대로 실행함.

엄마: 아니, 수빈아, 웬일로 이렇게 일찍 일어났니?
수빈: 앞으로는 일찍 일어나겠다고 말씀드렸잖아요.
엄마: 아이고, 우리 수빈이 착하기도 하지.
수빈: 엄마, 그런 의미에서 용돈 좀 올려 주세요.
　하하, 수빈이가 다른 뜻이 있었네요. 하지만 앞으로 일찍 일어나겠다는 말을 행동으로 지켰어요. 이렇듯 '말과 행동이 일치하는 것'을 '言行一致'라고 한답니다.

 그 밖의 한자어 (3)

한자를 한 글자 한 글자 자세히 공부해 보아요.

법식 례 | 人(亻)부 | 총 8획
- 例文(예문): 설명을 위한 본보기나 용례가 되는 문장
- 例外(예외): 일반적 규칙이나 정례에서 벗어나는 일

🔍 '例'가 한자어의 맨 앞에 올 때는 '예'로 읽어요.

바깥 외 | 夕부 | 총 5획
- 外家(외가): 어머니의 친정. 외갓집
- 外出(외출): 볼일 보러 밖에 나감.

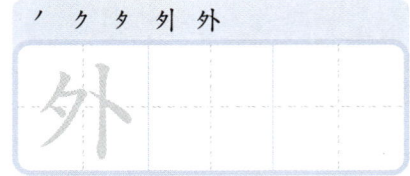

완전할 완 | 宀부 | 총 7획
- 完結(완결): 완전하게 끝을 맺음.
- 完工(완공): 공사가 끝남. 공사를 완성함.

결단할 결 | 水(氵)부 | 총 7획
- 決意(결의): 뜻을 정하여 굳게 마음을 먹음. 또는 그런 마음
- 決定(결정): 결단하여 정함.

요긴할 요 | 襾부 | 총 9획
- 要領(요령): 일을 하는 데 꼭 필요한 묘한 이치
- 要望(요망): 어떤 희망이나 기대가 꼭 이루어지기를 간절히 바람.

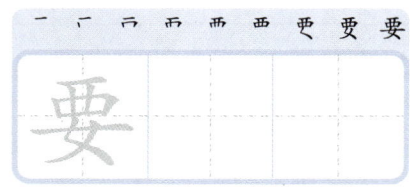

거느릴 령 | 頁부 | 총 14획
- 領土(영토): 한 나라의 주권을 행사할 수 있는 지역
- 領內(영내): 영토의 안

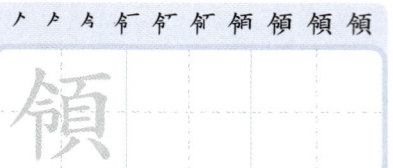

딩동딩동 퀴즈 다음 ( ) 안에 알맞은 한자어의 독음을 채워 볼까요?

(1) 다음 例文( )을 읽고, 물음에 답하시오.
(2) 승민이는 이번 대회에서 반드시 이기겠다고 決意( )를 다졌습니다.
(3) 우리는 重要( )한 일을 결정하기 위해 토론회를 마련했습니다.

정답 (1) 예문 (2) 결의 (3) 중요

'地(땅 지)'와 뜻이 비슷해요.

 뭍 **륙** 阜(阝)부 | 총 11획

- 陸橋(육교): 도로나 철로 위에 가로질러 놓은 다리
- 陸地(육지): 대륙과 연결되어 있는 땅을 이르는 말

 다리 **교** 木부 | 총 16획

- 大橋(대교): 규모가 매우 큰 다리
- 鐵橋(철교): 철을 주재료로 하여 건설한 다리

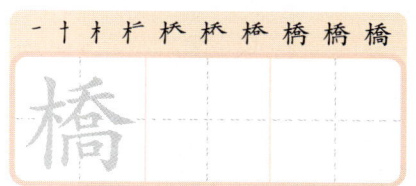

 오얏 / 성 **리** 木부 | 총 7획

- 李朝(이조): '이씨 조선'을 줄여 이르는 말
- 李花(이화): 오얏나무(자두나무) 꽃

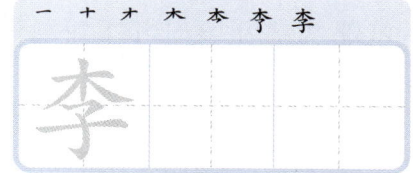

 성 **박** 木부 | 총 6획

- 質朴(질박): 꾸밈이 없이 수수하고 순수함.
- 朴直(박직): 순박하고 정직함.

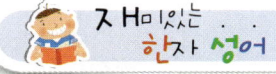 다음 ( ) 안에 알맞은 한자어의 독음을 채워 볼까요?

(1) 나는 陸橋( ) 위에서 아래로 지나가는 차들을 바라보았습니다.
(2) 한강에는 열차가 다니는 鐵橋( )가 놓여 있습니다.
(3) 우리나라에는 朴氏( )가 참 많습니다.

정답 (1) 육교 (2) 철교 (3) 박씨

재미있는 한자 성어

內憂*外患 안 **내**, 근심할 **우**, 바깥 **외**, 근심 **환**

안팎으로 여러 가지 어려움이 있음을 이르는 말.

미영이네는 아버지께서 사업에 실패해서 시골로 이사 갔어요. 그런데 엄청난 태풍이 불어 이사 간 집이 무너지고 말았답니다. 집안 사정도 안 좋은데 날씨까지 도와주지 않으니 정말 큰일이네요.

이렇게 '내부에서 일어나는 근심과 외부에서 받는 근심'을 '內憂外患'이라고 합니다. 즉 근심이 끊이지 않는다는 뜻이죠.

동화로 쏙쏙~!
승우의 하루

동화를 읽으며 한자어의 독음을 써 보아요.

    친구들은 공부도 잘하고 한자도 많이 아는 승우를 붕어빵 박사라고 불러요. 승우 어머니가 陸橋(❶   ) 밑에서 붕어빵을 팔고 있어서 붙여진 별명이지요. 승우는 처음에는 붕어빵을 파는 엄마가 창피했지만 지금은 그렇지 않아요.

    학교가 끝나면 승우는 엄마에게 들렀다 집으로 가요. 오늘도 例外(❷   )없이 단짝 친구인 윤식이와 함께 엄마에게 들러 붕어빵을 먹었어요.

    "너 '낫 놓고 ㄱ자도 모른다.'는 말의 뜻과 비슷한 사자성어가 뭔 줄 아니?"

    "당연히 모르지."

    "목불식정(目不識丁)이라고 해. 아주 간단한 모양의 '丁'자를 보고도 그것이 '고무래'인 줄 알지 못한다는 뜻이야. 내가 오늘부터 사자성어를 하나씩 가르쳐 줄게."

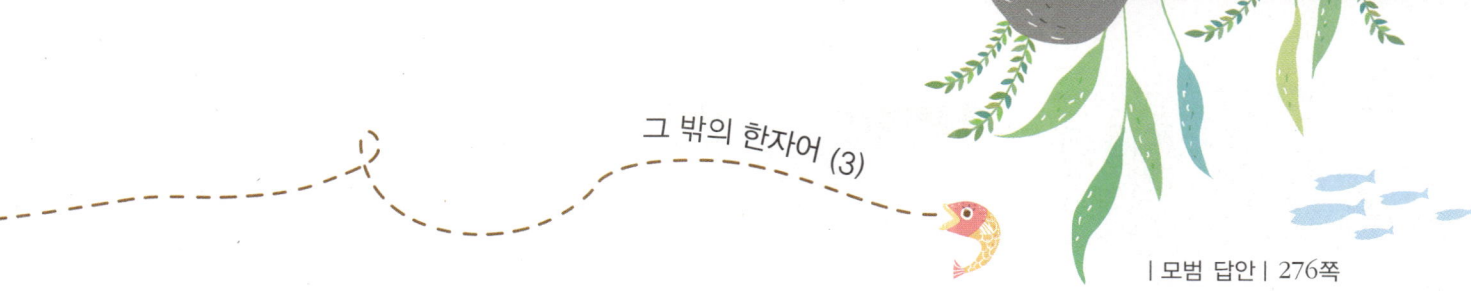

그 밖의 한자어 (3)

| 모범 답안 | 276쪽

"그럼 너 'ㄴ 보고 ㄴ 자도 모른다.' 이 말은 들어봤니?"

"뭐?"

둘이는 함께 즐겁게 웃었어요.

승우는 단짝 친구 윤식이와 함께 있으면 이렇게 늘 기분이 좋았어요.

"승우야, 너처럼 한자 잘하는 要領(③　　) 좀 알려줘."

"요령? 특별히 그런 건 없어. 많이 읽고 쓰고 생활에 많이 응용하는 것뿐이야."

"나도 열심히 외우기는 해. 그런데 하루만 지나면 잊어버리는 거야."

"그러니까 반복 학습을 해야 해. 나도 분명히 외운 글자인데 잊어버린 적이 많아."

"그렇구나. 우리 형도 言語(④　　)를 공부할 때는 반복해서 공부하라고 했어. 한자도 그렇고 영어도 마찬가지라고."

"맞는 말이야."

집에 돌아온 승우는 깨끗이 씻은 후 책상에 앉았어요. 형제가 없어 엄마, 아빠가 오실 때까지 늘 책을 읽었던 승우는 책을 읽으면 마치 자기가 책 속의 주인공이 된 것 같고, 구름을 타고 있는 神仙(⑤　　) 같다는 생각도 했어요.

오늘은 며칠 전부터 읽던 어린이 삼국지를 다 읽었어요. 삼국지에는 훌륭한 영웅들도 많이 나오지만 良民(⑥　　)을 사랑하는 어진 관리들도 많이 나와서 좋았지요. 승우는 학교에서 윤식이를 만나면 삼국지를 읽고 난 所感(⑦　　)을 이야기해 줄 생각에 내일이 너무나 기다려졌답니다.

100점 만점에 100점

1 다음 漢字語의 讀音을 보기에서 찾아 그 번호를 쓰세요.

> 보기   ① 후식   ② 중요   ③ 감동   ④ 국민

(1) 感動 (   )   (2) 重要 (   )
(3) 國民 (   )   (4) 後食 (   )

2 다음 밑줄 친 漢字語의 讀音을 쓰세요.

(1) 남북 분단은 우리 <u>民族</u>(   )에게 엄청난 시련을 가져왔다.
(2) 그는 <u>最後</u>(   )의 순간까지도 어머니를 그리워했다.
(3) 하던 일을 <u>完決</u>(   )하고 나니 마음의 여유가 생겼다.
(4) 독도는 우리나라의 <u>領土</u>(   )이다.

3 다음 밑줄 친 곳에 漢字의 訓을 쓰세요.

(1) 外家(_____외, _____가)   (2) 然後(_____연, _____후)
(3) 神仙(_____신, _____선)   (4) 英語(_____영, _____어)

4 다음 뜻풀이에 맞는 漢字語를 보기에서 찾아 그 번호를 쓰세요.

> 보기   ① 改良   ② 鐵橋   ③ 名所   ④ 例文

(1) 경치나 고적 등으로 이름난 곳. (   )
(2) 나쁜 점을 고쳐 좋게 함. (   )
(3) 설명을 위한 본보기나 용례가 되는 문장. (   )
(4) 철을 주재료로 하여 건설한 다리. (   )

5 다음 漢字의 訓과 音을 쓰세요.

(1) 良 (　　　　　)　　(2) 領 (　　　　　)
(3) 例 (　　　　　)　　(4) 要 (　　　　　)

6 다음 訓과 音에 맞는 漢字를 쓰세요.

(1) 백성 민 (　　　　　)　　(2) 오얏 리 (　　　　　)
(3) 성 박 (　　　　　)　　(4) 바깥 외 (　　　　　)

7 다음 (　) 안에 들어갈 漢字를 보기에서 찾아 그 번호를 쓰세요.

보기	① 仙	② 語	③ 外
	④ 然	⑤ 行	⑥ 朴

(1) 內憂(　　)患: 나라 안팎의 여러 가지 어려움.
(2) 言(　　)一致: 말과 행동이 서로 같음.
(3) 神(　　)思想: 신선의 존재를 믿고 그 경지에 달하기를 바라는 사상.
(4) 言(　　)生活: 말하기, 듣기, 쓰기, 읽기의 네 가지 언어 행동 면에서 본 인간의 생활.

8 다음 밑줄 친 漢字語를 漢字로 쓰세요.

(1) 주희는 언어(　　　　　) 감각이 뛰어나다.
(2) 최우수상 수상자가 수상 소감(　　　　　)을 말했다.
(3) 많은 나라들은 각기 고유한 건국 신화(　　　　　)를 갖고 있다.
(4) 찬우는 국어(　　　　　)와 수학을 곧잘 하는 편이다.

한자 쏙쏙~! 그 밖의 한자어 (4)

한자를 한 글자 한 글자 자세히 공부해 보아요.

- 써 **이** 人부 | 총 5획
  - 以上(이상): 수량이나 정도가 일정한 기준보다 더 많음.
  - 以下(이하): 수량이나 정도가 일정한 기준보다 더 적음.
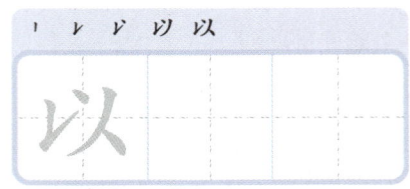

- 윗 **상** 一부 | 총 3획
  - 上陸(상륙): 배에서 육지로 오름.
  - 上氣(상기): 흥분이나 부끄러움으로 얼굴이 붉어짐.
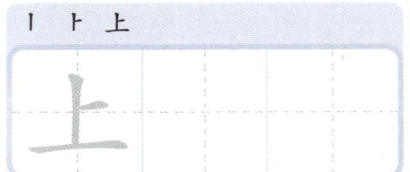

- 두 **재** 冂부 | 총 6획
  - 再建(재건): 다시 일으켜 세움.
  - 再活(재활): 다시 활동함. 신체장애자가 장애를 극복하고 생활함.
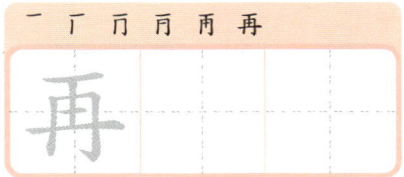

- 세울 **건** 廴부 | 총 9획
  - 建國(건국): 새로 나라를 세움.
  - 建物(건물): 사람이 살거나 물건을 넣어 두기 위하여 지은 집
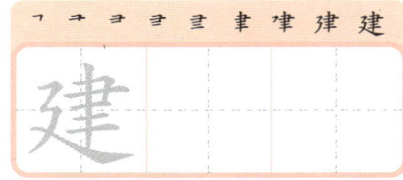

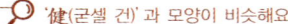
'健'(굳셀 건)과 모양이 비슷해요.

- 과녁 **적** 白부 | 총 8획
  - 的中(적중): 목표에 정확히 들어맞음. 예측이 들어맞음.
  - 目的(목적): 실현하려고 하는 일이나 나아가는 방향
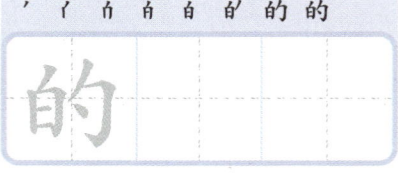

- 가운데 **중** ㅣ부 | 총 4획
  - 中間(중간): 두 사물의 사이
  - 集中(집중): 한 곳으로 모임. 또는 모이게 함.
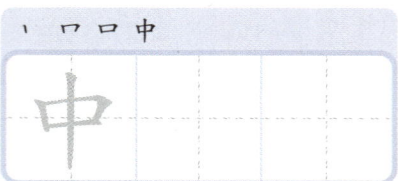

띵똥띵똥 퀴즈 다음 ( ) 안에 알맞은 한자어의 독음을 채워 볼까요?

(1) 마을 입구에는 수령이 100년 以上(   ) 되는 느티나무가 있었습니다.
(2) 사원들은 회사의 再建(   )을 위하여 열심히 노력했습니다.
(3) 우리 팀이 승리할 것이라는 나의 예상이 的中(   )했습니다.

정답 (1) 이상 (2) 재건 (3) 적중

바를 **정** | 止부 | 총 5획

- 正當(정당): 바르고 마땅함.
- 正直(정직): 거짓이 없이 마음이 바르고 곧음.

마땅 **당** | 田부 | 총 13획

- 當番(당번): 어떤 일을 차례로 돌아가면서 맡음. 또는 그 사람
- 當選(당선): 선거에서 뽑힘.

🔍 '堂(집 당)'과 모양이 비슷해요.

고를 **조** | 言부 | 총 15획

- 調査(조사): 어떤 내용을 알기 위해 자세히 살펴봄.
- 詩調(시조): 시의 곡조

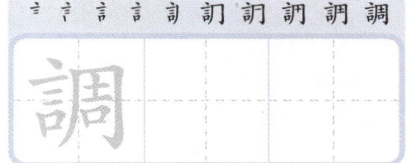

조사할 **사** | 木부 | 총 9획

- 査察(사찰): 조사하여 살핌.
- 內査(내사): 겉으로 드러나지 않게 몰래 조사함.

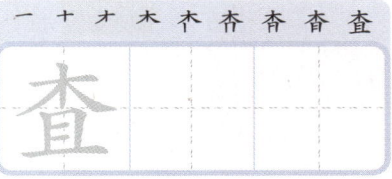

띵똥띵똥 퀴즈
다음 ( ) 안에 알맞은 한자어의 독음을 채워 볼까요?

(1) 근로자들이 正當( )한 대우를 요구하며 파업을 하고 있습니다.
(2) 영미 아버지가 시의원에 當選( )되었습니다.
(3) 경찰은 어제 일어난 화재 사고의 경위를 調査( )했습니다.

정답 (1) 정당 (2) 당선 (3) 조사

재미있는 한자 성어

十 中 八 九 열 **십**, 가운데 **중**, 여덟 **팔**, 아홉 **구**

'열 가운데 여덟이나 아홉 정도'의 뜻으로, 거의 틀림없음을 이르는 말
"이건 十中八九 영진이 짓일 거야."

선영이는 화난 표정으로 중얼거렸어요. 교과서에 크레파스로 낙서가 되어 있었기 때문이지요. 아마도 선영이는 낙서한 사람이 장난을 좋아하는 어린 동생이라고 확신하는 것 같네요. 그런데 가만, 책을 자세히 살펴보니 지우개로 열심히 지운 흔적이 있네요. 어제 다녀간 사촌 동생이 한 낙서를 동생 영진이가 지운 것이라고 어머니께서 말씀하셨어요. 선영이는 동생을 의심한 자신이 부끄러워졌답니다.

 그 밖의 한자어 (4)

한자를 한 글자 한 글자 자세히 공부해 보아요.

부을 주 | 水(氵)부 | 총 8획
- 注油(주유): 기름을 치거나 넣음.
- 注入(주입): 흘러들어가도록 부어 넣음.

🔍 '住(살 주)'와 모양이 비슷해요.

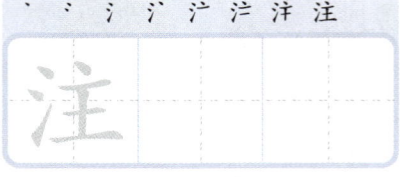

기름 유 | 水(氵)부 | 총 8획
- 油價(유가): 석유의 가격
- 原油(원유): 정제하지 않은 석유

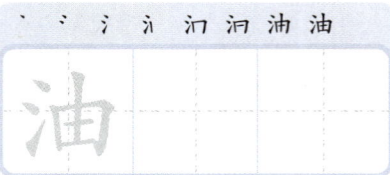

참여할 참, 석 삼 | 厶부 | 총 11획
- 參加(참가): 모임이나 단체, 일에 관계하여 들어감.
- 參席(참석): 모임이나 회의 따위의 자리에 참여함.

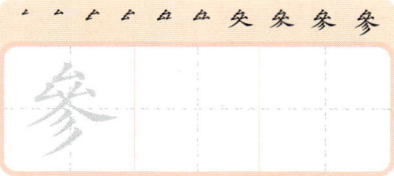

더할 가 | 力부 | 총 5획
- 加熱(가열): 어떤 물질에 열을 줌.
- 加入(가입): 조직이나 단체 등에 들어가거나 참석함.

푸를 청 | 靑부 | 총 8획
- 靑綠(청록): 푸른빛을 띤 녹색
- 靑果(청과): 신선한 채소. 과일

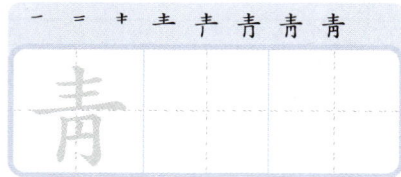

푸를 록 | 糸부 | 총 14획
- 綠地(녹지): 천연적으로 풀이나 나무가 우거진 곳
- 新綠(신록): 늦봄이나 초여름의 초목이 띤 푸른빛

🔍 '靑(푸를 청)'과 뜻이 비슷해요.

띵똥띵똥 퀴즈 다음 ( ) 안에 알맞은 한자어의 독음을 채워 볼까요?

(1) 우리는 바람 빠진 자전거 바퀴에 공기를 注入(　　　)했습니다.
(2) 이번 축구 대회에는 8개 팀이 參加(　　　)했습니다.
(3) 도시에 건물이 많이 들어서면서 綠地(　　　)가 점차 줄어들고 있습니다.

정답 (1)주입 (2)참가 (3)녹지

🔍 반대자는 '入(들 입)'이에요.

날 출 | ㄴ부 | 총 5획
- 出發(출발): 목적지를 향하여 나아감.
- 出世(출세): 사회적으로 높이 되거나 유명해짐.

인간 세 | 一부 | 총 5획
- 世界(세계): 지구 위의 모든 나라. 온 세상
- 後世(후세): 다음에 오는 세상. 또는 다음 세대의 사람들

채울 충 | 儿부 | 총 6획
- 充分(충분): 모자람이 없이 넉넉함.
- 充實(충실): 내용이 알참. 필요한 것을 충분히 갖춤.

나눌 분 | 刀부 | 총 4획
- 分類(분류): 종류에 따라서 분리함.
- 分野(분야): 여러 갈래로 나누어진 범위나 부분

🔍 '區(나눌 구)' '別(나눌 별)'과 뜻이 비슷해요.

띵똥띵똥 퀴즈 다음 ( ) 안에 알맞은 한자어의 독음을 채워 볼까요?

(1) 우리 일행은 목적지를 향해 出發( )했습니다.
(2) 이 문제는 充分( )히 생각한 후에 결정합시다.
(3) 아인슈타인은 과학 分野( )에서 뛰어난 업적을 세웠습니다.

정답 (1) 출발 (2) 충분 (3) 분야

재미있는 한자 성어 — 雪上加霜* 눈 설, 윗 상, 더할 가, 서리 상

눈 위에 서리가 덮인다는 뜻으로, 난처한 일이나 불행한 일이 잇따라 일어남을 이르는 말

　진우는 어제 밤을 따러 뒷산에 올라갔다가 밤 가시에 찔려 크게 고생을 했습니다. 발을 헛디뎌 그만 뾰족한 밤송이 위로 넘어졌기 때문이죠. 너무 아파서 미처 일어나지도 못했는데 나무 꼭대기에서 밤송이 하나가 머리 위로 뚝 떨어졌어요.
　정말 '雪上加霜'이고 '엎친 데 덮친 격'이었답니다. 결국 진우는 밤도 따지 못하고 아픈 엉덩이와 머리를 문지르며 집으로 돌아가야 했답니다.

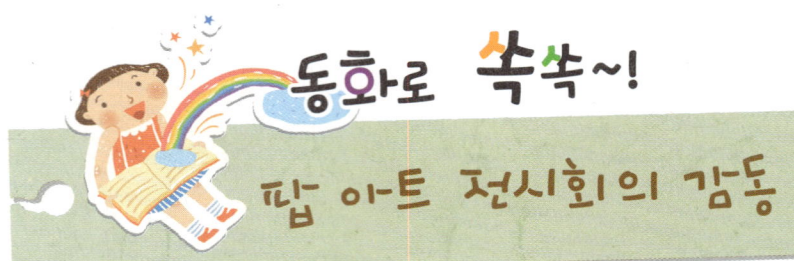

동화를 읽으며 한자어의 독음을 써 보아요.

　세민이와 미술반 친구들은 얼마 전에 앤디 워홀 전시회에 다녀온 후 팝 아트에 관심을 갖게 되었어요. 그래서 팝 아트의 특징과 작가들에 대해 調査(　　)를 했어요.

　"내가 찾아보니까 팝 아트는 1950년대 후반부터 영국과 미국에서 나타난 예술 현상이라고 해."

　→ 1950년대 후반에 미국에서 일어난 회화의 한 양식. 일상생활 용구 등을 소재로 삼아 전통적인 예술 개념을 깬 미술 운동을 말해요.

　"맞아. 팝 아트 미술가들은 현대 생활에 충격을 준 대중문화의 모든 현상을 특징적으로 묘사했지. 앤디 워홀이 콜라병을 나열해 놓은 그림 기억하지?"

　"그럼, 천재적인 능력을 가진 워홀이었지만 노력도 엄청 했었대. 그래서 예술가로서는 물론 사업가로 出世(　　)를 하게 되었지."

　"일부에서는 팝 아트가 대중문화를 찬양만 하고 있다는 비난을 하기도 했어."

　"그래도 우리가 무심코 지나칠 수 있는 사소한 것들을 예술로 끌어들였다는 것은 充分(　　)히 칭찬 받을 만하지 않을까?"

　"우리도 주변에서 소재를 찾아 팝 아트 작가들처럼 작품을 만들어 볼까?"

　"그래. 작은 전시회를 열면 친구들이 재미있어 할 거야."

　"우리 미술반뿐 아니라 누구나 작품 전시회에 參加(　　)할 수 있도록 하자."

　"그래. 멋진 전시회가 될 것 같아. 정말 기대돼."

그 밖의 한자어 (4)

세민이는 팝 아트 전시회에 대한 포스터를 붙였어요. 미술반 친구들의 생각은 的中(　　)했어요. 전시회에 관심을 갖는 사람들이 많았고, 작품도 많이 들어왔어요.

선생님께 허락을 받고 교실 복도에 작품 전시를 하기로 했어요. 그리고 인기 투표를 해서 가장 많이 표를 얻은 작품에 대상을 주기로 했어요. 음료수 병을 나란히 세워 놓은 그림을 그린 친구도 있었고, 주유소에서 注油(　　)하고 있는 자동차를 그린 친구도 있었고, 전통미의 再建(　　)을 알린다는 의미에서 바람에 나부끼는 한복 치마를 그린 친구도 있었어요. 기대 以上(　　)으로 좋은 작품이 많이 나와서 우열을 가리기가 힘들었어요.

전시회 마지막 날까지 투표한 결과 휴대 전화를 정교하게 그린 그림이 대상으로 결정되었어요. 손으로 그렸다고 믿어지지 않을 만큼 똑같이 그려서 전화를 걸면 통화가 될 것 같았지요. 正當(　　)한 투표 방법과 결과에 친구들은 모두 만족했어요. 그리고 전시회를 진행하면서 세민이와 친구들은 보람을 느꼈어요. 전시회에서 받은 감동을 친구들에게 알려주고 같이 공감할 수 있었기 때문이에요.

100점 만점에 100점

1 다음 漢字語의 讀音을 보기에서 찾아 그 번호를 쓰세요.

보기	① 시조 ② 석유 ③ 분야 ④ 상륙

(1) 上陸 (   )　　　　　(2) 石油 (   )
(3) 詩調 (   )　　　　　(4) 分野 (   )

2 다음 밑줄 친 漢字語의 讀音을 쓰세요.

(1) 그의 생각은 그대로 <u>的中</u>(   )했다.
(2) 찬우는 백일장에 <u>參加</u>(   )하여 장원을 했다.
(3) 큰 폭발로 <u>建物</u>(   ) 전체가 파괴되었다.
(4) 6·25 전쟁에 많은 우방국이 <u>參戰</u>(   )하였다.

3 다음 밑줄 친 곳에 漢字의 訓을 쓰세요.

(1) 調査(_____조, _____사)　　(2) 出世(_____출, _____세)
(3) 參戰(_____참, _____전)　　(4) 綠地(_____록, _____지)

4 다음 뜻풀이에 맞는 漢字語를 보기에서 찾아 그 번호를 쓰세요.

보기	① 目的 ② 出發 ③ 當番 ④ 分類

(1) 목적지를 향하여 나아감. (   )
(2) 어떤 일을 차례로 돌아가면서 맡음. (   )
(3) 실현하려고 하는 일이나 나아가는 방향. (   )
(4) 종류에 따라서 분리함. (   )

5 다음 漢字의 訓과 音을 쓰세요.

(1) 充 (　　　　　)　　(2) 當 (　　　　　)
(3) 建 (　　　　　)　　(4) 再 (　　　　　)

6 다음 訓과 音에 맞는 漢字를 쓰세요.

(1) 바를 정 (　　　　　)　　(2) 푸를 청 (　　　　　)
(3) 나눌 분 (　　　　　)　　(4) 푸를 록 (　　　　　)

7 다음 (　) 안에 들어갈 漢字를 보기에서 찾아 그 번호를 쓰세요.

| 보기 | ① 中 | ② 正 | ③ 加 |
| | ④ 參 | ⑤ 世 | ⑥ 査 |

(1) 事件調(　　): 사건의 내용을 명확히 알기 위하여 자세히 살펴보거나 찾아봄.
(2) 十(　　)八九: 열 가운데 여덟이나 아홉 정도로, 거의 대부분이거나 틀림없음.
(3) 立身出(　　): 성공하여 세상에 이름을 떨침.
(4) 雪上(　　)霜: 난처한 일이나 불행한 일이 잇따라 일어남.

8 다음 밑줄 친 漢字語를 漢字로 쓰세요.

(1) 거짓말을 하는 것은 정직(　　　　　)하지 못한 행동이다.
(2) 공부를 할 때는 집중(　　　　　)해야 한다.
(3) 학문을 출세(　　　　　)의 도구로 삼고 싶지는 않다.
(4) 아버지는 주유(　　　　　)하기 위해 주유소에 들렀다.

그 밖의 한자어 (5)

한자를 한 글자 한 글자 자세히 공부해 보아요.

클 **태** | 大부 | 총 4획
- 太古(태고): 아주 오랜 옛날
- 太陽(태양): 태양계의 중심이 되는 별

🔍 '大(큰 대)'와 모양이 비슷해요.

볕 **양** | 阜(阝)부 | 총 12획
- 陽地(양지): 볕이 바로 드는 땅
- 陽性(양성): 적극적이고 활동적인 양의 성질

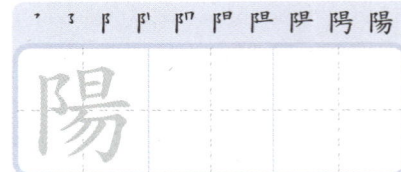

특별할 **특** | 牛부 | 총 10획
- 特技(특기): 특별한 기술이나 기능
- 特色(특색): 보통의 것과 다른 것

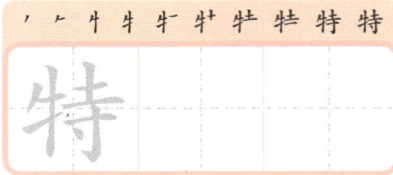

빛 **색** | 色부 | 총 6획
- 色相(색상): 색 자체가 갖는 고유의 특성
- 氣色(기색): 얼굴에 나타나는 기분과 얼굴색

🔍 '光(빛 광)'과 뜻이 비슷해요.

편할 **편** 똥오줌 **변** | 人(亻)부 | 총 9획
- 便利(편리): 편하고 쉬움.
- 便安(편안): 편하고 걱정 없이 좋음.

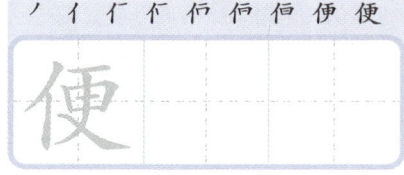

편안 **안** | 宀부 | 총 6획
- 安全(안전): 평안하여 위험이 없음.
- 安住(안주): 한 곳에 자리를 잡고 편안히 삶.

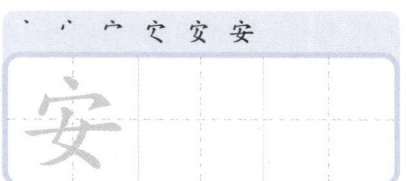

띵똥띵똥 퀴즈 다음 ( ) 안에 알맞은 한자어의 독음을 채워 볼까요?

(1) 수평선 너머에서 눈부신 太陽(   )이 솟아올랐습니다.
(2) 우리 고장은 자연 경치가 아름다운 것이 特色(   )입니다.
(3) 부모님은 자식들 걱정에 하루도 便安(   )할 날이 없으십니다.

정답 (1)태양 (2)특색 (3)편안

| 겉 | 표 | 衣부 | 총 8획 |

- 表紙(표지): 책의 맨 앞뒤의 겉장
- 發表(발표): 어떤 사실이나 결과 등을 드러내어 알림.

| 종이 | 지 | 糸부 | 총 10획 |

- 紙面(지면): 종이의 표면. 글 쓸 종이
- 便紙(편지): 소식을 서로 알리거나 용무를 적어 보내는 글

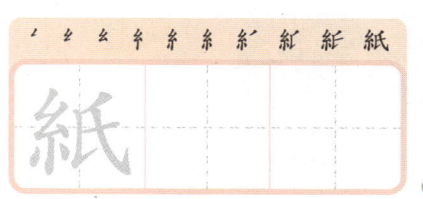

| 바람 | 풍 | 風부 | 총 9획 |

- 風聞(풍문): 바람결에 들리는 소문
- 風速(풍속): 바람의 속도

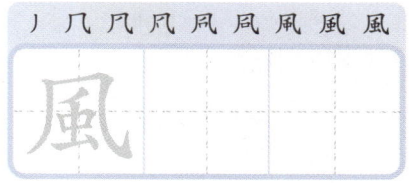

| 빠를 | 속 | 辵(辶)부 | 총 11획 |

- 高速(고속): 매우 빠른 속도
- 過速(과속): 자동차 등의 주행 속도를 너무 빠르게 함.

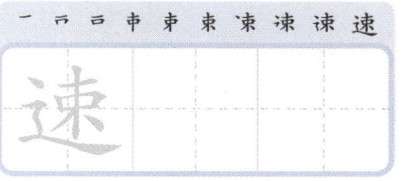

띵똥띵똥 퀴즈 다음 ( ) 안에 알맞은 한자어의 독음을 채워 볼까요?

(1) 이 책은 表紙(   )만 보아서는 어떤 내용인지 잘 모르겠습니다.
(2) 자신의 의견을 發表(   )할 때에는 간결하고 조리 있게 말해야 합니다.
(3) 過速(   ) 운전은 사고의 위험성이 매우 높습니다.

정답 (1) 표지 (2) 발표 (3) 과속

재미있는 한자 성어

表裏*不同 겉 표, 속 리, 아닐 부, 같을 동

마음이 음흉하고 불량하여 겉과 속이 다름.

중국 진나라의 두 번째 황제인 호해는 나라를 훌륭하게 다스릴 그릇이 못 되는 사람이었어요. 놀고먹는 것만 좋아하고 아첨군의 말만 믿었죠. 호해의 옆에는 조고라는 간사한 환관이 늘 붙어 있었는데, 그는 겉과 속이 다른 '表裏不同' 한 사람이었어요.

호해 앞에서는 온갖 아첨을 하였지만 뒤로는 다른 생각을 품고 있었던 것이죠. 드디어 자신을 따르는 사람들로 주변을 모두 채운 조고는 본색을 드러내어 황제인 호해를 죽이고 말았어요.

그 밖의 한자어 (5)

한자를 한 글자 한 글자 자세히 공부해 보아요.

 붓 **필** 竹(⺮)부 총 12획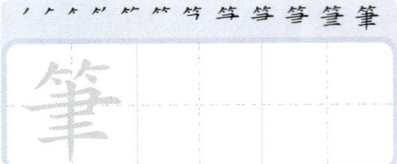
- 筆記(필기): 글씨를 씀.
- 筆寫(필사): 베끼어 씀.

 베낄 **사** 宀부 총 15획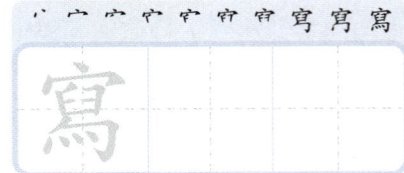
- 寫本(사본): 원본을 옮기어 베낀 책이나 서류
- 寫生(사생): 실물이나 실경을 꼭 그대로 그림.

 해할 **해** 宀부 총 10획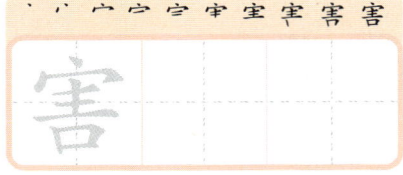
- 害惡(해악): 해가 되는 나쁜 일
- 無害(무해): 해로움이 없음.

 악할 **악** 미워할 **오** 心부 총 12획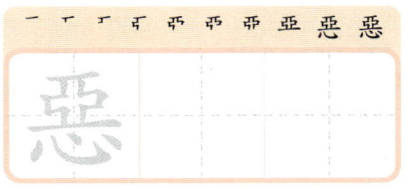
- 惡習(악습): 나쁜 습관. 못된 버릇
- 罪惡(죄악): 죄가 될 만한 나쁜 짓

 허락할 **허** 言부 총 11획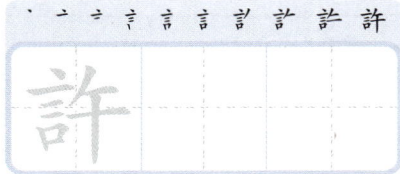
- 許可(허가): 행동이나 일을 하도록 허용함.
- 特許(특허): 특별히 허가함. 공업 소유권의 하나

 옳을 **가** 口부 총 5획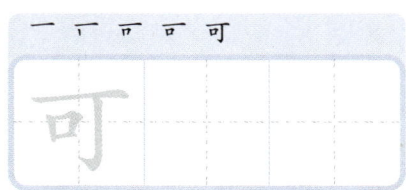
- 可決(가결): 의안을 좋다고 인정하여 결정함.
- 可能(가능): 할 수 있거나 될 수 있음.

딩동딩동 퀴즈 다음 (   ) 안에 알맞은 한자어의 독음을 채워 볼까요?

(1) 시험장에는 꼭 筆記(   ) 도구를 준비해서 오세요.
(2) 모기는 사람에게 有害(   )한 곤충입니다.
(3) 이곳은 許可(   ) 없이는 누구도 출입할 수 없습니다.

정답 (1) 필기 (2) 유해 (3) 허가

| 모양 | 형 | 彡부 | 총 7획 |

- 形局(형국): 어떤 일이 벌어진 때의 형편이나 판국
- 形成(형성): 어떠한 모양을 이룸.

| 판 | 국 | 尸부 | 총 7획 |

- 局面(국면): 어떤 일이 벌어진 장면이나 형편
- 藥局(약국): 약사가 약을 조제하거나 파는 곳

| 불 | 화 | 火부 | 총 4획 |

- 火災(화재): 불로 인한 재앙
- 消火(소화): 불을 끔.

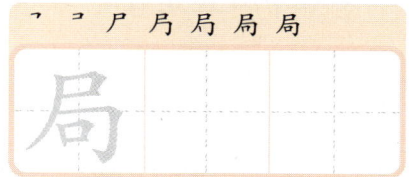

| 재앙 | 재 | 火부 | 총 7획 |

- 災害(재해): 재앙으로 인해 받은 피해
- 水災(수재): 홍수나 장마 따위의 물로 입는 피해

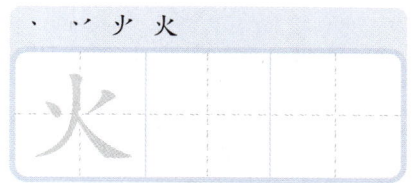

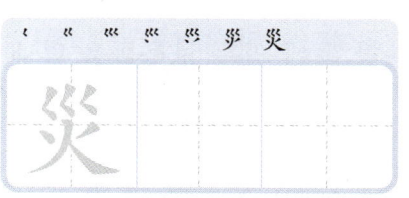

띵똥띵똥 퀴즈 다음 ( ) 안에 알맞은 한자어의 독음을 채워 볼까요?

(1) 나는 꼼짝없이 누명을 뒤집어 쓸 *形局*(   )이었습니다.
(2) 추운 겨울철에는 *火災*(   )가 많이 발생합니다.
(3) 이번 태풍으로 전국 곳곳에서 *災害*(   )를 입었습니다.

정답 (1) 형국 (2) 화재 (3) 재해

재미있는 한자 성어

大書特筆 큰 대, 글 서, 특별할 특, 붓 필

어떤 사실이나 사건이 돋보이도록 글자를 크게 씀.

'大書特筆'은 '뚜렷이 드러나도록 큰 글자로 쓴다.'라는 의미로 신문 등에서 어떤 기사를 중요하게 다룰 때 쓰는 말입니다.

여러분은 김연아 선수의 동계 올림픽 우승 소식이 '大書特筆'된 신문 기사를 보았을 것입니다. 기사를 보고 있으면 어제의 감동이 그대로 전달되어 오는 것 같았지요.

동화로 속속~!
파라오의 저주

동화를 읽으며 한자어의 독음을 써 보아요.

　천둥이 치고 바람이 세차게 불고 있었어요. 뉴스에서는 초당 최대 風速(　　)이 8미터나 되고, 번개 때문에 火災(　　)가 발생한 곳이 있다는 보도를 하고 있었지요. 철민이는 책을 읽으려고 책꽂이에서 책을 한 권 꺼냈는데, 책 表紙(　　)에 투탕카멘의 황금 마스크 사진이 있었어요. 이 사진을 보니 투탕카멘의 무덤 발굴에 얽힌 무서운 이야기가 떠올랐어요.

　파라오는 엄청난 권력을 가진 이집트의 왕이자 신의 아들이에요. 위대한 파라오의 무덤은 피라미드를 더 이상 만들지 못하게 되자 '왕가의 계곡'에 만들어졌지요. 그런데 무덤 속에 있는 보물들을 탐낸 도굴꾼에 의해 파라오의 무덤들은 마구 파헤쳐졌지요.

　그러자 영국의 고고학자 카터 경과 그의 후원자 카나본 경이 정부의 許可(　　)를 받아 '왕가의 계곡'에서 4년 간 뜨거운 太陽(　　) 아래 파라오의 무덤을 찾기 위해 애쓴 결과, 운 좋게 特色(　　) 있는 파라오 무덤을 발굴하게 되었어요. 그 무덤은 바로 많은 사람들이 찾으려고 애쓰던 소년 파라오 투탕카멘의 무덤이었어요.

그 밖의 한자어 (5)

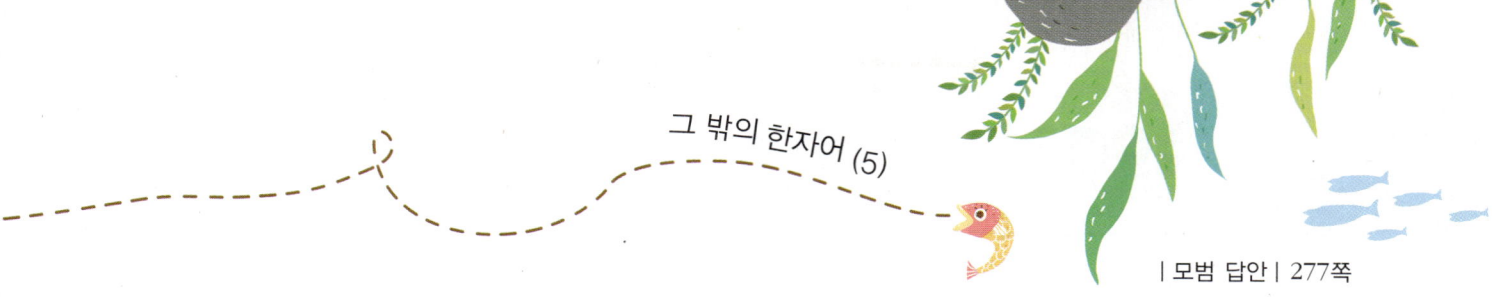

| 모범 답안 | 277쪽

투탕카멘의 무덤은 다른 파라오의 무덤들과는 달리 보존 상태가 매우 좋았어요. 무덤 안에서는 전차, 각종 금은보화 등이 발견되었지요. 투탕카멘의 무덤 안에서 발견된 유물 중에서 특별한 것은 상형 문자 점토판이었어요. 이 점토판에 쓰인 상형 문자의 내용은 다음과 같았어요.

'죽음은 그 날개로 파라오의 영안의 잠을 교란시키는 자를 모두 죽이리라.'

그런데 점토판에 적힌 글 때문인지는 모르지만 이후 발굴과 연관된 사람들이 하나둘 죽기 시작했다고 해요.

첫 번째 희생자는 카너본 경이었는데, 투탕카멘의 얼굴에 나 있는 상처와 똑같은 부위를 모기에 물려 사망했다고 해요. 카너본 경이 사망한 다음날에는 발굴에 참여한 미국의 고고학자와 무덤을 견학한 영국의 실업가가 사망했어요. 발굴 책임자 카터의 부인은 벌레에 물려 사망했고, 카터의 비서는 침대에서 사체로 발견되었다고 해요.

이렇게 투탕카멘 무덤 발굴에 참여했다가 죽은 사람이 30명 가까이 된다고 해요. 그래서 파라오의 저주에 의한 것이 아닐까 하지만 증거는 없었어요. 카터 경은 그 후 17년 간 살다가 자연사했다고 하니까요.

한편에서는 이들의 죽음에 대해 오래된 무덤의 오염된 공기가 죽음의 원인이거나 무덤 속 유독 물질이나 세균에 감염되었기 때문이라는 견해도 나오고 있지만, 이 역시 확인된 것은 아니라고 해요. 파라오는 便安(⑦　　)하게 안식을 취하고 싶었는데, 사람들의 욕심이 스스로에게 해를 끼친 것은 아닐까요?

100점 만점에 100점

1 다음 漢字語의 讀音을 보기에서 찾아 그 번호를 쓰세요.

> 보기   ① 풍문   ② 필기   ③ 편리   ④ 재해

(1) 便利 (   )   (2) 風聞 (   )
(3) 災害 (   )   (4) 筆記 (   )

2 다음 밑줄 친 漢字語의 讀音을 쓰세요.

(1) 눈길에서 <u>過速</u>(   ) 운행은 위험하다.
(2) 그는 아침저녁으로 부모님께 <u>問安</u>(   ) 인사를 드린다.
(3) 길 건너 사거리에 <u>藥局</u>(   )이 있다.
(4) 희수의 <u>特技</u>(   )는 바이올린 연주이다.

3 다음 밑줄 친 곳에 漢字의 訓을 쓰세요.

(1) 筆寫(_____필, _____사)   (2) 許可(_____허, _____가)
(3) 發表(_____발, _____표)   (4) 惡習(_____악, _____습)

4 다음 뜻풀이에 맞는 漢字語를 보기에서 찾아 그 번호를 쓰세요.

> 보기   ① 色相   ② 罪惡   ③ 便紙   ④ 陽地

(1) 소식을 서로 알리거나 용무를 적어 보내는 글. (   )
(2) 죄가 될 만한 나쁜 짓. (   )
(3) 볕이 바로 드는 땅. (   )
(4) 색 자체가 갖는 고유의 특성. (   )

5 다음 漢字의 訓과 音을 쓰세요.

(1) 災 (　　　　　)　　　(2) 便 (　　　　　)
(3) 害 (　　　　　)　　　(4) 局 (　　　　　)

6 다음 訓과 音에 맞는 漢字를 쓰세요.

(1) 모양 형 (　　　　)　　(2) 불 화 (　　　　)
(3) 겉 표 (　　　　)　　　(4) 편안 안 (　　　　)

7 다음 (　) 안에 들어갈 漢字를 보기에서 찾아 그 번호를 쓰세요.

보기	① 災	② 安	③ 害
	④ 局	⑤ 筆	⑥ 特

(1) (　　)貧樂道: 가난한 생활을 하면서도 편안한 마음으로 도를 즐겨 지킴.
(2) (　　)別活動: 학교 교육과정에서 교과 학습 이외의 교육 활동.
(3) 百(　　)無益: 해롭기만 하고 하나도 이로운 바가 없음.
(4) 大書特(　　): 특별히 두드러지게 보이도록 글자를 크게 씀.

8 다음 밑줄 친 漢字語를 漢字로 쓰세요.

(1) 책 표지(　　　　)의 안쪽에 이름을 썼다.
(2) 그는 별다른 특색(　　　　) 없는 평범한 사람이었다.
(3) 지구는 일정한 주기로 태양(　　　　)의 주위를 돈다.
(4) 풍차는 풍력(　　　　)에 의해 움직인다.

한자 퍼즐

정답 277쪽

가로 열쇠

① 말과 행동이 똑같음.
② 다른 데가 없이 똑같음.
③ 키가 작은 몸 ↔ 長身(장신)
④ 물음과 대답
⑤ 변하지 않음.
⑥ 사물에 관한 명료한 의식과 판단
⑦ 뚜렷이 드러나게 큰 글자로 씀.
⑧ 열 가운데 여덟이나 아홉이 그러함.
⑨ 다시 살아남.
⑩ 죽음과 삶. ○○이 걸린 문제

세로 열쇠

㉠ 착한 행동
㉡ 장점도 있고 단점도 있음.
㉢ 몸과 땅은 둘이 아니고 하나라는 뜻
㉣ 묻지 않아도 알 수 있음.
㉤ 글방.   ㉥ 붓으로 베껴 씀.
㉦ 마흔.
㉧ ○○청춘 – 나이가 열여섯 살가량 된 젊은이
㉨ 중학교에 재학하는 학생
㉪ 여러 차례 죽을 고비를 겪고 겨우 살아남.
㉫ 다시 활동함.

212 한자능력검정시험 5급

묶음별 한자 익히기

앞서 익힌 배정 한자 중 일부를 다음과 같이 **성격별**로 묶었어요.

모양이 비슷한 한자	뜻이 반대(상대)되는 한자
뜻이 비슷한 한자	8급, 7급, 6급 약자
5급 약자	음이 둘 이상인 한자
사자성어

모양이 비슷한 한자

한자	쓰기			
角 뿔 각	角			
用 쓸 용	用			
再 두 재	再			

한자	쓰기			
財 재물 재	財			
則 법칙 칙	則			
敗 패할 패	敗			

한자	쓰기			
建 세울 건	建			
健 굳셀 건	健			

한자	쓰기			
樂 즐길 락	樂			
藥 약 약	藥			

한자	쓰기			
序 차례 서	序			
字 글자 자	字			

한자	쓰기			
完 완전할 완	完			
元 으뜸 원	元			

한자 익히기

1 다음 □ 안에 알맞은 漢字語의 讀音을 쓰세요.
  (1) 再建(　　)   (2) 完全(　　)   (3) 順序(　　)
  (4) 藥局(　　)   (5) 法則(　　)   (6) 健實(　　)

2 다음 □ 안에 알맞은 漢字의 訓을 쓰세요.
  (1) 字數(　　자, 　수)   (2) 財物(　　재, 　물)
  (3) 登用(　　등, 　용)   (4) 元首(　　원, 　수)

정답 **1** (1)재건 (2)완전 (3)순서 (4)약국 (5)법칙 (6)건실   **2** (1)글자, 셈 (2)재물, 물건 (3)오를, 쓸 (4)으뜸, 머리

冷	冷				
찰 **랭**					
令	令				
하여금 **령**					
命	命				
목숨 **명**					

古	古				
예 **고**					
苦	苦				
쓸 **고**					
固	固				
굳을 **고**					

魚	魚				
물고기 **어**					
漁	漁				
고기잡을 **어**					

度	度				
법도 **도**					
席	席				
자리 **석**					

京	京				
서울 **경**					
景	景				
볕 **경**					

北	北				
북녘 **북**					
比	比				
견줄 **비**					

한자 익히기

1 다음 □ 안에 알맞은 漢字語의 讀音을 쓰세요.
(1) 對比( ) (2) 漁夫( ) (3) 命令( )
(4) 古宅( ) (5) 景致( ) (6) 溫度( )

2 다음 □ 안에 알맞은 漢字의 訓을 쓰세요.
(1) 固體(고, 체) (2) 着席(착, 석)
(3) 冷害(랭, 해) (4) 魚類(어, 류)

정답 **1** (1)대비 (2)어부 (3)명령 (4)고택 (5)경치 (6)온도 **2** (1)굳을, 몸 (2)붙을, 자리 (3)찰, 해할 (4)물고기, 무리

둘. 묶음별 한자 익히기

모양이 비슷한 한자

| 書 글 서 |
| 畫 낮 주 |
| 畵 그림 화 |

| 靑 푸를 청 |
| 淸 맑을 청 |
| 情 뜻 정 |

| 弟 아우 제 |
| 第 차례 제 |

| 到 이를 도 |
| 致 이를 치 |

| 水 물 수 |
| 氷 얼음 빙 |

| 規 법 규 |
| 現 나타날 현 |

한자 익히기

1 다음 □ 안에 알맞은 漢字語의 讀音을 쓰세요.
 (1) 法規(　　)　(2) 感情(　　)　(3) 名畫(　　)
 (4) 第一(　　)　(5) 理致(　　)　(6) 氷山(　　)

2 다음 □ 안에 알맞은 漢字의 訓을 쓰세요.
 (1) 讀書(　　독, 　　서)　(2) 晝間(　　주, 　　간)
 (3) 到來(　　도, 　　래)　(4) 現在(　　　현, 　　재)

정답 1 (1)법규 (2)감정 (3)명화 (4)제일 (5)이치 (6)빙산 2 (1)읽을, 글 (2)낮, 사이 (3)이를, 올 (4)나타날, 있을

白 흰 **백**	白				士 선비 **사**	士		
百 일백 **백**	百				仕 섬길 **사**	仕		
自 스스로 **자**	自				土 흙 **토**	土		

立 설 **립**	立				午 낮 **오**	午		
位 자리 **위**	位				牛 소 **우**	牛		

擧 들 **거**	擧				童 아이 **동**	童		
學 배울 **학**	學				量 헤아릴 **량**	量		

한자 익히기

1 다음 □ 안에 알맞은 漢字語의 讀音을 쓰세요.

(1) 午後( ) (2) 擧手( ) (3) 地位( )

(4) 才量( ) (5) 白米( ) (6) 國土( )

2 다음 □ 안에 알맞은 漢字의 訓을 쓰세요.

(1) 白面(백, 면) (2) 學院(학, 원)

(3) 牛角(우, 각) (4) 惡童(악, 동)

정답 **1** (1)오후 (2)거수 (3)지위 (4)재량 (5)백미 (6)국토 **2** (1)흰, 낯 (2)배울, 집 (3)소, 뿔 (4)악할, 아이

뜻이 反對(상대)되는 한자

冷	冷
찰 랭	
溫	溫
따뜻할 온	

強	強
강할 강	
弱	弱
약할 약	

苦	苦
쓸 고	
樂	樂
즐길 락	

遠	遠
멀 원	
近	近
가까울 근	

▶ '苦(쓸 고)'에는 '괴롭다'는 뜻도 있어요.

曲	曲
굽을 곡	
直	直
곧을 직	

輕	輕
가벼울 경	
重	重
무거울 중	

한자 익히기

1 다음 □ 안에 상대 또는 반대되는 漢字를 쓰세요.
 (1) 強 ↔ □   (2) 遠 ↔ □   (3) 曲 ↔ □
 (4) 苦 ↔ □   (5) 輕 ↔ □   (6) 冷 ↔ □

2 다음 □ 안에 알맞은 漢字의 訓을 쓰세요.
 (1) 冷情(□랭, □정)   (2) 強度(□강, □도)
 (3) 曲線(□곡, □선)   (4) 輕量(□경, □량)

정답 **1** (1) 弱 (2) 近 (3) 直 (4) 樂 (5) 重 (6) 溫   **2** (1) 찰, 뜻 (2) 강할, 법도 (3) 굽을, 줄 (4) 가벼울, 헤아릴

教	教			
가르칠 교				
學	學			
배울 학				

勝	勝			
이길 승				
敗	敗			
패할 패				

自	自			
스스로 자				
他	他			
다를 타				

去	去			
갈 거				
來	來			
올 래				

手	手			
손 수				
足	足			
발 족				

登	登			
오를 등				
落	落			
떨어질 락				

한자 익히기

1 다음 □ 안에 상대 또는 반대되는 漢字를 쓰세요.
(1) 勝 ↔ □   (2) 登 ↔ □   (3) 教 ↔ □
(4) 自 ↔ □   (5) 去 ↔ □   (6) 手 ↔ □

2 다음 □ 안에 알맞은 漢字의 訓을 쓰세요.
(1) 足球(□족, □구)   (2) 落葉(□□□락, □엽)
(3) 自他(□□□자, □□타)   (4) 敗戰(□□패, □□전)

정답 **1** (1)敗 (2)落 (3)學 (4)他 (5)來 (6)足   **2** (1)발, 공 (2)떨어질, 잎 (3)스스로, 다를 (4)패할, 싸움

뜻이 반대(상대)되는 한자

長	長			
긴 **장**				
短	短			
짧을 **단**				

▶ '長'에는 '자라다'의 뜻도 있어요.

死	死			
죽을 **사**				
活	活			
살 **활**				

▶ 死活(사활)은 '생사(生死)'와 뜻이 같아요.

賣	賣			
팔 **매**				
買	買			
살 **매**				

問	問			
물을 **문**				
答	答			
대답 **답**				

勞	勞			
일할 **로**				
使	使			
부릴 **사**				

利	利			
이로울 **리**				
害	害			
해할 **해**				

한자 익히기

1 다음 □ 안에 상대 또는 반대되는 漢字를 쓰세요.
  (1) 問 ↔ □   (2) 賣 ↔ □   (3) 勞 ↔ □
  (4) 利 ↔ □   (5) 長 ↔ □   (6) 死 ↔ □

2 다음 □ 안에 알맞은 漢字의 訓을 쓰세요.
  (1) 賣出(□매, □출)   (2) 問答(□문, □답)
  (3) 短身(□단, □신)   (4) 使臣(□사, □신)

정답 **1** (1) 答 (2) 買 (3) 使 (4) 害 (5) 短 (6) 活   **2** (1) 팔, 날 (2) 물을, 대답 (3) 짧을, 몸 (4) 부릴, 신하

黑	黑			
검을 **흑**				
白	白			
흰 **백**				

內	內			
안 **내**				
外	外			
바깥 **외**				

新	新			
새 **신**				
舊	舊			
예 **구**				

▶ '예'는 '옛날'이라는 뜻이에요.

昨	昨			
어제 **작**				
今	今			
이제 **금**				

▶ '이제'는 '지금, 오늘날'이라는 뜻이에요.

吉	吉			
길할 **길**				
凶	凶			
흉할 **흉**				

晝	晝			
낮 **주**				
夜	夜			
밤 **야**				

한자 익히기

1 다음 □ 안에 상대 또는 반대되는 漢字를 쓰세요.
  (1) 新 ↔ □   (2) 昨 ↔ □   (3) 黑 ↔ □
  (4) 內 ↔ □   (5) 吉 ↔ □   (6) 晝 ↔ □

2 다음 □ 안에 알맞은 漢字의 訓을 쓰세요.
  (1) 凶年(□ 흉, □ 년)   (2) 黑字(□ 흑, □ 자)
  (3) 外部(□ 외, □ 부)   (4) 今番(□ 금, □ 번)

정답 **1** (1) 舊 (2) 今 (3) 白 (4) 外 (5) 凶 (6) 夜   **2** (1) 흉할, 해 (2) 검을, 글자 (3) 바깥, 떼 (4) 이제, 차례

뜻이 비슷한 한자

思	思			
생각할 사				
考	考			
생각할 고				

教	教			
가르칠 교				
訓	訓			
가르칠 훈				

始	始			
처음 시				
初	初			
처음 초				

圖	圖			
그림 도				
畫	畫			
그림 화				

▶ 뜻이 반대되는 한자로 '終(마칠 종)', '末(끝 말)'이 있어요.

身	身			
몸 신				
體	體			
몸 체				

物	物			
물건 물				
件	件			
물건 건				

한자 익히기

1 다음 □ 안에 뜻이 비슷한 漢字를 쓰세요.

(1) 圖 = □   (2) 始 = □   (3) 身 = □
(4) 思 = □   (5) 敎 = □   (6) 物 = □

2 다음 □ 안에 알맞은 漢字의 음을 쓰세요.

(1) 事件(일 □, 물건 □)   (2) 敎訓(가르칠 □, 가르칠 □)
(3) 初等(처음 □, 무리 □)   (4) 參考(참여할 □, 생각할 □)

정답 **1** (1) 畫 (2) 初 (3) 體 (4) 考 (5) 訓 (6) 件   **2** (1) 사, 건 (2) 교, 훈 (3) 초, 등 (4) 참, 고

競	競			
다툴 경				
爭	爭			
다툴 쟁				

果	果			
실과 과				
實	實			
열매 실				

▶ '實'의 상대되는 한자로 '空(빌 공)'이 있어요.

技	技			
재주 기				
術	術			
재주 술				

▶ 이외에 뜻이 비슷한 한자로 '才(재주 재)'가 있어요.

海	海			
바다 해				
洋	洋			
바다 양				

明	明			
밝을 명				
朗	朗			
밝을 랑				

靑	靑			
푸를 청				
綠	綠			
푸를 록				

한자 익히기

1 다음 □ 안에 뜻이 비슷한 漢字를 쓰세요.

(1) 明 = □　　(2) 果 = □　　(3) 海 = □
(4) 競 = □　　(5) 技 = □　　(6) 靑 = □

2 다음 □ 안에 알맞은 漢字의 음을 쓰세요.

(1) 說明(말씀 □, 밝을 □)　(2) 競技(다툴 □, 재주 □)
(3) 實利(열매 □, 이로울 □)　(4) 戰爭(싸움 □, 다툴 □)

정답 **1** (1)朗 (2)實 (3)洋 (4)爭 (5)術(才) (6)綠　**2** (1)설, 명 (2)경, 기 (3)실, 리 (4)전, 쟁

뜻이 비슷한 한자

談	談			
말씀 담				
話	話			
말씀 화				

▶ 이외에 '語(말씀 어)', '說(말씀 설)'도 뜻이 비슷해요.

兵	兵			
병사 병				
卒	卒			
마칠 졸				

▶ '卒'은 '군사 졸'이라고도 읽어요.

練	練			
익힐 련				
習	習			
익힐 습				

法	法			
법 법				
規	規			
법 규				

▶ 이외에 뜻이 비슷한 한자로 '式(법 식)'이 있어요.

年	年			
해 년				
歲	歲			
해 세				

道	道			
길 도				
路	路			
길 로				

한자 익히기

1 다음 □ 안에 뜻이 비슷한 漢字를 쓰세요.

(1) 練 = □　　(2) 年 = □　　(3) 談 = □
(4) 法 = □　　(5) 道 = □　　(6) 兵 = □

2 다음 □ 안에 알맞은 漢字의 음을 쓰세요.

(1) 規則(법□, 법칙□)　　(2) 路線(길□, 줄□)
(3) 面談(낯□, 말씀□)　　(4) 學習(배울□, 익힐□)

정답　**1** (1) 習 (2) 歲 (3) 話(語, 說) (4) 規(式) (5) 路 (6) 卒　**2** (1) 규, 칙 (2) 로, 선 (3) 면, 담 (4) 학, 습

計	計				養	養		
셀 계					기를 양			
算	算				育	育		
셈 산					기를 육			

▶ 이외에 뜻이 비슷한 한자로 '數(셈 수)'가 있어요.

停	停				知	知		
머무를 정					알 지			
止	止				識	識		
그칠 지					알 식			

衣	衣				費	費		
옷 의					쓸 비			
服	服				用	用		
옷 복					쓸 용			

한자 익히기

1 다음 □ 안에 뜻이 비슷한 漢字를 쓰세요.

(1) 衣 = □　　(2) 費 = □　　(3) 計 = □

(4) 知 = □　　(5) 停 = □　　(6) 養 = □

2 다음 □ 안에 알맞은 漢字의 음을 쓰세요.

(1) 識見(알□, 볼□)　　(2) 敎育(가르칠□, 기를□)

(3) 生計(날□, 셀□)　　(4) 停車(머무를□, 수레□)

정답　**1** (1)服 (2)用 (3)算(數) (4)識 (5)止 (6)育　**2** (1)식, 견 (2)교, 육 (3)생, 계 (4)정, 차(거)

8급, 7급, 6급 약자

정자	약자	약자 쓰기
區	区	
구분할 구		
氣	気	
기운 기		
圖	図	
그림 도		
樂	楽	
즐길 락, 노래 악, 좋아할 요		
禮	礼	
예도 례		
發	発	
필 발		

정자	약자	약자 쓰기
國	国	
나라 국		
對	対	
대할 대		
讀	読	
읽을 독		
來	来	
올 래		
萬	万	
일만 만		
遠	遠	
멀 원		

한자 익히기

1 다음 ( ) 안에 알맞은 약자를 쓰세요.

(1) 圖 ➡ (   )   (2) 發 ➡ (   )   (3) 來 ➡ (   )
(4) 萬 ➡ (   )   (5) 讀 ➡ (   )   (6) 氣 ➡ (   )
(7) 國 ➡ (   )   (8) 禮 ➡ (   )   (9) 對 ➡ (   )

2 다음 ( ) 안에 알맞은 정자를 쓰세요.

(1) 礼 ➡ (   )   (2) 万 ➡ (   )   (3) 読 ➡ (   )
(4) 発 ➡ (   )   (5) 区 ➡ (   )   (6) 図 ➡ (   )

정답 **1** (1) 図 (2) 発 (3) 来 (4) 万 (5) 読 (6) 気 (7) 国 (8) 礼 (9) 対 **2** (1) 禮 (2) 萬 (3) 讀 (4) 發 (5) 區 (6) 圖

정자	약자	약자 쓰기
數	数	
섬 수		
溫	温	
따뜻할 온		
戰	战	
싸움 전		
晝	昼	
낮 주		
學	学	
배울 학		
畵	画	
그림 화, 그을 획		

정자	약자	약자 쓰기
藥	薬	
약 약		
醫	医	
의원 의		
定	㝎	
정할 정		
體	体	
몸 체		
號	号	
이름 호		
會	会	
모을 회		

묶음별 한자 익히기

한자 익히기

1 다음 ( ) 안에 알맞은 약자를 쓰세요.

(1) 學 ➡ (　　　)   (2) 戰 ➡ (　　　)   (3) 號 ➡ (　　　)
(4) 會 ➡ (　　　)   (5) 數 ➡ (　　　)   (6) 醫 ➡ (　　　)
(7) 體 ➡ (　　　)   (8) 藥 ➡ (　　　)   (9) 畵 ➡ (　　　)

2 다음 ( ) 안에 알맞은 정자를 쓰세요.

(1) 体 ➡ (　　　)   (2) 会 ➡ (　　　)   (3) 号 ➡ (　　　)
(4) 昼 ➡ (　　　)   (5) 画 ➡ (　　　)   (6) 学 ➡ (　　　)

정답 **1** (1) 学 (2) 战 (3) 号 (4) 会 (5) 数 (6) 医 (7) 体 (8) 薬 (9) 画   **2** (1) 體 (2) 會 (3) 號 (4) 晝 (5) 畵 (6) 學

둘. 묶음별 한자 익히기

5급 약자

정자	약자	약자 쓰기
價	価	
값 가		
輕	軽	
가벼울 경		
關	関	
관계할 관		
舊	旧	
예 구		
當	当	
마땅 당		
勞	労	
일할 로		

정자	약자	약자 쓰기
擧	挙	
들 거		
變	変	
변할 변		
廣	広	
넓을 광		
團	団	
둥글 단		
獨	独	
홀로 독		
賣	売	
팔 매		

한자 익히기

1 다음 ( ) 안에 알맞은 약자를 쓰세요.

(1) 團➡( ) (2) 變➡( ) (3) 舊➡( )
(4) 當➡( ) (5) 價➡( ) (6) 廣➡( )
(7) 獨➡( ) (8) 勞➡( ) (9) 輕➡( )

2 다음 ( ) 안에 알맞은 정자를 쓰세요.

(1) 独➡( ) (2) 軽➡( ) (3) 価➡( )
(4) 旧➡( ) (5) 関➡( ) (6) 売➡( )

정답 **1** (1)団 (2)変 (3)旧 (4)当 (5)価 (6)広 (7)独 (8)労 (9)軽 **2** (1)獨 (2)輕 (3)價 (4)舊 (5)關 (6)賣

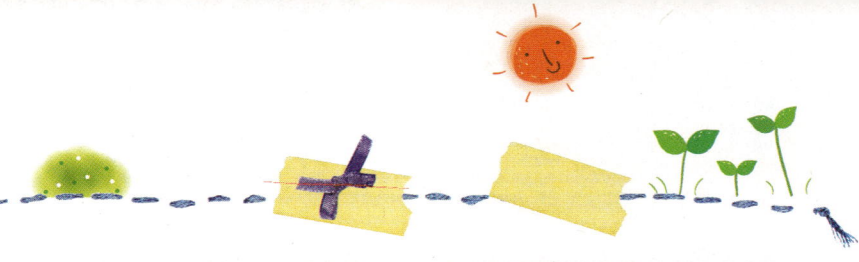

정자	약자	약자 쓰기		
寫	写			
베낄 **사**				
實	実			
열매 **실**				
惡	悪			
악할 **악**				
傳	伝			
전할 **전**				
卒	卆			
마칠 **졸**				
參	参			
참여할 **참**				

정자	약자	약자 쓰기		
鐵	鉄			
쇠 **철**				
兒	児			
아이 **아**				
爭	争			
다툴 **쟁**				
質	貭			
바탕 **질**				
觀	观			
볼 **관**				
效	効			
본받을 **효**				

묶음별 한자 익히기

한자 익히기

1 다음 ( ) 안에 알맞은 약자를 쓰세요.

(1) 實→( ) (2) 卒→( ) (3) 傳→( )
(4) 寫→( ) (5) 惡→( ) (6) 鐵→( )
(7) 參→( ) (8) 兒→( ) (9) 觀→( )

2 다음 ( ) 안에 알맞은 정자를 쓰세요.

(1) 鉄→( ) (2) 伝→( ) (3) 実→( )
(4) 争→( ) (5) 卆→( ) (6) 児→( )

정답 **1** (1) 実 (2) 卆 (3) 伝 (4) 写 (5) 悪 (6) 鉄 (7) 参 (8) 児 (9) 观 **2** (1) 鐵 (2) 傳 (3) 實 (4) 爭 (5) 卒 (6) 兒

음이 둘 이상인 한자

| 車 | 수레 **차** | 停車場(정[ ]장) 自動車(자동[ ]) | 車 |
| | 수레 **거** | 人力車(인력[ ]) | |

| 不 | 아닐 **불** | 不可([ ]가) 不便([ ]편) | 不 |
| | 아닐 **부** | 不動([ ]동) 不足([ ]족) | |

▶ 不 뒤에 'ㄷ, ㅈ'이 올 경우 '부'로 읽음. 단, 不實(부실)은 예외.

| 金 | 쇠 **금** | 賞金(상[ ]) 金品([ ]품) | 金 |
| | 성 **김** | 貯金(저[ ]) 金氏([ ]씨) → 성 씨 | |

| 宅 | 집 **댁** | 宅內([ ]내) 古宅(고[ ]) | 宅 |
| | 집 **택** | 住宅(주[ ]) 宅地([ ]지) | |

樂	즐길 **락**	苦樂(고[ ]) 音樂(음[ ])	樂
	노래 **악**	樂山樂水([ ]산[ ]수)	
	좋아할 **요**		

| 北 | 북녘 **북** | 南北(남[ ]) 北方([ ]방) | 北 |
| | 달아날 **배** | 北向([ ]향) 敗北(패[ ]) | |

한자 익히기

1 다음 □ 안에 알맞은 漢字語의 讀音을 쓰세요.

(1) 不足([ ])   (2) 住宅([ ])   (3) 樂園([ ])
(4) 人力車([   ]) (5) 敗北([ ])   (6) 宅地([ ])
(7) 金品([ ])   (8) 不實([ ])   (9) 樂山樂水([   ])

정답 1 (1)부족 (2)주택 (3)낙원 (4)인력거 (5)패배 (6)택지 (7)금품 (8)부실 (9)요산요수

| 便 | 편할 편 | 便利(리) 便安(안) | 便 | | |
| | 똥오줌 변 | 便所(소) 大便(대) | | | |

| 省 | 살필 성 | 反省(반) 自省(자) | 省 | | |
| | 덜 생 | 省察(찰) 省略(략) → 살필 찰 → 간략할 략 | | | |

| 識 | 알 식 | 知識(지) 無識(무) | 識 | | |
| | 기록할 지 | 學識(학) 標識(표) → 표할 표 | | | |

| 惡 | 악할 악 | 惡行(행) 惡德(덕) | 惡 | | |
| | 미워할 오 | 惡寒(한) 憎惡(증) → 미워할 증 | | | |

| 切 | 끊을 절 | 切開(개) 半切(반) | 切 | | |
| | 온통 체 | 一切(일) | | | |

▶ 一切 : '일절'로 읽힐 때는 '전혀, 절대'의 뜻으로, '일체'로 읽힐 때는 '모든, 온갖'의 뜻으로 쓰여요.

| 參 | 참여할 참 | 參席(석) 參見(견) | 參 | | |
| | 석 삼 | 參萬(만) → 三의 갖은 자 | | | |

한자 익히기

1 다음 □ 안에 알맞은 漢字語의 讀音을 쓰세요.
(1) 參席( ) (2) 反省( ) (3) 便所( )
(4) 切開( ) (5) 參萬( ) (6) 無識( )
(7) 善惡( ) (8) 惡寒( ) (9) 一切( )

정답 1 (1)참석 (2)반성 (3)변소 (4)절개 (5)삼만 (6)무식 (7)선악 (8)오한 (9)일체(일절)

사자성어

사자성어	뜻
見物生心 견물생심 볼 **견**, 물건 **물**, 날 **생**, 마음 **심**	물건을 보면 욕심이 생김.
敬天愛人 경천애인 공경 **경**, 하늘 **천**, 사랑 **애**, 사람 **인**	하늘을 공경하고 사람을 사랑함.
交友以信 교우이신 사귈 **교**, 벗 **우**, 써 **이**, 믿을 **신**	화랑의 세속 오계의 하나로, 벗을 사귈 때는 믿음으로써 해야 한다는 뜻.
敎學相長 교학상장 가르칠 **교**, 배울 **학**, 서로 **상**, 긴 **장**	가르치고 배우는 것은 서로를 성장하게 함. (長 - 자라다)
九死一生 구사일생 아홉 **구**, 죽을 **사**, 한 **일**, 날 **생**	여러 차례 죽을 고비를 겪고 겨우 살아남.
男女有別 남녀유별 사내 **남**, 계집 **녀**, 있을 **유**, 다를 **별**	유교 사상에서, 남자와 여자 사이에 분별이 있어야 함을 이르는 말.

多才多能
다 재 다 능
많을 **다**, 재주 **재**, 많을 **다**, 능할 **능**

재주가 많고 능력이 풍부함.

多才多能

同苦同樂
동 고 동 락
한가지 **동**, 쓸 **고**, 한가지 **동**, 즐길 **락**

괴로움과 즐거움을 함께함.

同苦同樂

東問西答
동 문 서 답
동녘 **동**, 물을 **문**, 서녘 **서**, 대답 **답**

동쪽을 물으면 서쪽을 대답한다는 뜻으로, 묻는 말에 대한 당치 않은 엉뚱한 대답을 비유.

東問西答

聞一知十
문 일 지 십
들을 **문**, 한 **일**, 알 **지**, 열 **십**

하나를 들으면 열을 안다는 뜻으로, 총명하고 영특하다는 말.

聞一知十

門前成市
문 전 성 시
문 **문**, 앞 **전**, 이룰 **성**, 저자 **시**

문 앞이 저자를 이룬다는 뜻으로, 찾아오는 사람이 많음을 비유.

門前成市

百年大計
백 년 대 계
일백 **백**, 해 **년**, 큰 **대**, 셀 **계**

백 년의 큰 계획이라는 뜻으로, 먼 앞날까지 내다보고 세우는 큰 계획.

百年大計

둘. 묶음별 한자 익히기 **233**

사자성어

白面書生 (백면서생)
흰 백, 낯 면, 글 서, 날 생

하얀 얼굴의 글 읽는 사람이란 뜻으로, 오로지 글만 읽고 세상일에 경험이 없는 젊은이를 이르는 말.

白面書生

百發百中 (백발백중)
일백 백, 필 발, 일백 백, 가운데 중

백 번 쏘아 백 번 맞춘다는 뜻으로, 쏘는 것마다 다 맞음.(發 - 쏘다, 中 - 맞추다)

百發百中

父傳子傳 (부전자전)
아비 부, 전할 전, 아들 자, 전할 전

대대로 아버지가 아들에게 전함.

父傳子傳

不問曲直 (불문곡직)
아닐 불, 물을 문, 굽을 곡, 곧을 직

옳고 그른 것을 묻지 않음.

不問曲直

氷山一角 (빙산일각)
얼음 빙, 메 산, 한 일, 뿔 각

대부분이 숨겨져 있고 외부에 나타나 있는 것은 극히 일부분에 지나지 아니함을 비유.

氷山一角

山戰水戰 (산전수전)
메 산, 싸움 전, 물 수, 싸움 전

산에서의 싸움과 물에서의 싸움이라는 뜻으로, 세상일의 온갖 고난을 겪은 경험을 비유.

山戰水戰

山川草木 산 천 초 목 메 **산**, 내 **천**, 풀 **초**, 나무 **목**	산과 내와 풀과 나무라는 뜻으로, '자연'을 이르는 말. 山 川 草 木
生死苦樂 생 사 고 락 날 **생**, 죽을 **사**, 쓸 **고**, 즐길 **락**	삶과 죽음, 괴로움과 즐거움을 통틀어 이르는 말. 生 死 苦 樂
身土不二 신 토 불 이 몸 **신**, 흙 **토**, 아닐 **불**, 두 **이**	몸과 땅은 둘이 아니고 하나라는 뜻으로, 자기가 사는 땅에서 나는 농산물이 체질에 잘 맞는다는 말. 身 土 不 二
十中八九 십 중 팔 구 열 **십**, 가운데 **중**, 여덟 **팔**, 아홉 **구**	열 가운데 여덟이나 아홉이 그러하다는 뜻으로, 거의 예외없이 그러할 것이라는 추측을 나타내는 말. 十 中 八 九
良藥苦口 양 약 고 구 좋을 **량**, 약 **약**, 쓸 **고**, 입 **구**	좋은 약은 입에 쓰다는 뜻으로, 충성이 담긴 말은 귀에 거슬린다는 말. 良 藥 苦 口
有口無言 유 구 무 언 있을 **유**, 입 **구**, 없을 **무**, 말씀 **언**	입은 있으나 할 말이 없다는 뜻으로, 변명할 말이 없음을 이르는 말. 有 口 無 言

묶음별 한자 익히기

둘. 묶음별 한자 익히기

사자성어

以心傳心 이 심 전 심 써 **이**, 마음 **심**, 전할 **전**, 마음 **심**	마음에서 마음으로 뜻이 통한다는 말.	
	以心傳心	
人命在天 인 명 재 천 사람 **인**, 목숨 **명**, 있을 **재**, 하늘 **천**	사람이 오래 살거나 일찍 죽는 것은 하늘에 매여 있음.	
	人命在天	
一口二言 일 구 이 언 한 **일**, 입 **구**, 두 **이**, 말씀 **언**	한 입으로 두 말을 한다는 뜻으로, 말을 이랬다저랬다 함을 이르는 말.	
	一口二言	
一字千金 일 자 천 금 한 **일**, 글자 **자**, 일천 **천**, 쇠 **금**	한 글자에 천금의 가치가 있다는 뜻으로, 아주 빼어난 시문을 비유.	
	一字千金	
一長一短 일 장 일 단 한 **일**, 긴 **장**, 한 **일**, 짧을 **단**	장점도 있고 단점도 있음.	
	一長一短	
自問自答 자 문 자 답 스스로 **자**, 물을 **문**, 스스로 **자**, 대답 **답**	스스로 묻고 스스로 대답함.	
	自問自答	

| 作心三日
작 심 삼 일
지을 **작**, 마음 **심**, 석 **삼**, 날 **일** | 품은 마음이 사흘을 못 간다는 뜻으로, 결심이 굳지 못함을 빗대어 이르는 말.
作心三日 |

| 朝變夕改
조 변 석 개
아침 **조**, 변할 **변**, 저녁 **석**, 고칠 **개** | 아침저녁으로 뜯어 고친다는 뜻으로, 일관성 없이 자주 고침의 비유.
朝變夕改 |

| 淸風明月
청 풍 명 월
맑을 **청**, 바람 **풍**, 밝을 **명**, 달 **월** | 맑은 바람과 밝은 달이란 뜻으로, 결백하고 온건한 성격을 평하여 이르는 말.
靑風明月 |

| 自手成家
자 수 성 가
스스로 **자**, 손 **수**, 이룰 **성**, 집 **가** | 물려받은 재산이 없이 스스로의 힘으로 어엿한 한 살림을 이룩하는 일.
自手成家 |

| 八方美人
팔 방 미 인
여덟 **팔**, 모 **방**, 아름다울 **미**, 사람 **인** | 여러 방면에 능통한 사람을 비유적으로 이르는 말.
八方美人 |

| 春夏秋冬
춘 하 추 동
봄 **춘**, 여름 **하**, 가을 **추**, 겨울 **동** | 봄·여름·가을·겨울의 네 철을 아울러 이르는 말.
春夏秋冬 |

둘. 묶음별 한자 익히기 **237**

作心三日

지을 **작**　마음 **심**　석 **삼**　날 **일**

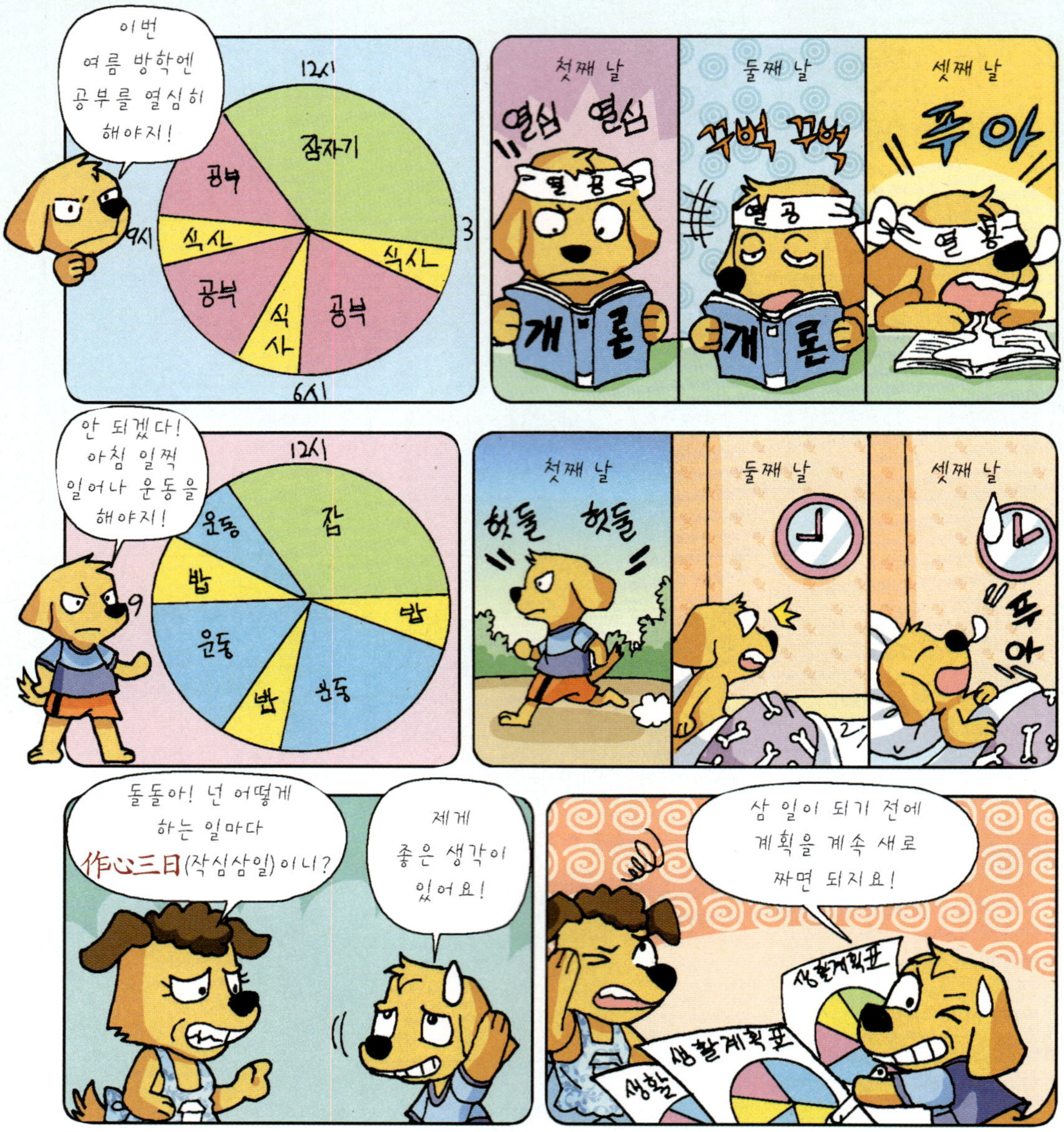

'作心三日(작심삼일)'은 '품은 마음이 사흘을 못 간다.'라는 뜻으로, 결심이 굳지 못함을 빗대어 이르는 말입니다.

예) 하은이는 매일 아침마다 운동을 하겠다고 했지만 作心三日이었다.

실전 감각 익히기

실제 시험에 완벽하게 대비할 수 있도록
실전 대비 문제들을 다음과 같이 제시했어요.

한자능력검정시험 **기출 유사 문제**_❷회

한자능력검정시험 **적중 예상 문제**_❽회

1회 한자능력검정시험 기출 유사 문제 5급

▼ 한자어의 독음 쓰기

[問 1~35] 다음 漢字語의 讀音을 쓰세요.

(1) 신이 나서 하는 일은 **失敗**하지 않는다는 것이 그의 지론이다. (　　)

(2) **漁夫**들은 어망을 손질하며 노래를 부르고 있었다. (　　)

(3) 지금 네게 **必要**한 것은 무엇보다도 휴식이다. (　　)

(4) 올해 **物價**가 많이 뛰었다. (　　)

(5) 어두워지자 **商店**에 하나둘 불이 켜졌다. (　　)

(6) **善惡**을 판단하였다. (　　)

(7) 외국인에게 취업을 **許可**하였다. (　　)

(8) 선생님이 **敎室**에 들어서자 아이들은 책을 펴고 수업 준비를 했다. (　　)

(9) **多幸**히 우리는 그의 집을 쉽게 찾을 수 있었다. (　　)

(10) 우리는 교가를 **合唱**하였다. (　　)

(11) **黑白**이 조화를 이루다. (　　)

(12) 학과들이 특성화되면서 교과의 **種類**가 많아졌다. (　　)

(13) 정보화 시대가 **到來**하다. (　　)

(14) **規則**적인 생활을 하면 건강해 진다. (　　)

(15) 이 문제에는 **正答**이 없다. (　　)

(16) 그는 수학, **歷史**, 교육, 음악 등 모든 학문에 뛰어나다. (　　)

(17) 집주인의 **案內**로 화장실을 찾아갔다. (　　)

(18) 점심을 먹고 친구와 **卓球**를 쳤다. (　　)

(19) 그녀는 **約束**보다 한 시간이나 일찍 도착하였다. (　　)

(20) 지나가던 긴 행렬이 갑자기 우리 앞에서 **停止**했다. (　　)

(21) 유행가 한 **曲調**를 멋지게 뽑다. (　　)

(22) 가슴이 터질 듯한 **感動**을 느꼈다. (　　)

(23) 농사 방법의 **改良**에 힘쓰다. (　　)

(24) 그 일은 **完全**히 끝냈다. (　　)

(25) 손에 익도록 **練習**을 여러 번 해야 한다. (　　)

(26) 그들은 돌아가신 스승을 추모하는 마음에서 스승의 문집을 만들고 **傳記**를 적었다. (　　)

(27) 그녀가 의과 대학생이라는 걸 안 건 **最近**의 일이다. (　　)

(28) 이 감동적인 **美談**이 입에서 입으로 퍼져 나갔다. (　　)

(29) 오늘은 대통령 **選擧**가 있는 날이다. (　　)

(30) 그는 자신의 의사를 분명하게 **表現**할 줄 안다. (　　)

(31) 기압의 **急變**으로 고산병이 생겼다. (　　)

(32) 그 내용은 **出典**이 불분명하다. (　　)

(33) **加熱**된 용액을 플라스크에 따른 뒤 시약을 넣는다. (　　)

(34) 오늘 순간 최대 **風速**이 초당 7미터나 되었다. (　　)

(35) 전염병의 **原因**을 규명하였다. (　　)

▼ 한자의 훈과 음 쓰기

[問36~58] 다음 漢字의 訓과 音을 쓰세요.

(36) 輕(　　　)　(37) 農(　　　)

(38) 窓(　　　)　(39) 去(　　　)

(40) 査(　　　)　(41) 類(　　　)

(42) 救(　　　)　(43) 末(　　　)

(44) 廣(　　　)　(45) 歌(　　　)

(46) 堂(　　　)　(47) 罪(　　　)

(48) 族(　　　)　(49) 湖(　　　)

(50) 共(　　　)　(51) 術(　　　)

(52) 綠(　　　)　(53) 健(　　　)

(54) 爭(　　　)　(55) 領(　　　)

(56) 效(　　　)　(57) 打(　　　)

(58) 勇(　　　)

▼ 문장에 활용된 한자어를 한자로 쓰기

[問59~73] 다음 밑줄 친 漢字語를 漢字로 쓰세요.

(59) 매일 아침 등산을 한다. (　　　)

(60) 가을은 독서의 계절이다. (　　　)

(61) 동해 바다는 수심이 깊다. (　　　)

(62) 맑은 공기는 건강에 좋다. (　　　)

(63) 형제가 힘을 합쳐 일을 한다.
(　　　)

(64) 화단에 화초가 곱게 피었다. (　　　)

(65) 이 길은 남서로 길게 뻗었다.
(　　　)

(66) 운동장에 남녀 학생이 모였다.
(　　　)

(67) 그 지역에는 통행의 자유가 없다.
(　　　)

(68) 우리 동네에는 주민이 많이 산다.
(　　　)

(69) 식목일 덕분에 울창한 숲이 가능했다.
(　　　)

(70) 방학 때는 사회 봉사에 열심히 참여하였다.
(　　　)

(71) 불행 중 다행으로 믿고 범사에 감사하자.
(　　　)

(72) 영원을 향한 마음은 종교심의 출발점이다.
(　　　)

(73) 편리함이 삶의 질과 일치하는 것은 아니다.
(　　　)

▼ 훈과 음에 알맞은 한자 쓰기

[問74~78] 다음 訓과 音에 맞는 漢字를 쓰세요.

(74) 그림 화 (　　　)

(75) 일만 만 (　　　)

(76) 들을 문 (　　　)

(77) 예도 례 (　　　)

(78) 가까울 근 (　　　)

▼ 상대 또는 반대되는 한자 쓰기

[問79~81] 다음 漢字와 뜻이 相對 또는 反對되는 漢字를 쓰세요.

(79) (　　　) ↔ 弱

(80) 朝 ↔ (　　　)

(81) (　　　) ↔ 今

▼ 한자어 완성하기

[問82~85] 다음 ( ) 안에 들어갈 漢字語를 보기에서 찾아 그 번호를 써서 漢字語를 만드세요.

| 보기 |
| ① 牛馬 ② 大計 ③ 當然 ④ 成說 |
| ⑤ 苦樂 ⑥ 一心 ⑦ 命中 ⑧ 一致 |

(82) 言行( ) : 말과 행동이 하나로 들어맞음.

(83) 語不( ) : 말이 사리에 맞지 아니함.

(84) 生死( ) : 삶과 죽음, 괴로움과 즐거움.

(85) 百年( ) : 먼 앞날까지 내다보고 세우는 크고 중요한 계획.

▼ 뜻이 비슷한 한자 찾기

[問86~88] 다음 漢字와 뜻이 같거나 비슷한 漢字를 보기에서 찾아 그 번호를 쓰세요.

| 보기 |
| ① 識 ② 鮮 ③ 朗 |
| ④ 終 ⑤ 河 ⑥ 冷 |

(86) 寒 ( )   (87) 知 ( )

(88) 末 ( )

▼ 음은 같은데 뜻이 다른 한자 찾기

[問89~91] 다음 漢字와 音은 같은데 뜻이 다른 漢字를 보기에서 찾아 그 번호를 쓰세요.

| 보기 |
| ① 建 ② 去 ③ 固 |
| ④ 週 ⑤ 景 ⑥ 災 |

(89) 敬 ( )   (90) 再 ( )

(91) 考 ( )

▼ 한자어의 뜻 쓰기

[問92~94] 다음 漢字語의 뜻을 쓰세요.

(92) 校庭 ( )

(93) 果實 ( )

(94) 水溫 ( )

▼ 한자의 약자 쓰기

[問95~97] 다음 漢字의 略字(약자: 획수를 줄인 漢字)를 쓰세요.

| 보기 |
| 體 ➡ 体 |

(95) 號 ( )   (96) 圖 ( )

(97) 會 ( )

▼ 한자의 쓰는 순서 찾기

[問98~100] 진하게 표시한 획은 몇 번째 쓰는지 보기에서 찾아 그 번호를 쓰세요.

| 보기 |
| ① 첫 번째 ② 두 번째 ③ 세 번째 |
| ④ 네 번째 ⑤ 다섯 번째 ⑥ 여섯 번째 |
| ⑦ 일곱 번째 ⑧ 여덟 번째 ⑨ 아홉 번째 |
| ⑩ 열 번째 |

(98) 別 ( )

(99) 半 ( )

(100) 直 ( )

모범 답안은 277쪽에 있습니다.

2회 한자능력검정시험 기출 유사 문제 5급

▼ 한자어의 독음 쓰기

[問1~35] 다음 漢字語의 讀音을 쓰세요.

(1) 아버지는 서류 到着을 기다리셨다. (　　　)

(2) 어른들은 兒童을 보호해야 한다. (　　　)

(3) 삼촌은 아픈 患者를 치료하는 의사이다. (　　　)

(4) 그 방법이 實效가 있을지 모르겠다. (　　　)

(5) 엄마는 奉仕 활동을 열심히 하셨다. (　　　)

(6) 학문과 예술에 대한 熱情을 가지고 있다. (　　　)

(7) 천년 옛 都邑 평양을 둘러보았다. (　　　)

(8) 삼촌은 군대에 自願하였다. (　　　)

(9) 당당한 우리 대한의 健兒. (　　　)

(10) 나는 歷史 과목을 제일 좋아한다. (　　　)

(11) 凶惡한 소문이 마을에 퍼졌다. (　　　)

(12) 대회의 우승자에게 賞金을 수여하다. (　　　)

(13) 무력으로 赤化하다. (　　　)

(14) 勞使 간의 협력이 중요하다. (　　　)

(15) 物價가 빠르게 올랐다. (　　　)

(16) 자연의 順理를 터득하였다. (　　　)

(17) 이 병은 再發되면 치료가 불가능하다. (　　　)

(18) 도로에 結氷 구간이 많다. (　　　)

(19) 사실을 因果적으로 설명하다. (　　　)

(20) 그들은 일정한 速度로 보조를 맞춰 걸었다. (　　　)

(21) 경기가 계속 좋으리라는 展望이 나왔다. (　　　)

(22) 그는 결혼 후에 큰집에서 獨立해 나갔다. (　　　)

(23) 오늘 아침 신문에 特筆하였다. (　　　)

(24) 그는 英雄 대접을 받았다. (　　　)

(25) 그는 외국인에게 길을 親切하게 가르쳐 주었다. (　　　)

(26) 승재네 家産은 무척 넉넉하였다. (　　　)

(27) 망망대해 푸른 물결 속에는 魚族의 떼가 무진장으로 살았다. (　　　)

(28) 외래어 사용 실태 調査 결과를 발표하였다. (　　　)

(29) 그 사건은 유사한 性質을 가지고 있다. (　　　)

(30) 춤이 끝나자 할머니는 明朗한 목소리로 말씀하셨다. (　　　)

(31) 어머니는 세련되고 品位있으시다. (　　　)

(32) 부모님은 형의 잘못을 責望하셨다. (　　　)

(33) 형과 함께 음악에 맞추어 體操를 하였다. (　　　)

(34) 누나는 매일 夜間 자율 학습을 하였다. (　　　)

(35) 의료 시설이 잘 되어 있는 내과 醫院을 찾았다. (　　　)

▼ 한자의 훈과 음 쓰기
[問36~58] 다음 漢字의 訓과 音을 쓰세요.

(36) 舊(　　　)　　(37) 形(　　　)

(38) 圖(　　　)　　(39) 曜(　　　)

(40) 爭(　　　)　　(41) 德(　　　)

(42) 流(　　　)　　(43) 領(　　　)

(44) 原(　　　)　　(45) 屋(　　　)

(46) 最(　　　)　　(47) 打(　　　)

(48) 災(　　　)　　(49) 雄(　　　)

(50) 許(　　　)　　(51) 給(　　　)

(52) 規(　　　)　　(53) 炭(　　　)

(54) 任(　　　)　　(55) 席(　　　)

(56) 溫(　　　)　　(57) 堂(　　　)

(58) 養(　　　)

▼ 문장에 활용된 한자어를 한자로 쓰기
[問59~73] 다음 밑줄 친 漢字語를 漢字로 쓰세요.

(59) 전후좌우를 살피며 걷는다. (　　　)

(60) 조석으로 날씨가 선선하다. (　　　)

(61) 효도는 한국 고유의 윤리이다.
(　　　)

(62) 산촌에는 맑은 물이 흐른다. (　　　)

(63) 노인들을 잘 보살펴야 한다. (　　　)

(64) 중동에서 석유가 많이 난다. (　　　)

(65) 해가 뜨니 세상이 밝아졌다. (　　　)

(66) 예로부터 민심은 천심이라 하였다.
(　　　)

(67) 교실 출입은 조용하게 해야 한다.
(　　　)

(68) 청춘의 시간을 허비하지 말아야 한다.
(　　　)

(69) 정책·제도는 명명을 잘해야 성공한다.
(　　　)

(70) 국운은 국민 개인의 기운이 결정한다.
(　　　)

(71) 형은 오늘 초등학교 동창 모임이 있다.
(　　　)

(72) 전선에서 전사한 용사들을 기억해야 한다.
(　　　)

(73) 군인은 국가 수호에 목숨을 바칠 사람이다.
(　　　)

▼ 훈과 음에 알맞은 한자 쓰기
[問74~78] 다음 訓과 音에 맞는 漢字를 쓰세요.

(74) 열 개 (　　　)

(75) 들 야 (　　　)

(76) 믿을 신 (　　　)

(77) 고을 군 (　　　)

(78) 정할 정 (　　　)

▼ 상대 또는 반대되는 한자 쓰기
[問79~81] 다음 漢字와 뜻이 相對 또는 反對 되는 漢字를 쓰세요.

(79) (　　　) ↔ 客

(80) 夏 ↔ (　　　)

(81) (　　　) ↔ 舊

한자능력검정시험 기출 유사 문제 5급

▼ 한자어 완성하기

[問82~85] 다음 ( ) 안에 들어갈 漢字語를 |보기| 에서 찾아 그 번호를 써서 漢字語를 만드세요.

|보기|
① 見物 ② 良藥 ③ 愛人 ④ 初門
⑤ 初聞 ⑥ 有口 ⑦ 洋樂 ⑧ 村老

(82) 今時(　　　): 지금 처음으로 들음.

(83) (　　　)苦口: 좋은 약은 입에 씀.

(84) (　　　)無言: 입은 있으나 변명할 말이 없음.

(85) 敬天(　　　): 하늘을 숭배하고 인간을 사랑함.

▼ 뜻이 비슷한 한자 찾기

[問86~88] 다음 漢字와 뜻이 같거나 비슷한 漢字를 |보기|에서 찾아 그 번호를 쓰세요.

|보기|
① 亡 ② 競 ③ 念
④ 陽 ⑤ 化 ⑥ 着

(86) 敗 (　　　)　　(87) 景 (　　　)

(88) 考 (　　　)

▼ 음은 같은데 뜻이 다른 한자 찾기

[問89~91] 다음 漢字와 音은 같은데 뜻이 다른 漢字를 |보기|에서 찾아 그 번호를 쓰세요.

|보기|
① 王家 ② 記者 ③ 技士
④ 電子 ⑤ 勇者 ⑥ 王者

(89) 前者 (　　　) (90) 王子 (　　　)

(91) 記事 (　　　)

▼ 한자어의 뜻 쓰기

[問92~94] 다음 漢字語의 뜻을 쓰세요

(92) 卓見 (　　　　　　　)

(93) 樂園 (　　　　　　　)

(94) 落島 (　　　　　　　)

▼ 한자의 약자 쓰기

[問95~97] 다음 漢字의 略字(약자: 획수를 줄인 漢字)를 쓰세요.

|보기|
體 ➡ 体

(95) 會 (　　　)　　(96) 對 (　　　)

(97) 區 (　　　)

▼ 한자의 쓰는 순서 찾기

[問98~100] 진하게 표시한 획은 몇 번째 쓰는지 |보기|에서 찾아 그 번호를 쓰세요.

|보기|
① 첫 번째 ② 두 번째 ③ 세 번째
④ 네 번째 ⑤ 다섯 번째 ⑥ 여섯 번째
⑦ 일곱 번째 ⑧ 여덟 번째 ⑨ 아홉 번째
⑩ 열 번째

(98)
北 (　　　)

(99)
市 (　　　)

(100)
郡 (　　　)

 모범 답안은 277쪽에 있습니다.

제1회 한자능력검정시험 적중 예상 문제 5급

▼ 한자어의 독음 쓰기

[問1~35] 다음 漢字語의 讀音을 쓰세요.

(1) 나는 대한민국의 씩씩한 健兒이다. (　　)

(2) 하나둘 그 노래를 따라 合唱하기 시작했다. (　　)

(3) 이번 달 수출이 월별 실적으로는 사상 最高를 기록했다. (　　)

(4) 어머니는 아픈 患者들을 돌보셨다. (　　)

(5) 조그만 산에 안긴 바다는 湖水처럼 고요하다. (　　)

(6) 한양에 都邑하다. (　　)

(7) 獨島에는 천연자원이 많다. (　　)

(8) 우리 누나는 국가 대표 體操 선수이다. (　　)

(9) 계약서 寫本을 제시하였다. (　　)

(10) 작품이 드디어 完成되었다. (　　)

(11) 삼촌은 손님들 앞에서 얌전히 굴라고 命令했다. (　　)

(12) 오늘은 野球 경기가 있는 날이다. (　　)

(13) 病院에서 정기 검진을 받았다. (　　)

(14) 깊은 가을이라 落葉이 많이 떨어졌다. (　　)

(15) 오늘의 특별한 料理를 하였다. (　　)

(16) 그는 이 시대의 진정한 英雄이다. (　　)

(17) 사고의 原因을 조사하였다. (　　)

(18) 아버지는 회사에서 賞金을 탔다. (　　)

(19) 建國의 기초를 튼튼히 다지다. (　　)

(20) 浴室에 들어가 샤워를 하다. (　　)

(21) 그 집회는 노동 단체에 합법적으로 許可된 것이다. (　　)

(22) 이 우주의 순환 法則은 사람이나 만물이나 다 같다. (　　)

(23) 동생의 간절한 부탁을 冷情히 거절할 수 없었다. (　　)

(24) 火災를 미연에 방지하였다. (　　)

(25) 그 잡지는 商業적 성격이 짙다. (　　)

(26) 나는 失手로 아버지께서 아끼시는 도자기를 깨뜨렸다. (　　)

(27) 그는 자신의 잘못을 속속들이 改過했다. (　　)

(28) 한국인이 결승전 競技의 주심으로 결정됐다. (　　)

(29) 그 품목은 판매 부진과 수입사 부도로 品切했다. (　　)

(30) 제비뽑기로 순서를 決定하다. (　　)

(31) 現在 점수 상황은 동점이다. (　　)

(32) 환경부의 案件이 국무 회의에 상정되었다. (　　)

(33) 아버님의 유품을 貴重히 간수하다. (　　)

(34) 그는 명분보다 實利를 추구한다. (　　)

(35) 河川에 폐수를 방류하면 안 된다. (　　)

▼ 한자의 훈과 음 쓰기
[問36~58] 다음 漢字의 訓과 音을 쓰세요.

(36) 到 (　　　)　(37) 馬 (　　　)

(38) 卓 (　　　)　(39) 科 (　　　)

(40) 紙 (　　　)　(41) 社 (　　　)

(42) 弟 (　　　)　(43) 鼻 (　　　)

(44) 住 (　　　)　(45) 汽 (　　　)

(46) 店 (　　　)　(47) 要 (　　　)

(48) 頭 (　　　)　(49) 午 (　　　)

(50) 束 (　　　)　(51) 終 (　　　)

(52) 任 (　　　)　(53) 展 (　　　)

(54) 雲 (　　　)　(55) 聞 (　　　)

(56) 觀 (　　　)　(57) 堂 (　　　)

(58) 禮 (　　　)

▼ 문장에 활용된 한자어를 한자로 쓰기
[問59~73] 다음 밑줄 친 漢字語를 漢字로 쓰세요.

(59) 뜰에는 화초가 만발했다. (　　　)

(60) 도서관은 평일에만 개방한다. (　　　)

(61) 분단은 우리 민족의 비극이다.
(　　　)

(62) 나는 급행 열차로 부산에 갔다.
(　　　)

(63) 휴대폰 사용 요금이 부과되었다.
(　　　)

(64) 미인의 조건은 나라마다 다르다.
(　　　)

(65) 부부는 인생의 고락을 함께 한다.
(　　　)

(66) 가슴이 터질 듯한 감동을 느꼈다.
(　　　)

(67) 그의 지식은 동서고금을 넘나든다.
(　　　)

(68) 어머니는 화초에 매일 물을 주신다.
(　　　)

(69) 악기를 연주할 때 강약이 중요하다.
(　　　)

(70) 무분별한 개발로 자연이 훼손되었다.
(　　　)

(71) 그 도시는 도로 정비가 잘 되어 있다.
(　　　)

(72) 그는 강한 승부 근성을 가지고 있다.
(　　　)

(73) 오늘 미술 시간에 원근법을 배웠다.
(　　　)

▼ 훈과 음에 알맞은 한자 쓰기
[問74~78] 다음 訓과 音에 맞는 漢字를 쓰세요.

(74) 볕 양 (　　　)

(75) 잃을 실 (　　　)

(76) 차례 번 (　　　)

(77) 합할 합 (　　　)

(78) 특별할 특 (　　　)

▼ 상대 또는 반대되는 한자 쓰기
[問79~81] 다음 漢字와 뜻이 相對 또는 反對 되는 漢字를 쓰세요.

(79) 去 ↔ (　　　)

(80) 問 ↔ (　　　)

(81) (　　　) ↔ 活

▼ 한자어 완성하기

[問82~85] 다음 ( ) 안에 들어갈 漢字語를 보기에서 찾아 그 번호를 써서 漢字語를 만드세요.

| 보기 |
| ① 車道 ② 見物 ③ 花草 ④ 有別 |
| ⑤ 百姓 ⑥ 百發 ⑦ 河清 ⑧ 休業 |

(82) 男女(　　　) : 남자와 여자 사이에 분별이 있어야 함.

(83) (　　　)生心 : 어떠한 물건을 보게 되면 갖고 싶은 욕심이 생김.

(84) 百年(　　　) : 오랜 시일이 지나도 어떤 일이 이루어지기 어려움.

(85) (　　　)百中 : 무슨 일이나 틀림없이 잘 들어맞음.

▼ 뜻이 비슷한 한자 찾기

[問86~88] 다음 漢字와 뜻이 같거나 비슷한 漢字를 보기에서 찾아 그 번호를 쓰세요.

| 보기 |
| ① 正 ② 情 ③ 件 |
| ④ 初 ⑤ 禮 ⑥ 綠 |

(86) 始 (　　　)　　(87) 物 (　　　)

(88) 靑 (　　　)

▼ 음은 같은데 뜻이 다른 한자 찾기

[問89~91] 다음 漢字와 음은 같은데 뜻이 다른 漢字를 보기에서 찾아 그 번호를 쓰세요.

| 보기 |
| ① 南 ② 六 ③ 敬 |
| ④ 店 ⑤ 事 ⑥ 他 |

(89) 京 (　　　)　　(90) 打 (　　　)

(91) 査 (　　　)

▼ 한자어의 뜻 쓰기

[問92~94] 다음 漢字語의 뜻을 쓰세요.

(92) 同級 (　　　　　　　　　)

(93) 公約 (　　　　　　　　　)

(94) 宿所 (　　　　　　　　　)

▼ 한자의 약자 쓰기

[問95~97] 다음 漢字의 略字(약자: 획수를 줄인 漢字)를 쓰세요.

| 보기 |
| 會 ➡ 会 |

(95) 發 (　　　)　　(96) 變 (　　　)

(97) 賣 (　　　)

▼ 한자의 쓰는 순서 찾기

[問98~100] 진하게 표시한 획은 몇 번째 쓰는지 보기에서 찾아 그 번호를 쓰세요.

| 보기 |
| ① 첫 번째 ② 두 번째 ③ 세 번째 |
| ④ 네 번째 ⑤ 다섯 번째 ⑥ 여섯 번째 |
| ⑦ 일곱 번째 ⑧ 여덟 번째 ⑨ 아홉 번째 |
| ⑩ 열 번째 |

(98) 他 (　　)

(99) 代 (　　)

(100) 浴 (　　)

모범 답안은 278쪽에 있습니다.

제2회 한자능력검정시험 적중 예상 문제 5급

▼ 한자어의 독음 쓰기

[問 1~35] 다음 漢字語의 讀音을 쓰세요.

(1) 打者가 타석에 들어서자 환호성이 쏟아졌다. （　　）

(2) 그는 當代 최고의 작가이다. （　　）

(3) 강에서 漁夫가 그물을 던진다. （　　）

(4) 나는 친구를 위해 祝歌를 불렀다. （　　）

(5) 벨 소리가 規則적으로 울리다. （　　）

(6) 도서관은 모든 사람에게 늘 開放되어 있다. （　　）

(7) 오늘이 무슨 曜日이냐? （　　）

(8) 여동생은 따로 방을 쓰는 게 所願이었다. （　　）

(9) 우리 형은 初等학교 6학년이다. （　　）

(10) 우리 아버지는 大領이시다. （　　）

(11) 固體가 녹으면 액체가 된다. （　　）

(12) 加熱 온도를 높이다. （　　）

(13) 수천 리 他國에서 홀로 지냈다. （　　）

(14) 우리 팀은 전년도 우승 팀에게 근소한 차로 敗北하였다. （　　）

(15) 회사의 再建을 위하여 모든 사원이 노력했다. （　　）

(16) 오늘은 반장 選擧를 하는 날이다. （　　）

(17) 몸살 기운에 過勞까지 겹쳤다. （　　）

(18) 모든 順序가 끝이 났다. （　　）

(19) 선수들이 선수촌에서 合宿하며 훈련을 하고 있다. （　　）

(20) 동생은 크레파스로 曲線을 그렸다. （　　）

(21) 여러 책을 對比한 다음 알맞은 것을 사자. （　　）

(22) 내가 教壇에 선 지도 올해로 30년이 된다. （　　）

(23) 이번 달에는 가족 행사가 많아서 赤字가 났다. （　　）

(24) 저 같은 罪人이 무슨 할 말이 있겠습니까? （　　）

(25) 이 家屋의 구조는 매우 튼튼하게 되어 있다. （　　）

(26) 동생은 과일 氷水를 좋아한다. （　　）

(27) 사람이 자기 分數를 알아야지. （　　）

(28) 靑雲에 뜻을 두고 학업에 열중하다. （　　）

(29) 결혼하여 한 家庭을 이루다. （　　）

(30) 光速 우주 여행을 하고 싶다. （　　）

(31) 감기 때문에 내과 醫院을 찾았다. （　　）

(32) 그들의 談話는 밤늦도록 계속되었다. （　　）

(33) 계곡의 아름다운 景致에 도취되어 있었다. （　　）

(34) 정부는 범죄와의 戰爭을 선포했다. （　　）

(35) 잔돈푼을 조금씩 은행에 貯金했다. （　　）

▼ 한자의 훈과 음 쓰기
[問36~58] 다음 漢字의 訓과 音을 쓰세요.

(36) 老(　　　　)　(37) 代(　　　　)

(38) 具(　　　　)　(39) 橋(　　　　)

(40) 産(　　　　)　(41) 億(　　　　)

(42) 植(　　　　)　(43) 仕(　　　　)

(44) 半(　　　　)　(45) 充(　　　　)

(46) 陽(　　　　)　(47) 鮮(　　　　)

(48) 昨(　　　　)　(49) 飮(　　　　)

(50) 典(　　　　)　(51) 偉(　　　　)

(52) 永(　　　　)　(53) 都(　　　　)

(54) 奉(　　　　)　(55) 流(　　　　)

(56) 史(　　　　)　(57) 歲(　　　　)

(58) 急(　　　　)

▼ 문장에 활용된 한자어를 한자로 쓰기
[問59~73] 다음 밑줄 친 漢字語를 漢字로 쓰세요.

(59) 도로에 차가 가득하다.　(　　　　)

(60) 노상 방뇨는 불법이다.　(　　　　)

(61) 시간은 되돌릴 수 없다.　(　　　　)

(62) 전통 의복을 갖추어 입었다. (　　　　)

(63) 시내버스 요금이 인상되었다.
(　　　　)

(64) 미국은 가깝고도 먼 나라이다.
(　　　　)

(65) 수첩에 지하철 노선도가 있다.
(　　　　)

(66) 새로운 인물이 주목 받고 있다.
(　　　　)

(67) 여름에는 온통 초록으로 물든다.
(　　　　)

(68) 야생에서는 강자만이 살아남는다.
(　　　　)

(69) 우리 집 전화번호는 외우기 쉽다.
(　　　　)

(70) 봄철에 누런 황토 먼지가 발생한다.
(　　　　)

(71) 심청이는 백미 삼백 석에 팔려갔다.
(　　　　)

(72) 보일러 고장으로 온수가 나오지 않는다.
(　　　　)

(73) 석유는 20세기의 가장 중요한 자원이다.
(　　　　)

▼ 훈과 음에 알맞은 한자 쓰기
[問74~78] 다음 訓과 音에 맞는 漢字를 쓰세요.

(74) 들을 문 (　　　　)

(75) 느낄 감 (　　　　)

(76) 동산 원 (　　　　)

(77) 통할 통 (　　　　)

(78) 겨레 족 (　　　　)

▼ 상대 또는 반대되는 한자 쓰기
[問79~81] 다음 漢字와 뜻이 相對 또는 反對 되는 漢字를 쓰세요.

(79) (　　　　) ↔ 果

(80) 利 ↔ (　　　　)

(81) (　　　　) ↔ 終

▼ 한자어 완성하기

[問82~85] 다음 ( ) 안에 들어갈 漢字語를 |보기|에서 찾아 그 번호를 써서 漢字語를 만드세요.

|보기|
① 同名　② 青綠　③ 在天　④ 一心
⑤ 水長　⑥ 傳心　⑦ 夜光　⑧ 夕改

(82) 山高(　　　) : 산은 높이 솟고 강은 길게 흐름.

(83) 以心(　　　) : 마음과 마음으로 서로 뜻이 통함.

(84) 人命(　　　) : 사람의 목숨은 하늘에 달려 있음.

(85) 朝變(　　　) : 일관성이 없이 자주 고침.

▼ 뜻이 비슷한 한자 찾기

[問86~88] 다음 漢字와 뜻이 같거나 비슷한 漢字를 |보기|에서 찾아 그 번호를 쓰세요.

|보기|
① 的　② 言　③ 風
④ 敎　⑤ 男　⑥ 根

(86) 本 (　　　)　(87) 語 (　　　)

(88) 訓 (　　　)

▼ 음은 같은데 뜻이 다른 한자 찾기

[問89~91] 다음 漢字와 음은 같은데 뜻이 다른 漢字를 |보기|에서 찾아 그 번호를 쓰세요.

|보기|
① 仕　② 遠　③ 多
④ 書　⑤ 化　⑥ 期

(89) 原 (　　　)　(90) 西 (　　　)

(91) 汽 (　　　)

▼ 한자어의 뜻 쓰기

[問92~94] 다음 漢字語의 뜻을 쓰세요.

(92) 消火 (　　　　　　　　　)

(93) 改善 (　　　　　　　　　)

(94) 寫本 (　　　　　　　　　)

▼ 한자의 약자 쓰기

[問95~97] 다음 漢字의 略字(약자: 획수를 줄인 漢字)를 쓰세요.

|보기|
價 ➡ 価

(95) 獨 (　　　)　(96) 鐵 (　　　)

(97) 畫 (　　　)

▼ 한자의 쓰는 순서 찾기

[問98~100] 진하게 표시한 획은 몇 번째 쓰는지 |보기|에서 찾아 그 번호를 쓰세요.

|보기|
① 첫 번째　② 두 번째　③ 세 번째
④ 네 번째　⑤ 다섯 번째　⑥ 여섯 번째
⑦ 일곱 번째　⑧ 여덟 번째　⑨ 아홉 번째
⑩ 열 번째

(98)
(　　　)

(99)
(　　　)

(100)
(　　　)

모범 답안은 278쪽에 있습니다.

▼ 한자어의 독음 쓰기

[問 1~35] 다음 漢字語의 讀音을 쓰세요.

(1) 그는 굳은 信念을 지닌 사람이다. ( )

(2) 貴下께서는 어떻게 생각하시는지요. ( )

(3) 큰 漁船은 먼바다까지 나가 고기를 잡는다. ( )

(4) 높은 地位에 오르다. ( )

(5) 着席을 마치자 판사는 재판을 시작하였다. ( )

(6) 그 친구하곤 아무리 친한 척해도 결국은 氷炭지간이야. ( )

(7) 이 동네는 交通이 편리하다. ( )

(8) 우리 집에서 牛馬를 키우다. ( )

(9) 團體 손님이 예약되어 있다. ( )

(10) 鐵材가 부족하여 공사가 여러 달 지연되었다. ( )

(11) 산으로 들어가 神仙이 되어 버린 지 오래다. ( )

(12) 부지런히 일한 덕분에 소득이 倍加하였다. ( )

(13) 오래된 古宅에서 하룻밤을 잤다. ( )

(14) 思考의 영역을 넓히다. ( )

(15) 그와 나는 性格적으로 잘 맞는다. ( )

(16) 경찰은 事件을 해결하였다. ( )

(17) 識見을 넓히기 위해서 책을 많이 읽었다. ( )

(18) 호흡을 停止하고 방아쇠를 잡아당겼다. ( )

(19) 이 사업은 展望이 밝다. ( )

(20) 이제 새로운 국제화 시대가 到來한 것이다. ( )

(21) 요즘 옷은 남녀의 區別이 없는 경우가 많다. ( )

(22) 그는 傳說 속의 인물이다. ( )

(23) 우리 마을 전체 면적의 약 반이 林野이다. ( )

(24) 같은 種類끼리 모아라. ( )

(25) 外形적으로 잘 꾸민 집이다.( )

(26) 김 과장은 매우 家庭적인 사람이다. ( )

(27) 동지섣달 긴 밤을 億萬 가지 근심으로 지새웠다. ( )

(28) 불구덩이 속에서 인명을 救出하였다. ( )

(29) 오래된 고기에서 세균이 多量 검출되었다. ( )

(30) 감기에 걸리면 푹 쉬는 게 最善이다. ( )

(31) 그동안 알뜰히 모아 銀行에 저축을 하였다. ( )

(32) 여행 費用을 부담하였다. ( )

(33) 서울특별시는 대한민국의 首都이다. ( )

(34) 사고의 再發을 방지하다. ( )

(35) 스님은 木板에 글씨를 새겼다. ( )

▼ 한자의 훈과 음 쓰기

[問36~58] 다음 漢字의 訓과 音을 쓰세요.

(36) 固 (　　　)　(37) 雪 (　　　)

(38) 部 (　　　)　(39) 朗 (　　　)

(40) 決 (　　　)　(41) 島 (　　　)

(42) 集 (　　　)　(43) 客 (　　　)

(44) 週 (　　　)　(45) 談 (　　　)

(46) 患 (　　　)　(47) 福 (　　　)

(48) 約 (　　　)　(49) 課 (　　　)

(50) 操 (　　　)　(51) 變 (　　　)

(52) 局 (　　　)　(53) 服 (　　　)

(54) 以 (　　　)　(55) 商 (　　　)

(56) 童 (　　　)　(57) 關 (　　　)

(58) 放 (　　　)

▼ 문장에 활용된 한자어를 한자로 쓰기

[問59~73] 다음 밑줄 친 漢字語를 漢字로 쓰세요.

(59) 신문에 광고를 내었다. (　　　)

(60) 산에는 수목이 무성하다. (　　　)

(61) 정오까지는 학습 시간이다. (　　　)

(62) 선두를 지키는 일은 어렵다. (　　　)

(63) 좋은 약초는 구하기 어렵다. (　　　)

(64) 하늘에 붉은 석양이 깔렸다. (　　　)

(65) 풍속이 초속 7미터나 되었다.
(　　　)

(66) 농촌이 점차 노령화되고 있다.
(　　　)

(67) 과거보다 현재에 최선을 다하자.
(　　　)

(68) 그는 이번 일에 사활을 걸었다.
(　　　)

(69) 좌석이 매진되어 입석 밖에 없다.
(　　　)

(70) 이번 승리는 꾸준한 연습 덕분이다.
(　　　)

(71) 할아버지와 손자는 표정까지 닮았다.
(　　　)

(72) 병을 예방하는 것이 진정한 명의이다.
(　　　)

(73) 매번 지각하는 사람은 신뢰를 얻지 못한다. (　　　)

▼ 훈과 음에 알맞은 한자 쓰기

[問74~78] 다음 訓과 音에 맞는 漢字를 쓰세요.

(74) 밤 야 (　　　)

(75) 느낄 감 (　　　)

(76) 번개 전 (　　　)

(77) 친할 친 (　　　)

(78) 아침 조 (　　　)

▼ 상대 또는 반대되는 한자 쓰기

[問79~81] 다음 漢字와 뜻이 相對 또는 反對되는 漢字를 쓰세요.

(79) (　　　) ↔ 買

(80) 吉 ↔ (　　　)

(81) (　　　) ↔ 來

▼ 한자어 완성하기

[問82~85] 다음 ( ) 안에 들어갈 漢字를 |보기|에서 찾아 그 번호를 써서 漢字語를 만드세요.

|보기|
① 春 ② 萬 ③ 曲 ④ 浴
⑤ 方 ⑥ 成 ⑦ 米 ⑧ 無

(82) 八(　　)美人 : 여러 방면에 능통한 사람.

(83) 自手(　　)家 : 자기 혼자의 힘으로 집안을 일으킴.

(84) 有口(　　)言 : 변명할 말이 없음.

(85) 不問(　　)直 : 옳고 그름을 따지지 아니함.

▼ 뜻이 비슷한 한자 찾기

[問86~88] 다음 漢字와 뜻이 같거나 비슷한 漢字를 |보기|에서 찾아 그 번호를 쓰세요.

|보기|
① 億 ② 習 ③ 術
④ 衣 ⑤ 加 ⑥ 育

(86) 技 (　　)   (87) 練 (　　)

(88) 養 (　　)

▼ 음은 같은데 뜻이 다른 한자 찾기

[問89~91] 다음 漢字와 음은 같은데 뜻이 다른 漢字를 |보기|에서 찾아 그 번호를 쓰세요.

|보기|
① 祖 ② 戰 ③ 王
④ 望 ⑤ 急 ⑥ 商

(89) 賞 (　　)   (90) 給 (　　)

(91) 亡 (　　)

▼ 한자어의 뜻 쓰기

[問92~94] 다음 漢字語의 뜻을 쓰세요.

(92) 畫具 (　　　　　　　　　　)

(93) 曲線 (　　　　　　　　　　)

(94) 許可 (　　　　　　　　　　)

▼ 한자의 약자 쓰기

[問95~97] 다음 漢字의 略字(약자: 획수를 줄인 漢字)를 쓰세요.

|보기|
學 ➡ 学

(95) 來 (　　)   (96) 卒 (　　)

(97) 擧 (　　)

▼ 한자의 쓰는 순서 찾기

[問98~100] 진하게 표시한 획은 몇 번째 쓰는지 |보기|에서 찾아 그 번호를 쓰세요.

|보기|
① 첫 번째   ② 두 번째   ③ 세 번째
④ 네 번째   ⑤ 다섯 번째 ⑥ 여섯 번째
⑦ 일곱 번째 ⑧ 여덟 번째 ⑨ 아홉 번째
⑩ 열 번째

(98)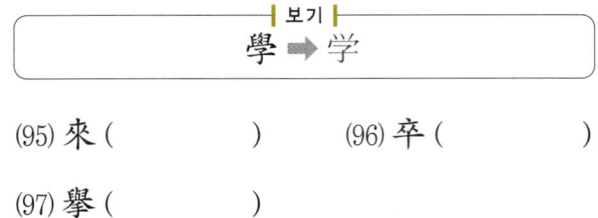
(　　)

(99)
(　　)

(100)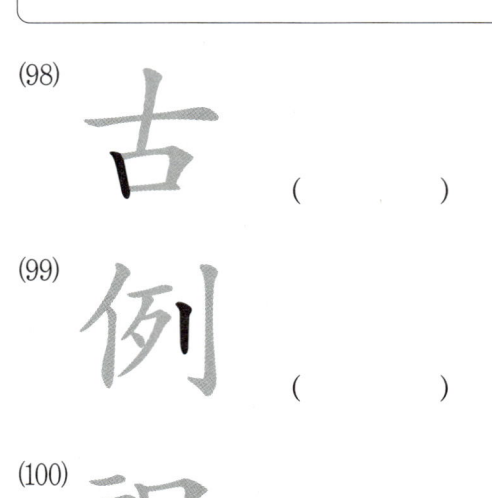
(　　)

모범 답안은 278쪽에 있습니다.

제4회 한자능력검정시험 적중 예상 문제 5급

▼ 한자어의 독음 쓰기

[問 1~35] 다음 漢字語의 讀音을 쓰세요.

(1) 우리나라는 반만년 歷史를 가지고 있다. (　　)

(2) 이 분은 우리 祖父이시다. (　　)

(3) 강의 내용을 공책에 筆記하였다. (　　)

(4) 不當하게 이익을 남기다. (　　)

(5) 이제 노사 간의 利害를 떠나 단결할 때이다. (　　)

(6) 과일 價格이 많이 올랐다. (　　)

(7) 의사 선생님은 患部를 정성껏 치료해 주었다. (　　)

(8) 그 얼굴은 못생겼지만 善良하고 정다웠다. (　　)

(9) 서양에서 最初로 번역된 우리 소설이 춘향전이었다. (　　)

(10) 엄마와 함께 市場에 갔다. (　　)

(11) 이 동의안에 찬성하는 분들은 擧手해 주십시오. (　　)

(12) 언제 만난다는 期約도 없이 그들은 헤어졌다. (　　)

(13) 펜치로 鐵線을 구부렸다. (　　)

(14) 이모는 作曲을 잘하신다. (　　)

(15) 그 의사는 醫術이 뛰어나다. (　　)

(16) 자유에는 責任이 따른다. (　　)

(17) 밤새도록 쏟아진 비로 골짝에는 황토 물이 急流를 이루었다. (　　)

(18) 신자들에게 교리를 說明하였다. (　　)

(19) 冬節기에는 수도가 얼지 않도록 조심해야 한다. (　　)

(20) 무슨 理由가 그리도 많으냐? (　　)

(21) 그 가수는 가요제에서 영예의 大賞을 수상했다. (　　)

(22) 사실을 因果적으로 설명하다. (　　)

(23) 月給이 몇 달 치 미뤄졌다. (　　)

(24) 나는 학교가 끝나면 學院에 간다. (　　)

(25) 앞으로 社會에 나가면 무슨 일을 할 작정이냐? (　　)

(26) 우리는 그의 행동에 失望하였다. (　　)

(27) 우리 선수단은 어떤 팀과 싸워도 必勝할 수 있는 신념을 가지고 있다. (　　)

(28) 트럭 한 대가 주차장 通路를 막고 서 있다. (　　)

(29) 그는 神仙과 같은 생활을 하고 있다. (　　)

(30) 그의 화살은 이번에도 과녁에 的中이 안 되었다. (　　)

(31) 우리 동네에는 같이 놀 만한 親舊가 없다. (　　)

(32) 맡은 일을 完全하게 수행하다. (　　)

(33) 방 안 風景을 둘러보았다. (　　)

(34) 寒冷한 겨울바람이 쉼 없이 불고 있다. (　　)

(35) 상품을 賣出하다. (　　)

▼ 한자의 훈과 음 쓰기

[問36~58] 다음 漢字의 訓과 音을 쓰세요.

(36) 歌 (　　　)　(37) 樹 (　　　)

(38) 順 (　　　)　(39) 班 (　　　)

(40) 直 (　　　)　(41) 他 (　　　)

(42) 葉 (　　　)　(43) 序 (　　　)

(44) 談 (　　　)　(45) 領 (　　　)

(46) 魚 (　　　)　(47) 雄 (　　　)

(48) 農 (　　　)　(49) 郡 (　　　)

(50) 區 (　　　)　(51) 加 (　　　)

(52) 育 (　　　)　(53) 勞 (　　　)

(54) 相 (　　　)　(55) 命 (　　　)

(56) 費 (　　　)　(57) 數 (　　　)

(58) 級 (　　　)

▼ 문장에 활용된 한자어를 한자로 쓰기

[問59~73] 다음 밑줄 친 漢字語를 漢字로 쓰세요.

(59) 주야 교대로 일한다. (　　　)

(60) 근래에 보기 드문 일이다. (　　　)

(61) 생사를 확인할 길이 없다. (　　　)

(62) 밤에는 방향을 알기 어렵다. (　　　)

(63) 약국에서 감기약을 구입했다. (　　　)

(64) 대륙과 해양은 기후가 다르다. (　　　)

(65) 재활용은 자연 보호의 시작이다. (　　　)

(66) 어버이날에는 감사함을 표현하자. (　　　)

(67) 모두 합동하여 위기를 극복하였다. (　　　)

(68) 평소에 친애하는 친구를 만났다. (　　　)

(69) 언니는 매일 야간 자율 학습을 한다. (　　　)

(70) 한국 야구가 결승전에 진출하였다. (　　　)

(71) 약자를 괴롭히는 것은 정의롭지 않다. (　　　)

(72) 방학 숙제 중에서 일기가 가장 어렵다. (　　　)

(73) 여름에는 태양이 더욱 뜨겁게 느껴진다. (　　　)

▼ 훈과 음에 알맞은 한자 쓰기

[問74~78] 다음 訓과 音에 맞는 漢字를 쓰세요.

(74) 뜻 의 (　　　)

(75) 멀 원 (　　　)

(76) 있을 유 (　　　)

(77) 사라질 소 (　　　)

(78) 꽃부리 영 (　　　)

▼ 상대 또는 반대되는 한자 쓰기

[問79~81] 다음 漢字와 뜻이 相對 또는 反對되는 漢字를 쓰세요.

(79) (　　　) ↔ 右

(80) 輕 ↔ (　　　)

(81) (　　　) ↔ 着

▼ 한자어 완성하기

[問82~85] 다음 ( ) 안에 들어갈 漢字語를 |보기|에서 찾아 그 번호를 써서 漢字語를 만드세요.

|보기|
① 待筆 ② 交友 ③ 百姓 ④ 交友
⑤ 白面 ⑥ 特筆 ⑦ 正當 ⑧ 氷山

(82) (　　　)一角: 대부분 숨겨져 있고 일부분만 밖으로 드러남.

(83) 大書(　　　): 특별히 두드러지게 보이도록 글자를 크게 씀.

(84) (　　　)以信: 믿음으로써 벗을 사귐.

(85) (　　　)書生: 글만 읽고 세상일에는 전혀 경험이 없는 사람.

▼ 뜻이 비슷한 한자 찾기

[問86~88] 다음 漢字와 뜻이 같거나 비슷한 漢字를 |보기|에서 찾아 그 번호를 쓰세요.

|보기|
① 習   ② 停   ③ 競
④ 識   ⑤ 練   ⑥ 兵

(86) 止 (　　) (87) 卒 (　　)

(88) 爭 (　　)

▼ 음은 같은데 뜻이 다른 한자 찾기

[問89~91] 다음 漢字와 音은 같은데 뜻이 다른 漢字를 |보기|에서 찾아 그 번호를 쓰세요.

|보기|
① 畫   ② 到   ③ 具
④ 對   ⑤ 仙   ⑥ 祖

(89) 救 (　　) (90) 都 (　　)

(91) 選 (　　)

▼ 한자어의 뜻 쓰기

[問92~94] 다음 漢字語의 뜻을 쓰세요.

(92) 倍加 (　　　　　　　　)

(93) 特技 (　　　　　　　　)

(94) 浴室 (　　　　　　　　)

▼ 한자의 약자 쓰기

[問95~97] 다음 漢字의 略字(약자: 획수를 줄인 漢字)를 쓰세요.

|보기|
體 ➡ 体

(95) 舊 (　　　) (96) 團 (　　　)

(97) 經 (　　　)

▼ 한자의 쓰는 순서 찾기

[問98~100] 진하게 표시한 획은 몇 번째 쓰는지 |보기|에서 찾아 그 번호를 쓰세요.

|보기|
① 첫 번째 ② 두 번째 ③ 세 번째
④ 네 번째 ⑤ 다섯 번째 ⑥ 여섯 번째
⑦ 일곱 번째 ⑧ 여덟 번째 ⑨ 아홉 번째
⑩ 열 번째

(98) 氷 (　　)

(99) 序 (　　)

(100) 料 (　　)

모범 답안은 279쪽에 있습니다.

제5회 한자능력검정시험 적중 예상 문제 5급

▼ 한자어의 독음 쓰기

[問1~35] 다음 漢字語의 讀音을 쓰세요.

(1) 우리나라 最初의 국산 자동차를 보았다. ( )

(2) 선거 열기가 지금 한창 加熱되고 있다. ( )

(3) 冷溫을 고르게 해야겠다. ( )

(4) 市長에서 과일을 샀다. ( )

(5) 어릴 때 살던 집은 이제 形體조차 찾아볼 수 없다. ( )

(6) 바다에는 많은 魚類들이 산다. ( )

(7) 勝敗를 떠나서 정정당당하게 싸우자. ( )

(8) 백두산의 폭발 당시에 용암과 輕石 등이 쏟아져 내려왔다. ( )

(9) 마음껏 才量을 펼칠 수 있는 기회가 그에게 주어졌다. ( )

(10) 그는 환경 문제에 대해 卓見을 가지고 있다. ( )

(11) 적당한 장소에 物件을 두었다. ( )

(12) 그는 해박한 知識을 가지고 있다. ( )

(13) 오늘은 축구 競技가 있는 날이다. ( )

(14) 내 통장에 一億이 들어 있다.( )

(15) 설계 圖面에 따라 건물을 지었다. ( )

(16) 우리 부모님은 貯金을 많이 하신다. ( )

(17) 과거의 잘못에 대해 反省하였다. ( )

(18) 過食은 건강에 좋지 않다. ( )

(19) 이 정자는 휴식과 觀望을 위한 것이다. ( )

(20) 나는 원하는 대학교에 合格을 했다. ( )

(21) 아이는 점차 모범생으로 變化해 가고 있었다. ( )

(22) 몸을 健實히 단련하다. ( )

(23) 그녀는 幸福한 나날을 보냈다. ( )

(24) 歷史 시간이 너무나 기다려 졌다. ( )

(25) 우리 가족은 주말마다 奉仕 활동을 갔다. ( )

(26) 다 쓴 건전지를 充電하였다. ( )

(27) 氷河가 서서히 녹고 있다. ( )

(28) 학생들이 반장을 選出하였다. ( )

(29) 이것은 사람에게 끼치는 害惡이 아닙니까? ( )

(30) 여가를 자기 계발에 잘 活用하는 사람만이 성공할 수 있다. ( )

(31) 선생님은 어느 教科보다도 우리글을 가르치는 데 힘을 쏟았다. ( )

(32) 題目만 보아도 어떤 내용의 책일지 짐작이 간다. ( )

(33) 材料가 부족하여 공장에서 물건을 만들지 못하고 있다. ( )

(34) 農夫에겐 땅이 생명이다. ( )

(35) 그 대회에서 선수들의 入賞 여부는 정신력에 달려 있다. ( )

한자능력검정시험 적중 예상 문제 **5급**

▼ 한자의 훈과 음 쓰기
[問36~58] 다음 漢字의 訓과 音을 쓰세요.

(36) 校(   )   (37) 結(   )

(38) 午(   )   (39) 朴(   )

(40) 養(   )   (41) 救(   )

(42) 答(   )   (43) 社(   )

(44) 窓(   )   (45) 質(   )

(46) 許(   )   (47) 能(   )

(48) 油(   )   (49) 壇(   )

(50) 比(   )   (51) 去(   )

(52) 綠(   )   (53) 汽(   )

(54) 良(   )   (55) 李(   )

(56) 事(   )   (57) 洗(   )

(58) 約(   )

▼ 문장에 활용된 한자어를 한자로 쓰기
[問59~73] 다음 밑줄 친 漢字語를 漢字로 쓰세요.

(59) 안중근은 애국지사이다. (   )

(60) 조회 시간에 지각하였다. (   )

(61) 급히 가족 회의를 열었다. (   )

(62) 꾸준히 은행에 저축한다. (   )

(63) 현재는 미래의 거울이다. (   )

(64) 문장이 길면 읽기 어렵다. (   )

(65) 친족의 범위는 10촌 이내이다.
(   )

(66) 내 방의 창문은 서향이다. (   )

(67) 한국은 개인의 자유가 보장된다.
(   )

(68) 아무도 특별 대우를 받지 않는다.
(   )

(69) 그는 뛰어난 의술을 가지고 있다.
(   )

(70) 밖으로 나가는 통로는 하나뿐이다.
(   )

(71) 원대한 꿈을 가진 사람이 성공한다.
(   )

(72) 동양과 서양이 반대되는 것은 아니다.
(   )

(73) 감정에 좌우되지 말고 공정해야 한다.
(   )

▼ 훈과 음에 알맞은 한자 쓰기
[問74~78] 다음 訓과 音에 맞는 漢字를 쓰세요.

(74) 업 업 (   )

(75) 서울 경 (   )

(76) 예도 례 (   )

(77) 차례 번 (   )

(78) 정할 정 (   )

▼ 상대 또는 반대되는 한자 쓰기
[問79~81] 다음 漢字와 뜻이 相對 또는 反對되는 漢字를 쓰세요.

(79) (   ) ↔ 害

(80) 內 ↔ (   )

(81) (   ) ↔ 後

▼ 한자어 완성하기

[問82~85] 다음 ( )안에 들어갈 漢字를 ㅣ보기ㅣ에서 찾아 그 번호를 써서 漢字語를 만드세요.

ㅣ보기ㅣ
① 四   ② 新   ③ 身   ④ 中
⑤ 始   ⑥ 計   ⑦ 父   ⑧ 下

(82) 百年大(　　　): 백년을 내다보고 세우는 큰 계획.

(83) (　　　)土不二: 땅과 몸은 둘이 아님.

(84) (　　　)傳子傳: 아버지가 아들에게 대대로 전함.

(85) 十(　　　)八九: 거의 틀림없음.

▼ 뜻이 비슷한 한자 찾기

[問86~88] 다음 漢字와 뜻이 같거나 비슷한 漢字를 ㅣ보기ㅣ에서 찾아 그 번호를 쓰세요.

ㅣ보기ㅣ
① 體   ② 事   ③ 考
④ 等   ⑤ 洋   ⑥ 兒

(86) 海 (　　　)   (87) 思 (　　　)

(88) 身 (　　　)

▼ 음은 같은데 뜻이 다른 한자 찾기

[問89~91] 다음 漢字와 音은 같은데 뜻이 다른 漢字를 ㅣ보기ㅣ에서 찾아 그 번호를 쓰세요.

ㅣ보기ㅣ
① 近   ② 價   ③ 切
④ 待   ⑤ 角   ⑥ 衣

(89) 對 (　　　)   (90) 節 (　　　)

(91) 各 (　　　)

▼ 한자어의 뜻 쓰기

[問92~94] 다음 漢字語의 뜻을 쓰세요.

(92) 貴重 (　　　　　　　　　　)

(93) 他國 (　　　　　　　　　　)

(94) 再建 (　　　　　　　　　　)

▼ 한자의 약자 쓰기

[問95~97] 다음 漢字의 略字(약자: 획수를 줄인 漢字)를 쓰세요.

ㅣ보기ㅣ
當 ➡ 当

(95) 價 (　　　)   (96) 關 (　　　)

(97) 寫 (　　　)

▼ 한자의 쓰는 순서 찾기

[問98~100] 진하게 표시한 획은 몇 번째 쓰는지 ㅣ보기ㅣ에서 찾아 그 번호를 쓰세요.

ㅣ보기ㅣ
① 첫 번째   ② 두 번째   ③ 세 번째
④ 네 번째   ⑤ 다섯 번째   ⑥ 여섯 번째
⑦ 일곱 번째   ⑧ 여덟 번째   ⑨ 아홉 번째
⑩ 열 번째

(98) 米 (　　　)

(99) 船 (　　　)

(100) 島 (　　　)

모범 답안은 279쪽에 있습니다.

제6회 한자능력검정시험 적중 예상 문제 5급

▼ 한자어의 독음 쓰기

[問1~35] 다음 漢字語의 讀音을 쓰세요.

(1) 다른 이에게 責任을 지우면 안 된다. (   )

(2) 四方이 산으로 막혔다. (   )

(3) 어린아이도 獨立된 인격체이다. (   )

(4) 그는 의붓자식을 친자식처럼 정성껏 養育하였다. (   )

(5) 그는 무슨 말이든 利害로 따지기 전에 옳고 그름으로 따진다. (   )

(6) 이 마을에는 옛날부터 재미있는 傳說이 내려오고 있다. (   )

(7) 내일 선생님과 진로 문제를 相談하기로 하였다. (   )

(8) 그의 이름은 역사에 永遠히 기록될 것이다. (   )

(9) 층마다 番號를 매겼다. (   )

(10) 나는 아침마다 體操를 한다. (   )

(11) 몇 사람씩 待期하는 사람이 박스 앞마다 줄을 서 있었다. (   )

(12) 제주도는 觀光 산업이 발달되어 있다. (   )

(13) 그 연극은 심각한 主題를 해학적으로 표현했다. (   )

(14) 그는 여러 春秋를 낯선 땅에서 보냈다. (   )

(15) 이 문제에는 正答이 없다. (   )

(16) 그는 風流를 즐긴다. (   )

(17) 放課하면 딴 데 들르지 말고 바로 집으로 오렴. (   )

(18) 걸작을 당장 창조하겠다는 英雄 심리나 자기도취는 금물이야. (   )

(19) 그것은 法的으로 아무런 문제가 없다. (   )

(20) 그 회사 건물에는 넓은 직원 食堂이 갖추어져 있다. (   )

(21) 무엇을 먹을까 망설이다가 定食을 주문했다. (   )

(22) 鐵道 위로 기차가 지나가고 있었다. (   )

(23) 아버지는 動物을 무척 사랑하신다. (   )

(24) 사건의 종류와 性質에 따라 조사 방법을 달리했다. (   )

(25) 집주인의 案內로 화장실을 찾아갔다. (   )

(26) 白雪에 덮여 있는 마을은 몹시 평화스러워 보였다. (   )

(27) 曲直을 가리다. (   )

(28) 이 시간에는 학교에 등교하는 兒童이 횡단보도를 많이 이용한다. (   )

(29) 무력으로 赤化하다. (   )

(30) 이번 박람회는 디자인 공모전 입상작을 展示하고 있다. (   )

(31) 주말에 가족들과 함께 野球를 보러 갔다. (   )

(32) 最近에 우리 사회에는 범죄가 부쩍 늘고 있다. (   )

(33) 황소를 賞品으로 걸고 씨름 대회를 열었다. (   )

(34) 終禮가 끝나고 청소 시간까지 아무런 일이 없었다. (   )

(35) 선생님께서는 불쌍한 사람들에게 溫情을 베푸셨다. (   )

▼ 한자의 훈과 음 쓰기

[問36~58] 다음 漢字의 訓과 音을 쓰세요.

(36) 當(　　　)　(37) 産(　　　)

(38) 形(　　　)　(39) 族(　　　)

(40) 責(　　　)　(41) 注(　　　)

(42) 每(　　　)　(43) 調(　　　)

(44) 停(　　　)　(45) 湖(　　　)

(46) 旅(　　　)　(47) 效(　　　)

(48) 賣(　　　)　(49) 消(　　　)

(50) 牛(　　　)　(51) 待(　　　)

(52) 醫(　　　)　(53) 寫(　　　)

(54) 都(　　　)　(55) 吉(　　　)

(56) 式(　　　)　(57) 選(　　　)

(58) 規(　　　)

▼ 문장에 활용된 한자어를 한자로 쓰기

[問59~73] 다음 밑줄 친 漢字語를 漢字로 쓰세요.

(59) 출입문은 왼쪽이다. (　　　)

(60) 명화는 큰 감동을 준다. (　　　)

(61) 쌍둥이는 구별하기 어렵다. (　　　)

(62) 우리가 만난 것은 운명이다. (　　　)

(63) 1월 1일은 새해의 시작이다. (　　　)

(64) 내 방은 북향이라 늘 어둡다.
(　　　)

(65) 세금이 이중으로 부과되었다.
(　　　)

(66) 위인전을 통해 교훈을 얻었다.
(　　　)

(67) 포항은 공업이 발달한 도시다.
(　　　)

(68) 매일 같은 시간에 버스를 탄다.
(　　　)

(69) 서양 사람은 비교적 키가 크다.
(　　　)

(70) 군인 아저씨께 위문편지를 보냈다.
(　　　)

(71) 보물 창고에는 엄청난 황금이 있다.
(　　　)

(72) 시간을 잘 활용하는 사람이 성공한다.
(　　　)

(73) 스승의날은 선생님께 감사하는 날이다.
(　　　)

▼ 훈과 음에 알맞은 한자 쓰기

[問74~78] 다음 訓과 音에 맞는 漢字를 쓰세요.

(74) 은 은 (　　　)

(75) 병 병 (　　　)

(76) 익힐 습 (　　　)

(77) 급할 급 (　　　)

(78) 노래 가 (　　　)

▼ 상대 또는 반대되는 한자 쓰기

[問79~81] 다음 漢字와 뜻이 相對 또는 反對되는 漢字를 쓰세요.

(79) (　　　) ↔ 答

(80) 黑 ↔ (　　　)

(81) (　　　) ↔ 學

▼ 한자어 완성하기

[問82~85] 다음 ( )안에 들어갈 漢字를 보기에서 찾아 그 번호를 써서 漢字語를 만드세요.

┌─ 보기 ─┐
① 樹木 ② 成人 ③ 靑天 ④ 草木
⑤ 開場 ⑥ 成市 ⑦ 直告 ⑧ 敬天
└────┘

(82) (　　　)愛人 : 하늘을 숭배하고 인간을 사랑함.

(83) 門前(　　　) : 찾아오는 사람이 많음.

(84) 山川(　　　) : 산과 내, 풀과 나무.

(85) 以實(　　　) : 사실 그대로 고함.

▼ 뜻이 비슷한 한자 찾기

[問86~88] 다음 漢字와 뜻이 같거나 비슷한 漢字를 보기에서 찾아 그 번호를 쓰세요.

┌─ 보기 ─┐
① 育   ② 算   ③ 道
④ 談   ⑤ 果   ⑥ 生
└────┘

(86) 路 (　　　)   (87) 實 (　　　)

(88) 話 (　　　)

▼ 음은 같은데 뜻이 다른 한자 찾기

[問89~91] 다음 漢字와 音은 같은데 뜻이 다른 漢字를 보기에서 찾아 그 번호를 쓰세요.

┌─ 보기 ─┐
① 合   ② 落   ③ 洞
④ 果   ⑤ 識   ⑥ 李
└────┘

(89) 冬 (　　　)   (90) 利 (　　　)

(91) 植 (　　　)

▼ 한자어의 뜻 쓰기

[問92~94] 다음 漢字語의 뜻을 쓰세요.

(92) 擧手 (　　　　　　　)

(93) 戰死 (　　　　　　　)

(94) 加熱 (　　　　　　　)

▼ 한자의 약자 쓰기

[問95~97] 다음 漢字의 略字(약자: 획수를 줄인 漢字)를 쓰세요.

┌─ 보기 ─┐
體 ➡ 体
└────┘

(95) 號 (　　　)   (96) 傳 (　　　)

(97) 實 (　　　)

▼ 한자의 쓰는 순서 찾기

[問98~100] 진하게 표시한 획은 몇 번째 쓰는지 보기에서 찾아 그 번호를 쓰세요.

┌─ 보기 ─┐
① 첫 번째   ② 두 번째   ③ 세 번째
④ 네 번째   ⑤ 다섯 번째 ⑥ 여섯 번째
⑦ 일곱 번째 ⑧ 여덟 번째 ⑨ 아홉 번째
⑩ 열 번째
└────┘

(98) 全 (　　　)

(99) 初 (　　　)

(100) 原 (　　　)

모범 답안은 279쪽에 있습니다.

제7회 한자능력검정시험 적중 예상 문제 5급

▼ 한자어의 독음 쓰기

[問1~35] 다음 漢字語의 讀音을 쓰세요.

(1) 이야기 展開가 너무 산만하다. (　　)

(2) 米飮 한 그릇 덕분에 시장기는 가셨으나 기력은 없다. (　　)

(3) 우리는 민주주의의 原理를 바르게 이해하고 실천해야겠다. (　　)

(4) 부모님은 北京에 여행을 가셨다. (　　)

(5) 그것은 부모님의 뜻에 合當한 결정이다. (　　)

(6) 終業을 알리는 종이 울렸다. (　　)

(7) 春風은 불어 온갖 꽃이 만발했다. (　　)

(8) 이웃집 할머니가 이 음식의 元祖로 알려져 있다. (　　)

(9) 오늘은 部長님 이하 전 부원이 점심 식사를 같이 했다. (　　)

(10) 나는 행사에 參加하였다. (　　)

(11) 이순신 장군의 軍令이 떨어졌다. (　　)

(12) 그는 하루 종일 중노동으로 지쳐 擧動할 수조차 없었다. (　　)

(13) 우리나라는 石油가 나질 않는다. (　　)

(14) 화물이 무사히 목적지에 到着되었다. (　　)

(15) 오래된 都邑을 둘러보았다. (　　)

(16) 배탈이 나서 病院에 갔다. (　　)

(17) 그는 승부 根性이 강하다. (　　)

(18) 이 친구는 내가 실의에 빠져 있을 때 勇氣를 북돋아 준 사람이다. (　　)

(19) 夏節 위생 관리를 철저히 해야 한다. (　　)

(20) 어머니의 사랑은 偉大하다. (　　)

(21) 그는 短信이지만 장신 선수들을 제치고 올해의 최우수 선수로 뽑혔다. (　　)

(22) 그 편지에는 발신인의 주소와 姓名이 적혀 있지 않았다. (　　)

(23) 선생님께서 학생과 面談을 하셨다. (　　)

(24) 의사는 병원 안의 藥局에서 약을 받아 가라고 했다. (　　)

(25) 그는 항상 舊式 양복을 입고 다닌다. (　　)

(26) 그녀는 吉凶을 점쳤다. (　　)

(27) 비행시간을 計算에 넣고 여정을 짰다. (　　)

(28) 동생은 성장 速度가 빨랐다. (　　)

(29) 우리는 같은 宿所에서 묵었다. (　　)

(30) 그 文章은 이해하기 어렵다. (　　)

(31) 오후가 되자 날이 슬슬 더워지기 始作하였다. (　　)

(32) 問題가 너무 어려워서 풀지 못했다. (　　)

(33) 며느리가 무사히 아기를 出産하자, 어머니는 눈물을 흘리셨다. (　　)

(34) 그의 재능은 타의 추종을 不許하였다. (　　)

(35) 죽음을 각오하고 決戰하였다. (　　)

▼ 한자의 훈과 음 쓰기
[問36~58] 다음 漢字의 訓과 音을 쓰세요.

(36) 買 (   ) (37) 船 (   )

(38) 願 (   ) (39) 曜 (   )

(40) 災 (   ) (41) 亡 (   )

(42) 銀 (   ) (43) 因 (   )

(44) 調 (   ) (45) 陸 (   )

(46) 交 (   ) (47) 傳 (   )

(48) 實 (   ) (49) 位 (   )

(50) 旗 (   ) (51) 査 (   )

(52) 孫 (   ) (53) 共 (   )

(54) 急 (   ) (55) 勞 (   )

(56) 念 (   ) (57) 植 (   )

(58) 終 (   )

▼ 문장에 활용된 한자어를 한자로 쓰기
[問59~73] 다음 밑줄 친 漢字語를 漢字로 쓰세요.

(59) 발을 다쳐 다소 불편하다. (   )

(60) 다행히도 인명 피해는 없다. (   )

(61) 겨울에는 동복을 착용한다. (   )

(62) 잘못된 행동을 반성했다. (   )

(63) 백설 공주는 동화 속 인물이다.
(   )

(64) 그 화가는 그림에 재능이 없다.
(   )

(65) 우리 반 급훈은 우리가 정한다.
(   )

(66) 소년은 큰 꿈을 가지고 있었다.
(   )

(67) 오늘은 등산하기 좋은 날씨이다.
(   )

(68) 내일은 체력 검사를 하는 날이다.
(   )

(69) 내 동생은 별명이 여러 개 있다.
(   )

(70) 학교에서 다양한 과목을 배웠다.
(   )

(71) 가난한 병자를 위해 일생을 바쳤다.
(   )

(72) 꽁꽁 묶여 수족을 움직이기 어렵다.
(   )

(73) 심청이의 효행은 널리 알려져 있다.
(   )

▼ 훈과 음에 알맞은 한자 쓰기
[問74~78] 다음 訓과 音에 맞는 漢字를 쓰세요.

(74) 성 박 (   )

(75) 길 로 (   )

(76) 목숨 명 (   )

(77) 누를 황 (   )

(78) 사랑 애 (   )

▼ 상대 또는 반대되는 한자 쓰기
[問79~81] 다음 漢字와 뜻이 相對 또는 反對 되는 漢字를 쓰세요.

(79) (   ) ↔ 敗

(80) 冷 ↔ (   )

(81) (   ) ↔ 足

한자능력검정시험 적중 예상 문제 5급

▼ 한자어 완성하기

[問82~85] 다음 ( ) 안에 들어갈 漢字語를 보기 에서 찾아 그 번호를 써서 漢字語를 만드세요.

보기
① 良藥 ② 不聞 ③ 青天 ④ 自他
⑤ 淸天 ⑥ 同樂 ⑦ 不問 ⑧ 自答

(82) 同苦(　　　) : 괴로움과 즐거움을 함께함.

(83) 自問(　　　) : 스스로 묻고 대답함.

(84) (　　　)曲直 : 옳고 그름을 따지지 아니함.

(85) (　　　)白日 : 환하게 밝은 대낮.

▼ 뜻이 비슷한 한자 찾기

[問86~88] 다음 漢字와 뜻이 같거나 비슷한 漢字를 보기 에서 찾아 그 번호를 쓰세요.

보기
① 說   ② 規   ③ 每
④ 識   ⑤ 川   ⑥ 敎

(86) 河 (　　　)　　(87) 法 (　　　)

(88) 知 (　　　)

▼ 음은 같은데 뜻이 다른 한자 찾기

[問89~91] 다음 漢字와 音은 같은데 뜻이 다른 漢字를 보기 에서 찾아 그 번호를 쓰세요.

보기
① 赤   ② 朝   ③ 淸
④ 門   ⑤ 鮮   ⑥ 算

(89) 船 (　　　)　　(90) 産 (　　　)

(91) 的 (　　　)

▼ 한자어의 뜻 쓰기

[問92~94] 다음 漢字語의 뜻을 쓰세요.

(92) 最後 (　　　　　　　　　)

(93) 利害 (　　　　　　　　　)

(94) 敬老 (　　　　　　　　　)

▼ 한자의 약자 쓰기

[問95~97] 다음 漢字의 略字(약자: 획수를 줄인 漢字)를 쓰세요.

보기
畵 ➡ 画

(95) 戰 (　　　)　　(96) 國 (　　　)

(97) 圖 (　　　)

▼ 한자의 쓰는 순서 찾기

[問98~100] 진하게 표시한 획은 몇 번째 쓰는지 보기 에서 찾아 그 번호를 쓰세요.

보기
① 첫 번째   ② 두 번째   ③ 세 번째
④ 네 번째   ⑤ 다섯 번째 ⑥ 여섯 번째
⑦ 일곱 번째 ⑧ 여덟 번째 ⑨ 아홉 번째
⑩ 열 번째

(98)
(　　　)

(99)
(　　　)

(100)
(　　　)

모범 답안은 280쪽에 있습니다.

제8회 한자능력검정시험 적중 예상 문제 5급

▼ 한자어의 독음 쓰기

[問 1~35] 다음 漢字語의 讀音을 쓰세요.

(1) 의견을 종합하여 結束을 지었다. ( )

(2) 기계 문명은 생활에 便利를 제공했다. ( )

(3) 마음속에 있던 욕구가 밖으로 表出되었다. ( )

(4) 그 상품은 금방 品切되었다. ( )

(5) 자기를 희생하고 자기의 행복을 거부하는 데에서 愛國이 시작된다. ( )

(6) 꼬마는 항상 미지의 世界를 동경하고 꿈꾼다. ( )

(7) 浴室을 깨끗하게 청소하였다. ( )

(8) 게임을 즐기는 장난꾸러기 惡童 같았다. ( )

(9) 여러 角度로 문제를 검토하였다. ( )

(10) 백일장에서 銀賞을 받았다. ( )

(11) 이 나라는 대륙에 접해 있어서 陸軍의 방비가 중요하다. ( )

(12) 그 연극은 무대 장치와 등장인물의 調和가 뛰어났다. ( )

(13) 그는 시민들에게 복지 기관을 신설하겠다고 公約하였다. ( )

(14) 오늘은 특별한 料理를 먹었다. ( )

(15) 이 세상을 기쁘고 살기 좋은 樂園으로 만들려면 사랑이 있어야 한다. ( )

(16) 남북한 交流가 확대되고 있다. ( )

(17) 일석이조의 效果를 거두다. ( )

(18) 나에게도 말할 自由가 있다. ( )

(19) 젊은 作家들을 모아 전시회를 열다. ( )

(20) 밴드가 연주를 시작하고 歌手가 나와서 노래를 불렀다. ( )

(21) 그는 商術이 뛰어나다. ( )

(22) 온갖 財物을 모으다. ( )

(23) 그 둘은 형태는 다르지만 실상 本質은 같다. ( )

(24) 조그만 산에 안긴 바다는 湖水처럼 고요하다. ( )

(25) 신문 社說을 즐겨 읽는다. ( )

(26) 서로 이웃한 두 나라는 국경선 문제로 오랫동안 戰爭을 하고 있다. ( )

(27) 우리 작은 아버지는 대학원 院長이시다. ( )

(28) 그는 대한민국 축구계의 太陽이다. ( )

(29) 개방 정책으로 경제 구조에 急變이 일어났다. ( )

(30) 우리는 주어진 規則에 따랐다. ( )

(31) 그는 헌신적인 奉仕를 계속할 것임을 다짐했다. ( )

(32) 직선보다는 曲線이 부드럽다. ( )

(33) 順利에 맞게 일을 처리하다. ( )

(34) 우리 가족은 빛고을 光州에 여행을 갔다. ( )

(35) 그는 실수를 저질러서 웃어른에게서 責望을 받았다. ( )

▼ 한자의 훈과 음 쓰기
[問36~58] 다음 漢字의 訓과 音을 쓰세요.

(36) 首(　　　　)　(37) 寫(　　　　)

(38) 習(　　　　)　(39) 綠(　　　　)

(40) 建(　　　　)　(41) 患(　　　　)

(42) 倍(　　　　)　(43) 選(　　　　)

(44) 景(　　　　)　(45) 熱(　　　　)

(46) 油(　　　　)　(47) 鼻(　　　　)

(48) 鐵(　　　　)　(49) 庭(　　　　)

(50) 河(　　　　)　(51) 班(　　　　)

(52) 團(　　　　)　(53) 固(　　　　)

(54) 操(　　　　)　(55) 査(　　　　)

(56) 唱(　　　　)　(57) 意(　　　　)

(58) 致(　　　　)

▼ 문장에 활용된 한자어를 한자로 쓰기
[問59~73] 다음 밑줄 친 漢字語를 漢字로 쓰세요.

(59) 행운은 노력에서 시작된다. (　　　)

(60) 이번 달부터 하복을 입는다. (　　　)

(61) 휴일에는 도로에 차가 많다. (　　　)

(62) 누구나 실수를 하기 마련이다.
(　　　)

(63) 길을 잘못 들어 방향을 잃었다.
(　　　)

(64) 외국에서 우리나라 국기를 보고 감동했다.
(　　　)

(65) 내년에는 귀여운 동생이 생긴다.
(　　　)

(66) 여름에는 전력 소비가 증가한다.
(　　　)

(67) 이 경기에는 승자도 패자도 없다.
(　　　)

(68) 서울에서 부산까지 직통으로 간다.
(　　　)

(69) 그녀는 편안하고 깊은 잠에 빠졌다.
(　　　)

(70) 두 사람은 영원한 우정을 맹세했다.
(　　　)

(71) 절약을 위해 실내 온도를 조절하자.
(　　　)

(72) 도로에서는 제한 속도를 지켜야 한다.
(　　　)

(73) 인간만 언어를 사용하는 것은 아니다.
(　　　)

▼ 훈과 음에 알맞은 한자 쓰기
[問74~78] 다음 訓과 音에 맞는 漢字를 쓰세요.

(74) 낮 주 (　　　　)

(75) 글 장 (　　　　)

(76) 볕 양 (　　　　)

(77) 의원 의 (　　　　)

(78) 이름 호 (　　　　)

▼ 상대 또는 반대되는 한자 쓰기
[問79~81] 다음 漢字와 뜻이 相對 또는 反對되는 漢字를 쓰세요.

(79) (　　　) ↔ 舊

(80) 曲 ↔ (　　　)

(81) (　　　) ↔ 落

▼ 한자어 완성하기

[問82~85] 다음 ( ) 안에 들어갈 漢字를 보기에서 찾아 그 번호를 써서 漢字語를 만드세요.

보기
① 主   ② 明   ③ 空   ④ 要
⑤ 能   ⑥ 發   ⑦ 江   ⑧ 短

(82) 多才多(　　　) : 재주와 능력이 많음.

(83) 一長一(　　　) : 장점도 있고 단점도 있음.

(84) 百(　　　)百中 : 백번 쏘아 백 번 맞힘.

(85) 淸風(　　　)月 : 맑은 바람과 밝은 달.

▼ 뜻이 비슷한 한자 찾기

[問86~88] 다음 漢字와 뜻이 같거나 비슷한 漢字를 보기에서 찾아 그 번호를 쓰세요.

보기
① 圖   ② 木   ③ 服
④ 物   ⑤ 計   ⑥ 費

(86) 算 (　　　)   (87) 用 (　　　)

(88) 畫 (　　　)

▼ 음은 같은데 뜻이 다른 한자 찾기

[問89~91] 다음 漢字와 음은 같은데 뜻이 다른 漢字를 보기에서 찾아 그 번호를 쓰세요.

보기
① 品   ② 要   ③ 功
④ 色   ⑤ 性   ⑥ 音

(89) 空 (　　　)   (90) 曜 (　　　)

(91) 省 (　　　)

▼ 한자어의 뜻 쓰기

[問92~94] 다음 漢字語의 뜻을 쓰세요.

(92) 多少 (　　　　　　　　　　　)

(93) 祝歌 (　　　　　　　　　　　)

(94) 過速 (　　　　　　　　　　　)

▼ 한자의 약자 쓰기

[問95~97] 다음 漢字의 略字(약자: 획수를 줄인 漢字)를 쓰세요.

보기
價 ➡ 価

(95) 讀 (　　　)   (96) 廣 (　　　)

(97) 當 (　　　)

▼ 한자의 쓰는 순서 찾기

[問98~100] 진하게 표시한 획은 몇 번째 쓰는지 보기에서 찾아 그 번호를 쓰세요.

보기
① 첫 번째   ② 두 번째   ③ 세 번째
④ 네 번째   ⑤ 다섯 번째 ⑥ 여섯 번째
⑦ 일곱 번째 ⑧ 여덟 번째 ⑨ 아홉 번째
⑩ 열 번째

(98) 母 (　　　)

(99) 災 (　　　)

(100) 貯 (　　　)

모범 답안은 280쪽에 있습니다.

모범 답안

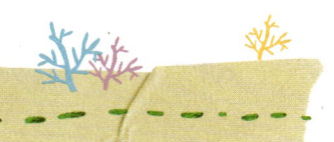

'학교 생활'과 관계있는 한자어

동화로 쏙쏙   20~21쪽

1 등교 2 상담 3 과제 4 훈화 5 급식 6 흑판

7 낭독 8 동창

100점 만점에 100점   22~23쪽

1 (1)③ (2)④ (3)① (4)②
2 (1)학교 (2)낙엽 (3)문제 (4)미담
3 (1)떨어질, 차례 (2)말씀, 제목 (3)달, 줄 (4)검을, 널
4 (1)③ (2)② (3)④ (4)①
5 (1)공부할 / 과정 과 (2)창 창 (3)검을 흑 (4)말씀 담
6 (1)題 (2)同 (3)給 (4)食
7 (1)⑤ (2)② (3)① (4)③
8 (1)市長 (2)登校 (3)同窓 (4)訓話

'교과 용어'와 관계있는 한자어

동화로 쏙쏙   28~29쪽

1 기호 2 공식 3 전설 4 계산 5 각도 6 원인

7 결과

100점 만점에 100점   30~31쪽

1 (1)③ (2)② (3)④ (4)①
2 (1)원인 (2)설명 (3)패인 (4)전설
3 (1)기록할, 이름 (2)처음, 기약할 (3)법, 순할 (4)번개, 줄
4 (1)② (2)④ (3)① (4)③
5 (1)머리 수 (2)셈 산 (3)공평할 공 (4)떼 부
6 (1)角 (2)計 (3)式 (4)度
7 (1)⑥ (2)③ (3)① (4)⑤
8 (1)溫度 (2)信號 (3)公式 (4)直線

'교과 제목·예술'과 관계있는 한자어

동화로 쏙쏙   36~37쪽

1 전시 2 사회 3 수학 4 관객 5 재능 6 한문

7 조상

100점 만점에 100점   38~39쪽

1 (1)④ (2)① (3)② (4)③
2 (1)관객 (2)경관 (3)전시 (4)축가
3 (1)노래, 부를 (2)길, 갖출 (3)고할, 보일 (4)재주, 능할
4 (1)③ (2)① (3)② (4)④
5 (1)한수 / 한나라 한 (2)배울 학 (3)손 객 (4)큰 덕
6 (1)數 (2)道 (3)文 (4)畫
7 (1)⑥ (2)③ (3)② (4)④
8 (1)敎科 (2)社會 (3)會話 (4)文集

'반대(상대)자'로 짜여진 한자어

동화로 쏙쏙   44~45쪽

1 동서 2 좌우 3 시종 4 남녀 5 길흉 6 춘추

7 강약 8 경중 9 원근

100점 만점에 100점
46~47쪽

1 (1)④ (2)③ (3)① (4)②
2 (1)강약 (2)음악 (3)경중 (4)최종
3 (1)동녘, 바다 (2)비로소, 마칠 (3)쓸, 즐길 (4)가까울, 올
4 (1)② (2)④ (3)③ (4)①
5 (1)사내 남 (2)서녘 서 (3)가을 추 (4)멀 원
6 (1)女 (2)東 (3)春 (4)近
7 (1)⑥ (2)② (3)⑤ (4)④
8 (1)左右 (2)體重 (3)秋夕 (4)遠大

'자연·여행'과 관계있는 한자어

동화로 쏙쏙
52~53쪽

1 여비 2 견문 3 경치 4 방향 5 임야 6 빙산
7 운해 8 엽서

100점 만점에 100점
54~55쪽

1 (1)④ (2)② (3)① (4)③
2 (1)서점 (2)하천 (3)경치 (4)견문
3 (1)나그네, 쓸 (2)다스릴, 이를 (3)메, 내 (4)수풀, 들
4 (1)④ (2)③ (3)① (4)②
5 (1)호수 호 (2)얼음 빙 (3)잎 엽 (4)구름 운
6 (1)江 (2)海 (3)山 (4)書
7 (1)⑥ (2)④ (3)⑤ (4)③
8 (1)山村 (2)方向 (3)風向 (4)平野

'지역'과 관계있는 한자어

동화로 쏙쏙
60~61쪽

1 도시 2 광주 3 소읍 4 반도 5 한국 6 남미
7 관문

100점 만점에 100점
62~63쪽

1 (1)③ (2)① (3)② (4)④
2 (1)도시 (2)미남 (3)관광 (4)관문
3 (1)골, 마을 (2)반, 섬 (3)남녘, 바다 (4)통할, 관계할
4 (1)② (2)④ (3)① (4)③
5 (1)아름다울 미 (2)고을 읍 (3)고을 군 (4)고을 주
6 (1)南 (2)小 (3)光 (4)內
7 (1)⑤ (2)② (3)③ (4)①
8 (1)北京 (2)國歌 (3)市場 (4)韓國

'기후'와 관계있는 한자어

동화로 쏙쏙
68~69쪽

1 식수 2 농부 3 작물 4 황토 5 청명 6 우천
7 한랭 8 입동 9 대설

100점 만점에 100점
70~71쪽

1 (1)① (2)④ (3)② (4)③
2 (1)지형 (2)명랑 (3)수목 (4)입추

모범 답안 **271**

3 (1)맑을, 밝을 (2)심을, 나무 (3)눈, 볕 (4)농사, 일
4 (1)③ (2)④ (3)① (4)②
5 (1)찰 한 (2)찰 랭 (3)힘 력 (4)비 우
6 (1)天 (2)土 (3)黃 (4)地
7 (1)⑤ (2)④ (3)② (4)①
8 (1)農夫 (2)大雪 (3)風物 (4)作物

'어업·공업'과 관계있는 한자어

동화로 쏙쏙   76~77쪽

1 공장 **2** 기술 **3** 어촌 **4** 선주 **5** 생선 **6** 어류
7 수온 **8** 발전 **9** 석탄 **10** 고철

100점 만점에 100점   78~79쪽

1 (1)② (2)① (3)④ (4)③
2 (1)분류 (2)기술 (3)어촌 (4)생선
3 (1)고울, 밝을 (2)장인, 마당 (3)번개, 기운 (4)물고기, 무리
4 (1)④ (2)② (3)① (4)③
5 (1)돌 석 (2)쇠 철 (3)숯 탄 (4)배 선
6 (1)主 (2)發 (3)古 (4)電
7 (1)② (2)④ (3)① (4)⑥
8 (1)場所 (2)主題 (3)石油 (4)水溫

'상업·금융업'과 관계있는 한자어

동화로 쏙쏙   84~85쪽

1 매매 **2** 가격 **3** 신용 **4** 거래 **5** 광고 **6** 상업
7 재산 **8** 은행 **9** 휴점

100점 만점에 100점   86~87쪽

1 (1)② (2)③ (3)④ (4)①
2 (1)산업 (2)원가 (3)거래 (4)가격
3 (1)고할, 필 (2)장사, 업 (3)팔, 살 (4)열, 가게
4 (1)③ (2)① (3)④ (4)②
5 (1)쌓을 저 (2)가게 점 (3)고할 고 (4)넓을 광
6 (1)休 (2)用 (3)金 (4)信
7 (1)② (2)⑤ (3)④ (4)③
8 (1)銀行 (2)行動 (3)農業 (4)利用

'경제·교통'과 관계있는 한자어

동화로 쏙쏙   92~93쪽

1 기차 **2** 도착 **3** 직통 **4** 우마 **5** 정지 **6** 교류
7 개방 **8** 노사 **9** 적자

100점 만점에 100점   94~95쪽

1 (1)③ (2)④ (3)② (4)①
2 (1)기차 (2)교류 (3)세차 (4)흑자
3 (1)열, 놓을 (2)바다, 흐를 (3)다툴, 말 (4)붉을, 글자
4 (1)② (2)① (3)④ (4)③
5 (1)머무를 정 (2)말 마 (3)그칠 지 (4)일할 로
6 (1)直 (2)使 (3)通 (4)字
7 (1)④ (2)⑤ (3)③ (4)①
8 (1)天使 (2)放學 (3)開放 (4)對比

'시간'과 관계있는 한자어

동화로 쏙쏙   100~101쪽

1 요일 2 매주 3 오전 4 시대 5 만세 6 조석

7 현재

100점 만점에 100점   102~103쪽

1 (1)③ (2)② (3)④ (4)①
2 (1)세월 (2)매주 (3)금년 (4)조선
3 (1)매양, 차례 (2)어제, 이제 (3)빛날, 날
 (4)새, 들을
4 (1)④ (2)③ (3)① (4)②
5 (1)있을 재 (2)낮 주 (3)저녁 석 (4)새 신
6 (1)年 (2)夜 (3)現 (4)朝
7 (1)⑥ (2)① (3)⑤ (4)④
8 (1)午前 (2)時代 (3)每年 (4)晝夜

'운동'과 관계있는 한자어

동화로 쏙쏙   108~109쪽

1 근성 2 합숙 3 연습 4 타석 5 탁구 6 체조

7 경쟁 8 필승 9 선두

100점 만점에 100점   110~111쪽

1 (1)③ (2)② (3)④ (4)①
2 (1)실습 (2)전쟁 (3)출석 (4)야구
3 (1)들, 상줄 (2)몸, 잡을 (3)뿌리, 근본 (4)잘, 바
4 (1)② (2)① (3)④ (4)③
5 (1)성품 성 (2)높을 탁 (3)익힐 련 (4)칠 타
6 (1)席 (2)習 (3)球 (4)根
7 (1)① (2)⑥ (3)⑤ (4)②
8 (1)先頭 (2)入場 (3)身體 (4)自習

'군대·역사'와 관계있는 한자어

동화로 쏙쏙   116~117쪽

1 역사 2 위인 3 영웅 4 전사 5 명령 6 왕위

7 용사

100점 만점에 100점   118~119쪽

1 (1)② (2)④ (3)③ (4)①
2 (1)품위 (2)사기 (3)위업 (4)사명
3 (1)싸움, 다툴 (2)날랠, 선비 (3)군사, 기
 (4)사람, 재목
4 (1)④ (2)② (3)① (4)③
5 (1)자리 위 (2)마칠 졸 (3)클 위 (4)아래 하
6 (1)命 (2)人 (3)死 (4)王
7 (1)⑥ (2)① (3)⑤ (4)④
8 (1)戰死 (2)國旗 (3)生死 (4)地下

모범 답안 **273**

모범 답안

'병원·신체'와 관계있는 한자어

동화로 쏙쏙 124~125쪽

1 독신 2 수족 3 의원 4 약효 5 병환 6 구급

7 이목구비

100점 만점에 100점 126~127쪽

1 (1)④ (2)③ (3)② (4)①
2 (1)충족 (2)급변 (3)음료 (4)효과
3 (1)의원, 집 (2)씨, 눈 (3)들, 손 (4)손, 발
4 (1)② (2)④ (3)① (4)③
5 (1)될 화 (2)사라질 소 (3)구원할 구 (4)코 비
6 (1)急 (2)米 (3)飮 (4)口
7 (1)④ (2)① (3)② (4)⑥
8 (1)身體 (2)米飮 (3)科目 (4)手足

'가족'과 관계있는 한자어

동화로 쏙쏙 132~133쪽

1 형제 2 손자 3 우애 4 부모 5 예절 6 종족

7 아동 8 효심 9 양육

100점 만점에 100점 134~135쪽

1 (1)③ (2)① (3)④ (4)②
2 (1)명절 (2)동화 (3)제자 (4)우애
3 (1)효도, 길 (2)씨, 겨레 (3)기를, 기를 (4)으뜸, 기운

4 (1)② (2)④ (3)① (4)③
5 (1)마디 절 (2)형 형 (3)아이 아 (4)으뜸 원
6 (1)童 (2)祖 (3)弟 (4)禮
7 (1)④ (2)③ (3)⑤ (4)②
8 (1)孝心 (2)孫子 (3)父母 (4)部族

'개인 생활'과 관계있는 한자어

동화로 쏙쏙 140~141쪽

1 성공 2 열정 3 염원 4 실망 5 행운 6 반성

7 사고

100점 만점에 100점 142~143쪽

1 (1)③ (2)① (3)② (4)④
2 (1)지식 (2)질문 (3)고안 (4)열정
3 (1)생각, 원할 (2)뜻, 알 (3)느낄, 뜻 (4)생각, 생각할
4 (1)② (2)④ (3)① (4)③
5 (1)옮길 운 (2)생각 념 (3)복 복 (4)빌 축
6 (1)信 (2)氣 (3)反 (4)幸
7 (1)⑥ (2)⑤ (3)③ (4)①
8 (1)運動 (2)成功 (3)反省 (4)成事

'공동 생활'과 관계있는 한자어

동화로 쏙쏙 150~151쪽

1 규칙 2 선거 3 친구 4 공유 5 집단 6 각계

7 자유 8 봉사활동 9 약속 10 책임

100점 만점에 100점
152~153쪽

1 (1)③ (2)① (3)④ (4)②
2 (1)선수 (2)책임 (3)집단 (4)규칙
3 (1)받들, 섬길 (2)가릴, 들 (3)친할, 예 (4)이할, 다를
4 (1)③ (2)① (3)④ (4)②
5 (1)몸 기 (2)알 지 (3)공경 경 (4)있을 유
6 (1)各 (2)共 (3)老 (4)界
7 (1)③ (2)① (3)⑤ (4)②
8 (1)自由 (2)平和 (3)老母 (4)奉仕

'수량·숫자'와 관계있는 한자어

동화로 쏙쏙
160~161쪽

1 전량 2 이패 3 등급 4 순서 5 사촌 6 과다
7 오억

100점 만점에 100점
162~163쪽

1 (1)③ (2)① (3)④ (4)②
2 (1)친절 (2)팔월 (3)과다 (4)실패
3 (1)석, 물건 (2)두, 패할 (3)아홉, 차례 (4)다섯, 억
4 (1)③ (2)① (3)② (4)④
5 (1)일백 백 (2)일곱 칠 (3)등급 급 (4)곱 배
6 (1)六 (2)十 (3)千 (4)等
7 (1)⑥ (2)③ (3)① (4)④
8 (1)四寸 (2)平等 (3)特級 (4)少女

'의식주'과 관계있는 한자어

동화로 쏙쏙
168~169쪽

1 정원 2 양옥 3 화단 4 초당 5 욕실 6 요리
7 백의

100점 만점에 100점
170~171쪽

1 (1)① (2)③ (3)④ (4)②
2 (1)원리 (2)요금 (3)욕실 (4)의복
3 (1)집, 집 (2)큰바다, 옷 (3)집, 윗 (4)흰, 옷
4 (1)③ (2)① (3)④ (4)②
5 (1)길 영 (2)집 옥 (3)집 당 (4)단 단
6 (1)洋 (2)住 (3)草 (4)花
7 (1)⑤ (2)④ (3)① (4)③
8 (1)夏服 (2)庭園 (3)室內 (4)住民

그 밖의 한자어 (1)

동화로 쏙쏙
176~177쪽

1 공간 2 구별 3 기본 4 기대 5 개선 6 도안

100점 만점에 100점
178~179쪽

1 (1)③ (2)① (3)④ (4)②
2 (1)고가 (2)기간 (3)근본 (4)안건
3 (1)귀할, 겨레 (2)그림, 책상 (3)굳을, 정할 (4)다를 / 나눌, 이름

모범 답안

4 (1)③ (2)① (3)④ (4)②
5 (1)터 기 (2)굳셀 건 (3)귀할 귀 (4)열매 실
6 (1)本 (2)短 (3)高 (4)音
7 (1)④ (2)① (3)⑤ (4)⑥
8 (1)空間 (2)短身 (3)區別 (4)地圖

그 밖의 한자어 (2)

동화로 쏙쏙 184~185쪽

1 세면 **2** 불변 **3** 성명 **4** 법전 **5** 문답 **6** 사건
7 말로 **8** 목재

100점 만점에 100점 186~187쪽

1 (1)③ (2)① (3)④ (4)②
2 (1)세면 (2)재질 (3)무죄 (4)고전
3 (1)강할, 놈 (2)무거울, 허물 (3)법, 법 (4)아닐, 변할
4 (1)② (2)① (3)④ (4)③
5 (1)나무 목 (2)끝 말 (3)재목 재 (4)망할 망
6 (1)路 (2)者 (3)事 (4)問
7 (1)② (2)⑥ (3)④ (4)①
8 (1)正答 (2)道路 (3)姓名 (4)問答

그 밖의 한자어 (3)

동화로 쏙쏙 192~193쪽

1 육교 **2** 예외 **3** 요령 **4** 언어 **5** 신선 **6** 양민
7 소감

100점 만점에 100점 194~195쪽

1 (1)③ (2)② (3)④ (4)①
2 (1)민족 (2)최후 (3)완결 (4)영토
3 (1)바깥, 집 (2)그럴, 뒤 (3)귀신, 신선 (4)꽃부리, 말씀
4 (1)③ (2)① (3)④ (4)②
5 (1)어질 량 (2)거느릴 령 (3)법식 례 (4)요긴할 요
6 (1)民 (2)李 (3)朴 (4)外
7 (1)③ (2)⑤ (3)① (4)②
8 (1)言語 (2)所感 (3)神話 (4)國語

그 밖의 한자어 (4)

동화로 쏙쏙 200~201쪽

1 조사 **2** 출세 **3** 충분 **4** 참가 **5** 적중 **6** 주유
7 재건 **8** 이상 **9** 정당

100점 만점에 100점 202~203쪽

1 (1)④ (2)② (3)① (4)③
2 (1)적중 (2)참가 (3)건물 (4)참전
3 (1)고를, 조사할 (2)날, 인간 (3)참여할, 싸움 (4)푸를, 땅
4 (1)② (2)③ (3)① (4)④
5 (1)채울 충 (2)마땅 당 (3)세울 건 (4)두 재
6 (1)正 (2)靑 (3)分 (4)綠
7 (1)⑥ (2)① (3)⑤ (4)③
8 (1)正直 (2)集中 (3)出世 (4)注油

그 밖의 한자어 (5)

동화로 쏙쏙
208~209쪽

1 풍속 2 화재 3 표지 4 허가 5 태양 6 특색
7 편안

100점 만점에 100점
210~211쪽

1 (1)③ (2)① (3)④ (4)②
2 (1)과속 (2)문안 (3)약국 (4)특기
3 (1)붓, 베낄 (2)허락할, 옳을 (3)필, 겉 (4)악할, 익힐
4 (1)③ (2)② (3)④ (4)①
5 (1)재앙 재 (2)편할 편, 똥오줌 변 (3)해할 해 (4)판 국
6 (1)形 (2)火 (3)表 (4)安
7 (1)② (2)⑥ (3)④ (4)⑤
8 (1)表紙 (2)特色 (3)太陽 (4)風力

한자 퍼즐
212쪽

	ㄱ善		ㅁ大	書	特	ㅂ筆
❶言	行	ㄴ一	致	堂		寫
		長	ㅅ四		ㅇ二	
	❷同	一	❽十	ㅈ中	八	ㅊ九
ㄹ不		❸短	ㄷ身	學		死
❹問	答		土	生		一
可			❺不	變	❾ㅋ再	生
❻知	識			二	❿死	活

기출 유사 문제

1회
240~242쪽

(1) 실패 (2) 어부 (3) 필요 (4) 물가 (5) 상점 (6) 선악
(7) 허가 (8) 교실 (9) 다행 (10) 합창 (11) 흑백 (12) 종류
(13) 도래 (14) 규칙 (15) 정답 (16) 역사 (17) 안내 (18) 탁구
(19) 약속 (20) 정지 (21) 곡조 (22) 감동 (23) 개량 (24) 완전
(25) 연습 (26) 전기 (27) 최근 (28) 미담 (29) 선거 (30) 표현
(31) 급변 (32) 출전 (33) 가열 (34) 풍속 (35) 원인
(36) 가벼울 경 (37) 농사 농 (38) 창 창 (39) 갈 거
(40) 조사할 사 (41) 무리 류 (42) 구원할 구 (43) 끝 말
(44) 넓을 광 (45) 노래 가 (46) 집 당 (47) 허물 죄
(48) 겨레 족 (49) 호수 호 (50) 한가지 공 (51) 재주 술
(52) 푸를 록 (53) 군셀 건 (54) 다툴 쟁 (55) 거느릴 령
(56) 본받을 효 (57) 칠 타 (58) 날랠 용 (59) 登山 (60) 讀書
(61) 東海 (62) 空氣 (63) 兄弟 (64) 花草 (65) 南西
(66) 男女 (67) 通行 (68) 住民 (69) 植木日 (70) 放學
(71) 不幸 (72) 永遠 (73) 便利 (74) 畫 (75) 萬 (76) 聞
(77) 禮 (78) 近 (79) 強 (80) 夕 (81) 昨 (82) ⑧ (83) ④
(84) ⑤ (85) ② (86) ⑥ (87) ① (88) ④ (89) ⑤ (90) ⑥
(91) ③ (92) 학교의 뜰. (93) 열매. (94) 물 온도. (95) 号
(96) 図 (97) 会 (98) ⑤ (99) ⑤ (100) ⑧

2회
243~245쪽

(1) 도착 (2) 아동 (3) 환자 (4) 실효 (5) 봉사 (6) 열정
(7) 도읍 (8) 자원 (9) 건아 (10) 역사 (11) 흉악 (12) 상금
(13) 적화 (14) 노사 (15) 물가 (16) 순리 (17) 재발 (18) 결빙
(19) 인과 (20) 속도 (21) 전망 (22) 독립 (23) 특필 (24) 영웅
(25) 친절 (26) 가산 (27) 어족 (28) 조사 (29) 성질 (30) 명랑
(31) 품위 (32) 책망 (33) 체조 (34) 야간 (35) 의원 (36) 예 구
(37) 모양 형 (38) 그림 도 (39) 빛날 요 (40) 다툴 쟁
(41) 큰 덕 (42) 흐를 류 (43) 거느릴 령 (44) 언덕 원
(45) 집 옥 (46) 가장 최 (47) 칠 타 (48) 재앙 재

모범 답안

(49)수컷 웅 (50)허락할 허 (51)줄 급 (52)법 규 (53)숯 탄 (54)맡길 임 (55)자리 석 (56)따뜻할 온 (57)집 당 (58)기를 양 (59)前後 (60)朝夕 (61)孝道 (62)山村 (63)老人 (64)石油 (65)世上 (66)天心 (67)教室 (68)青春 (69)命名 (70)氣運 (71)同窓 (72)戰死 (73)軍人 (74)開 (75)野 (76)信 (77)郡 (78)定 (79)主 (80)冬 (81)新 (82)⑤ (83)② (84)⑥ (85)③ (86)① (87)④ (88)③ (89)④ (90)⑥ (91)③ (92)뛰어난 의견. (93)즐거운 동산. (94)육지에서 떨어진 외딴 섬. (95)会 (96)対 (97)区 (98)④ (99)⑤ (100)⑧

적중 예상 문제

제1회
246~248쪽

(1)건아 (2)합창 (3)최고 (4)환자 (5)호수 (6)도읍 (7)독도 (8)체조 (9)사본 (10)완성 (11)명령 (12)야구 (13)병원 (14)낙엽 (15)요리 (16)영웅 (17)원인 (18)상금 (19)건국 (20)욕실 (21)허가 (22)법칙 (23)냉정 (24)화재 (25)상업 (26)실수 (27)개과 (28)경기 (29)품절 (30)결정 (31)현재 (32)안건 (33)귀중 (34)실리 (35)하천 (36)이를 도 (37)말 마 (38)높을 탁 (39)과목 과 (40)종이 지 (41)모일 사 (42)아우 제 (43)코 비 (44)살 주 (45)물끓는김 기 (46)가게 점 (47)요긴할 요 (48)머리 두 (49)낮 오 (50)묶을 속 (51)마칠 종 (52)맡길 임 (53)펼 전 (54)구름 운 (55)들을 문 (56)볼 관 (57)집 당 (58)예도 례 (59)花草 (60)開放 (61)民族 (62)急行 (63)使用 (64)美人 (65)苦樂 (66)感動 (67)古今 (68)每日 (69)強弱 (70)自然 (71)道路 (72)根性 (73)遠近 (74)陽 (75)失 (76)番 (77)合 (78)特 (79)來 (80)答 (81)死 (82)④ (83)② (84)⑦ (85)⑥ (86)⑥ (87)③ (88)⑥ (89)③ (90)⑥ (91)⑤ (92)같은 등급. (93)공적인 약속. (94)잠자는 곳. (95)発 (96)変 (97)売 (98)④ (99)⑤ (100)⑧

제2회
249~251쪽

(1)타자 (2)당대 (3)어부 (4)축가 (5)규칙 (6)개방 (7)요일 (8)소원 (9)초등 (10)대령 (11)고체 (12)가열 (13)타국 (14)패배 (15)재건 (16)선거 (17)과로 (18)순서 (19)합숙 (20)곡선 (21)대비 (22)교단 (23)적자 (24)죄인 (25)가옥 (26)빙수 (27)분수 (28)청운 (29)가정 (30)광속 (31)의원 (32)담화 (33)경치 (34)전쟁 (35)저금 (36)늙을 로 (37)대신할 대 (38)갖출 구 (39)다리 교 (40)낳을 산 (41)억 억 (42)심을 식 (43)섬길 사 (44)반 반 (45)채울 충 (46)볕 양 (47)고울 선 (48)어제 작 (49)마실 음 (50)법 전 (51)클 위 (52)길 영 (53)도읍 도 (54)받들 봉 (55)흐를 류 (56)사기 사 (57)해 세 (58)급할 급 (59)道路 (60)不法 (61)時間 (62)衣服 (63)市內 (64)美國 (65)地下 (66)注目 (67)草綠 (68)強者 (69)番號 (70)黃土 (71)白米 (72)溫水 (73)石油 (74)聞 (75)感 (76)園 (77)通 (78)族 (79)因 (80)害 (81)始 (82)⑤ (83)⑥ (84)③ (85)⑧ (86)⑥ (87)② (88)④ (89)② (90)④ (91)⑥ (92)불을 끔. (93)좋게 고침. (94)원본을 베낌. (95)独 (96)鉄 (97)画 (98)④ (99)⑤ (100)⑧

제3회
252~254쪽

(1)신념 (2)귀하 (3)어선 (4)지위 (5)착석 (6)빙탄 (7)교통 (8)우마 (9)단체 (10)철재 (11)신선 (12)배가 (13)고택 (14)사고 (15)성격 (16)사건 (17)식견 (18)정지 (19)전망 (20)도래 (21)구별 (22)전설 (23)임야 (24)종류 (25)외형 (26)가정 (27)억만 (28)구출 (29)다량 (30)최선

(31) 은행 (32) 비용 (33) 수도 (34) 재발 (35) 목판
(36) 굳을 고 (37) 눈 설 (38) 떼 부 (39) 밝을 랑
(40) 결단할 결 (41) 섬 도 (42) 모을 집 (43) 손 객
(44) 주일 주 (45) 말씀 담 (46) 근심 환 (47) 복 복
(48) 맺을 약 (49) 공부할/과정 과 (50) 잡을 조
(51) 변할 변 (52) 판 국 (53) 옷 복 (54) 써 이
(55) 장사 상 (56) 아이 동 (57) 관계할 관 (58) 놓을 방
(59) 新聞 (60) 樹木 (61) 正午 (62) 先頭 (63) 藥草
(64) 夕陽 (65) 風速 (66) 農村 (67) 現在 (68) 死活
(69) 立席 (70) 勝利 (71) 孫子 (72) 名醫 (73) 每番
(74) 夜 (75) 感 (76) 電 (77) 親 (78) 朝 (79) 賣 (80) 凶
(81) 去 (82) ⑤ (83) ⑥ (84) ⑧ (85) ③ (86) ③ (87) ②
(88) ⑥ (89) ⑥ (90) ⑤ (91) ④ (92) 그림(그릴 때 쓰는) 도구. (93) 굽은 선. (94) 허락함. (95) 來 (96) 追
(97) 擧 (98) ③ (99) ⑦ (100) ⑩

제 4 회 255~257쪽

(1) 역사 (2) 조부 (3) 필기 (4) 부당
(5) 이해 (6) 가격 (7) 환부 (8) 선량 (9) 최초 (10) 시장
(11) 거수 (12) 기약 (13) 철선 (14) 작곡 (15) 의술
(16) 책임 (17) 급류 (18) 설명 (19) 동절 (20) 이유
(21) 대상 (22) 인과 (23) 월급 (24) 학원 (25) 사회
(26) 실망 (27) 필승 (28) 통로 (29) 신선 (30) 적중
(31) 친구 (32) 완전 (33) 풍경 (34) 한랭 (35) 매출
(36) 노래 가 (37) 나무 수 (38) 순할 순 (39) 나눌 반
(40) 곧을 직 (41) 다를 타 (42) 잎 엽 (43) 차례 서
(44) 말씀 담 (45) 거느릴 령 (46) 물고기 어 (47) 수컷 웅
(48) 농사 농 (49) 고을 군 (50) 구분할/지경 구
(51) 더할 가 (52) 기를 육 (53) 일할 로 (54) 서로 상
(55) 목숨 명 (56) 쓸 비 (57) 셈 수 (58) 등급 급
(59) 交代 (60) 近來 (61) 生死 (62) 方向 (63) 藥局
(64) 海洋 (65) 自然 (66) 表現 (67) 合同 (68) 親愛
(69) 夜間 (70) 野球 (71) 弱者 (72) 日記 (73) 太陽
(74) 意 (75) 遠 (76) 有 (77) 消 (78) 英 (79) 左
(80) 重 (81) 發 (82) ⑧ (83) ⑥ (84) ④ (85) ⑤
(86) ② (87) ⑥ (88) ③ (89) ③ (90) ② (91) ⑤
(92) 곱절로 더함. (93) 특별한 기술. (94) 씻는 방.
(95) 舊 (96) 団 (97) 経 (98) ② (99) ⑤ (100) ⑧

제 5 회 258~260쪽

(1) 최초 (2) 가열 (3) 냉온 (4) 시장
(5) 형체 (6) 어류 (7) 승패 (8) 경석 (9) 재량 (10) 탁견
(11) 물건 (12) 지식 (13) 경기 (14) 일억 (15) 도면
(16) 저금 (17) 반성 (18) 과식 (19) 관망 (20) 합격
(21) 변화 (22) 건실 (23) 행복 (24) 역사 (25) 봉사
(26) 충전 (27) 빙하 (28) 선출 (29) 해악 (30) 활용
(31) 교과 (32) 제목 (33) 재료 (34) 농부 (35) 입상
(36) 학교 교 (37) 맺을 결 (38) 낮 오 (39) 성 박
(40) 기를 양 (41) 구원할 구 (42) 대답 답 (43) 모일 사
(44) 창 창 (45) 바탕 질 (46) 허락할 허 (47) 능할 능
(48) 기름 유 (49) 단 단 (50) 견줄 비 (51) 갈 거
(52) 푸를 록 (53) 물끓는김 기 (54) 어질 량 (55) 오얏/성 리
(56) 일 사 (57) 씻을 세 (58) 맺을 약 (59) 愛國
(60) 朝會 (61) 家族 (62) 銀行 (63) 現在 (64) 文章
(65) 十寸 (66) 西向 (67) 自由 (68) 特別 (69) 醫術
(70) 通路 (71) 遠大 (72) 東洋 (73) 左右 (74) 業
(75) 京 (76) 禮 (77) 番 (78) 定 (79) 利 (80) 外 (81) 前
(82) ⑥ (83) ③ (84) ⑦ (85) ④ (86) ⑤ (87) ③ (88) ①
(89) ④ (90) ③ (91) ⑤ (92) 귀하고 중요함.
(93) 다른 나라. (94) 다시 세움. (95) 価 (96) 関 (97) 写
(98) ② (99) ⑤ (100) ⑨

제 6 회 261~263쪽

(1) 책임 (2) 사방 (3) 독립 (4) 양육
(5) 이해 (6) 전설 (7) 상담 (8) 영원 (9) 번호 (10) 체조
(11) 대기 (12) 관광 (13) 주제 (14) 춘추 (15) 정답
(16) 풍류 (17) 방과 (18) 영웅 (19) 법적 (20) 식당

모범 답안

(21) 정식 (22) 철도 (23) 동물 (24) 성질 (25) 안내 (26) 백설 (27) 곡직 (28) 아동 (29) 적화 (30) 전시 (31) 야구 (32) 최근 (33) 상품 (34) 종례 (35) 온정 (36) 마땅 당 (37) 낳을 산 (38) 모양 형 (39) 겨레 족 (40) 꾸짖을 책 (41) 부을 주 (42) 매양 매 (43) 고를 조 (44) 머무를 정 (45) 호수 호 (46) 나그네 려 (47) 본받을 효 (48) 팔 매 (49) 사라질 소 (50) 소 우 (51) 기다릴 대 (52) 의원 의 (53) 베낄 사 (54) 도울 도 (55) 길할 길 (56) 법식 (57) 가릴 선 (58) 법 규 (59) 出入 (60) 名畫 (61) 區別 (62) 運命 (63) 始作 (64) 北向 (65) 二重 (66) 偉人 (67) 工業 (68) 時間 (69) 西洋 (70) 軍人 (71) 黃金 (72) 活用 (73) 先生 (74) 銀 (75) 病 (76) 習 (77) 急 (78) 歌 (79) 問 (80) 白 (81) 敎 (82) ⑧ (83) ⑥ (84) ④ (85) ⑦ (86) ③ (87) ⑤ (88) ④ (89) ③ (90) ⑥ (91) ⑤ (92) 손을 듦. (93) 전쟁에서 싸우다 죽는 것. (94) 열을 가함. (95) 号 (96) 伝 (97) 実 (98) ② (99) ⑥ (100) ⑨

제7회 264~269쪽

(1) 전개 (2) 미음 (3) 원리 (4) 북경 (5) 합당 (6) 종업 (7) 춘풍 (8) 원조 (9) 부장 (10) 참가 (11) 군령 (12) 거동 (13) 석유 (14) 도착 (15) 도읍 (16) 병원 (17) 근성 (18) 용기 (19) 하절 (20) 위대 (21) 단신 (22) 성명 (23) 면담 (24) 약국 (25) 구식 (26) 길흉 (27) 계산 (28) 속도 (29) 숙소 (30) 문장 (31) 시작 (32) 문제 (33) 출산 (34) 불허 (35) 결전 (36) 살 매 (37) 배 선 (38) 원할 원 (39) 빛날 요 (40) 재앙 재 (41) 망할 망 (42) 은 은 (43) 인할 인 (44) 고를 조 (45) 뭍 륙 (46) 사귈 교 (47) 전할 전 (48) 열매 실 (49) 자리 위 (50) 기 기 (51) 조사할 사 (52) 손자 손 (53) 한가지 공 (54) 급할 급 (55) 일할 로 (56) 생각 념 (57) 심을 식 (58) 마칠 종 (59) 不便 (60) 多幸 (61) 冬服 (62) 反省 (63) 童話 (64) 畫家 (65) 級訓 (66) 少年 (67) 登山 (68) 體力 (69) 別名 (70) 科目 (71) 病者 (72) 手足 (73) 孝行 (74) 朴 (75) 路 (76) 命 (77) 黃 (78) 愛 (79) 勝 (80) 溫 (81) 手 (82) ⑥ (83) ⑧ (84) ⑦ (85) ③ (86) ⑤ (87) ② (88) ④ (89) ⑤ (90) ⑥ (91) ① (92) 가장 뒤. (93) 이익과 손해. (94) 노인을 공경함. (95) 戦 (96) 国 (97) 図 (98) ③ (99) ⑥ (100) ⑨

제8회 267~269쪽

(1) 결속 (2) 편리 (3) 표출 (4) 품절 (5) 애국 (6) 세계 (7) 욕실 (8) 악동 (9) 각도 (10) 은상 (11) 육군 (12) 조화 (13) 공약 (14) 요리 (15) 낙원 (16) 교류 (17) 효과 (18) 자유 (19) 작가 (20) 가수 (21) 상술 (22) 재물 (23) 본질 (24) 호수 (25) 사설 (26) 전쟁 (27) 원장 (28) 태양 (29) 급변 (30) 규칙 (31) 봉사 (32) 곡선 (33) 순리 (34) 광주 (35) 책망 (36) 머리 수 (37) 베낄 사 (38) 익힐 습 (39) 푸를 록 (40) 세울 건 (41) 근심 환 (42) 곱 배 (43) 가릴 선 (44) 볕 경 (45) 더울 열 (46) 기름 유 (47) 코 비 (48) 쇠 철 (49) 뜰 정 (50) 물 하 (51) 나눌 반 (52) 둥글 단 (53) 굳을 고 (54) 잡을 조 (55) 조사할 사 (56) 부를 창 (57) 뜻 의 (58) 이를 치 (59) 幸運 (60) 夏服 (61) 休日 (62) 失手 (63) 方向 (64) 國旗 (65) 來年 (66) 電力 (67) 勝者 (68) 直通 (69) 便安 (70) 永遠 (71) 溫度 (72) 道路 (73) 言語 (74) 晝 (75) 章 (76) 陽 (77) 醫 (78) 號 (79) 新 (80) 直 (81) 登, 堂 (82) ⑤ (83) ⑧ (84) ④ (85) ② (86) ⑤ (87) ⑥ (88) ① (89) ③ (90) ② (91) ⑤ (92) 많고 적음. (93) 축하하는 노래. (94) 지나치게 빠른 속도. (95) 読 (96) 広 (97) 当 (98) ③ (99) ⑤ (100) ⑧

漢字能力檢定試驗 5級 豫想問題

● **제1회** (1) 흉악 (2) 선거 (3) 필기 (4) 재능 (5) 탁구 (6) 화단 (7) 도착 (8) 매점 (9) 지하철 (10) 무죄 (11) 분류 (12) 행복 (13) 비음 (14) 낙엽 (15) 웅대 (16) 반성 (17) 강타 (18) 요일 (19) 변화 (20) 참가 (21) 출마 (22) 사본 (23) 질박 (24) 봉사 (25) 경로 (26) 귀족 (27) 순조 (28) 석탄 (29) 졸업 (30) 세차 (31) 식용유 (32) 호수 (33) 공로 (34) 망신 (35) 품목 (36) 다리 교 (37) 둥글 단 (38) 예도 례 (39) 알 식, 기록할 지 (40) 등급 급 (41) 푸를 록 (42) 말미암을 유 (43) 쌓을 저 (44) 고을 주 (45) 아침 조 (46) 큰 덕 (47) 넓을 광 (48) 잡을 조 (49) 판 국 (50) 상줄 상 (51) 공부할/과정 과 (52) 굳을 고 (53) 억 억 (54) 배 선 (55) 길할 길 (56) 부를 창 (57) 섬 도 (58) 구원할 구 (59) 一角 (60) 農事 (61) 平安 (62) 親愛 (63) 注文 (64) 醫學 (65) 話頭 (66) 路線 (67) 運命 (68) 兄夫 (69) 多數 (70) 場所 (71) 病弱 (72) 通讀 (73) 會談 (74) 黃 (75) 孫 (76) 童 (77) 紙 (78) 開 (79) 新 (80) 遠 (81) 自 (82) ⑥ (83) ③ (84) ⑤ (85) ① (86) ⑤ (87) ② (88) ③ (89) ⑥, ⑪ (90) ⑧, ⑩ (91) ⑤, ⑨ (92) ⑤ (93) ④ (94) ⑥ (95) 号 (96) 発 (97) 古 (98) ② (99) ⑤ (100) ①

● **제2회** (1) 안정 (2) 위대 (3) 아동 (4) 주제 (5) 미음 (6) 매주 (7) 실망 (8) 용사 (9) 외계 (10) 조사 (11) 초안 (12) 관절 (13) 실현 (14) 내력 (15) 광화문 (16) 독립 (17) 영작 (18) 치명 (19) 단속 (20) 도읍 (21) 육성 (22) 무리 (23) 한옥 (24) 어선 (25) 면담 (26) 결국 (27) 주택 (28) 재산 (29) 가격 (30) 유리 (31) 월급 (32) 당대 (33) 가구 (34) 정지 (35) 반칙 (36) 군사 군 (37) 더울 열 (38) 근심 환 (39) 모을 집 (40) 살 매 (41) 기약할 기 (42) 남녘 남 (43) 북녘 북, 달아날 배 (44) 으뜸 원 (45) 장사 상 (46) 들을 문 (47) 사건 건 (48) 강 강 (49) 사라질 소 (50) 생각 념 (51) 떼 부 (52) 옳을 가 (53) 얼음 빙 (54) 성품 성 (55) 법 식 (56) 마칠 종 (57) 가장 최 (58) 물끓는김 기 (59) 感氣 (60) 公開 (61) 和答 (62) 教訓 (63) 孝行 (64) 今方 (65) 名色 (66) 畫夜 (67) 節約 (68) 形便 (69) 野心 (70) 登山 (71) 果樹園 (72) 始祖 (73) 番地 (74) 清 (75) 然 (76) 植 (77) 向 (78) 窓 (79) 吉 (80) 勝 (81) 直 (82) ③ (83) ⑥ (84) ⑤ (85) ⑧ (86) ② (87) ⑤ (88) ① (89) ②, ⑨ (90) ⑤, ⑪ (91) ①, ⑦ (92) ⑦ (93) ⑨ (94) ③ (95) 数 (96) 国 (97) 医 (98) ④ (99) ⑩ (100) ④

5급 배정 한자 색인

ㄱ

加(가) 198	固(고) 173	局(국) 207
可(가) 206	考(고) 136	國(국) 56
價(가) 80	告(고) 81	郡(군) 58
家(가) 165	古(고) 75	軍(군) 112
歌(가) 35	苦(고) 40	貴(귀) 172
各(각) 145	高(고) 172	規(규) 146
角(각) 24	曲(곡) 24	根(근) 104
間(간) 173	公(공) 25	近(근) 42
感(감) 188	共(공) 144	今(금) 96
強(강) 40	功(공) 138	金(금) 82
江(강) 48	工(공) 74	給(급) 18
改(개) 172	空(공) 173	急(급) 120
開(개) 89	課(과) 16	級(급) 154
客(객) 34	過(과) 155	技(기) 74
去(거) 83	果(과) 26	期(기) 174
擧(거) 146	科(과) 32	汽(기) 90
件(건) 182	觀(관) 34	基(기) 174
健(건) 172	關(관) 58	己(기) 149
建(건) 196	廣(광) 81	旗(기) 112
格(격) 80	光(광) 57	氣(기) 136
見(견) 51	橋(교) 191	記(기) 25
決(결) 190	交(교) 88	吉(길) 41
結(결) 26	敎(교) 32	
景(경) 50	校(교) 16	## ㄴ
競(경) 104	救(구) 120	男(남) 41
輕(경) 40	具(구) 34	南(남) 56
敬(경) 148	舊(구) 149	內(내) 58
京(경) 57	區(구) 174	女(녀) 41
界(계) 145	球(구) 106	年(년) 97
計(계) 24	口(구) 122	念(념) 139
	九(구) 159	農(농) 66

能(능)	34	等(등)	154	理(리)	164
		登(등)	16	里(리)	59
				林(림)	48
ㄷ				立(립)	64
多(다)	155				
壇(단)	167	**ㄹ**			
團(단)	144	落(락)	18	**ㅁ**	
短(단)	175	樂(락)	40		
談(담)	19	朗(랑)	18	馬(마)	90
答(답)	181	來(래)	83	萬(만)	97
當(당)	197	冷(랭)	65	末(말)	180
堂(당)	166	量(량)	154	亡(망)	180
代(대)	96	良(량)	188	望(망)	139
對(대)	89	旅(려)	50	買(매)	80
待(대)	174	歷(력)	114	賣(매)	80
大(대)	64	力(력)	66	每(매)	98
德(덕)	33	練(련)	107	面(면)	183
島(도)	56	令(령)	112	明(명)	64
都(도)	58	領(령)	190	名(명)	183
到(도)	91	例(례)	190	命(명)	112
圖(도)	175	禮(례)	130	母(모)	128
度(도)	24	勞(로)	88	目(목)	122
道(도)	33	路(로)	180	木(목)	180
獨(독)	123	老(로)	148	無(무)	181
讀(독)	18	綠(록)	198	聞(문)	51
童(동)	129	料(료)	164	問(문)	181
冬(동)	64	流(류)	88	文(문)	33
動(동)	145	類(류)	72	門(문)	58
同(동)	16	陸(륙)	191	物(물)	66
洞(동)	59	六(륙)	158	米(미)	121
東(동)	42	利(리)	148	美(미)	56
頭(두)	104	李(리)	191	民(민)	188

ㅂ

朴(박)	191
半(반)	56
反(반)	136
班(반)	17
發(발)	75
放(방)	89
方(방)	50
倍(배)	159
百(백)	158
白(백)	164
番(번)	159
法(법)	182
變(변)	182
別(별)	174
兵(병)	113
病(병)	121
福(복)	138
服(복)	164
本(본)	174
奉(봉)	144
部(부)	26
夫(부)	66
父(부)	128
北(북)	57
分(분)	199
不(불)	182
比(비)	89
費(비)	50
鼻(비)	122
氷(빙)	49

ㅅ

寫(사)	206
思(사)	136
査(사)	197
仕(사)	144
史(사)	114
士(사)	112
使(사)	88
死(사)	113
社(사)	32
事(사)	182
四(사)	157
産(산)	82
算(산)	24
山(산)	49
三(삼)	156
賞(상)	105
商(상)	80
相(상)	19
上(상)	196
色(색)	204
生(생)	73
序(서)	154
書(서)	51
西(서)	42
席(석)	105
石(석)	74
夕(석)	99
善(선)	172
船(선)	72
選(선)	146

仙(선)	188
鮮(선)	73
線(선)	24
先(선)	104
說(설)	27
雪(설)	64
性(성)	104
成(성)	138
省(성)	136
姓(성)	183
歲(세)	97
洗(세)	183
世(세)	199
消(소)	123
少(소)	155
所(소)	188
小(소)	59
束(속)	146
速(속)	205
孫(손)	128
首(수)	26
樹(수)	67
手(수)	122
數(수)	32
水(수)	73
宿(숙)	106
順(순)	154
術(술)	74
習(습)	107
勝(승)	107
示(시)	35

始(시)	42	陽(양)	204	原(원)	26
市(시)	58	漁(어)	72	院(원)	120
時(시)	96	魚(어)	72	願(원)	139
識(식)	137	語(어)	189	元(원)	131
式(식)	25	億(억)	157	園(원)	166
植(식)	67	言(언)	189	遠(원)	42
食(식)	18	業(업)	80	月(월)	158
臣(신)	114	然(연)	189	位(위)	114
信(신)	83	熱(열)	137	偉(위)	115
新(신)	97	葉(엽)	51	油(유)	198
神(신)	188	永(영)	165	由(유)	147
身(신)	123	英(영)	115	有(유)	144
實(실)	172	午(오)	99	育(육)	129
失(실)	139	五(오)	157	銀(은)	82
室(실)	167	屋(옥)	166	音(음)	175
心(심)	130	溫(온)	73	飮(음)	121
十(십)	159	完(완)	190	邑(읍)	59
		王(왕)	114	意(의)	137
○		外(외)	190	衣(의)	164
兒(아)	129	曜(요)	98	醫(의)	120
惡(악)	206	要(요)	190	耳(이)	122
案(안)	175	浴(욕)	167	以(이)	196
安(안)	204	勇(용)	112	二(이)	156
愛(애)	130	用(용)	83	因(인)	26
夜(야)	98	牛(우)	90	人(인)	115
野(야)	48	友(우)	130	一(일)	156
約(약)	146	雨(우)	65	日(일)	98
弱(약)	40	右(우)	43	任(임)	148
藥(약)	120	雲(운)	49	入(입)	105
養(양)	129	運(운)	138		
洋(양)	166	雄(웅)	115		

색인 285

ㅈ

者(자)	180
子(자)	128
字(자)	88
自(자)	147
作(작)	66
昨(작)	96
章(장)	27
場(장)	74
長(장)	17
再(재)	196
災(재)	207
材(재)	180
財(재)	82
在(재)	96
才(재)	34
爭(쟁)	104
貯(저)	82
赤(적)	88
的(적)	196
傳(전)	27
典(전)	182
展(전)	35
戰(전)	113
全(전)	154
前(전)	99
電(전)	75
切(절)	156
節(절)	130
店(점)	81
停(정)	91
情(정)	137
定(정)	173
庭(정)	166
正(정)	197
第(제)	18
題(제)	16
弟(제)	128
操(조)	106
調(조)	197
朝(조)	99
祖(조)	131
族(족)	131
足(족)	122
卒(졸)	113
終(종)	42
種(종)	131
左(좌)	43
罪(죄)	181
州(주)	57
週(주)	98
晝(주)	98
注(주)	198
主(주)	72
住(주)	165
重(중)	40
中(중)	196
止(지)	91
知(지)	149
地(지)	66
紙(지)	205
直(직)	90
質(질)	136
集(집)	144

ㅊ

車(차)	90
着(착)	91
參(참)	198
唱(창)	35
窓(창)	16
責(책)	148
千(천)	158
天(천)	65
川(천)	48
鐵(철)	75
淸(청)	64
靑(청)	198
體(체)	106
初(초)	27
草(초)	166
村(촌)	72
寸(촌)	157
最(최)	155
秋(추)	43
祝(축)	138
春(춘)	43
出(출)	199
充(충)	199
致(치)	50
則(칙)	146
親(친)	149
七(칠)	158

ㅌ

他(타)	148
打(타)	105
卓(탁)	106
炭(탄)	74
太(태)	204
宅(택)	165
土(토)	67
通(통)	90
特(특)	204

ㅍ

板(판)	17
八(팔)	158
敗(패)	156
便(편)	204
平(평)	147
表(표)	205
品(품)	156
風(풍)	205
必(필)	107
筆(필)	206

ㅎ

河(하)	48
下(하)	114
夏(하)	164
學(학)	32
寒(한)	65
漢(한)	33
韓(한)	56
合(합)	106
害(해)	206
海(해)	49
幸(행)	138
行(행)	82
向(향)	50
許(허)	206
現(현)	96
形(형)	207
兄(형)	128
湖(호)	48
號(호)	25
化(화)	123
和(화)	147
畫(화)	34
花(화)	167
話(화)	19
火(화)	207
患(환)	121
活(활)	145
黃(황)	67
會(회)	32
效(효)	120
孝(효)	130
後(후)	189
訓(훈)	19
休(휴)	81
凶(흉)	41
黑(흑)	17

memo

(사)한국어문회 주관
한국한자능력검정회 시행

한자능력검정시험 미리 보기

NEW 자격증 한번에 따기

NEW 자격증 한번에 따기

한자의 필순

한자를 쓰는 데는 일반적인 규칙이 있어요.
붓을 한 번 움직여 쓸 수 있는 부분을 한 획이라고 하며,
획은 형태에 따라 점과 선으로, 선은 다시 직선과 곡선으로 구별해요.
필순 또는 획순이란 결국 이 점과 선을 쓰는 순서를 말해요.

필순의 일반적인 원칙은 다음과 같아요.

1. 위에서 아래로 써요.
   예) 一 二 三 (석 삼)

2. 왼쪽에서 오른쪽으로 써요.
   예) 丿 丿丿 川 (내 천)

3. 가로획과 세로획이 만날 때에는 가로획을 먼저 써요.
   예) 一 十 ナ 古 古 (예 고)

4. 좌우 대칭일 때에는 가운데 획을 먼저 써요.
   예) 亅 小 小 (작을 소)

5. 몸을 먼저 써요.
   예) 丨 冂 冂 冃 罒 民 國 國 國 (나라 국)

6. 글자 전체를 꿰뚫는 획은 나중에 써요.
   예) 丶 冂 口 中 (가운데 중)

7. 삐침(丿)과 파임(乀)이 만날 때에는 삐침을 먼저 써요.
   예) 丿 八 父 父 (아비 부)

8. 오른쪽 위의 점은 맨 나중에 찍어요.
   예) 一 ナ 大 犬 (개 견)

9. 받침은 맨 나중에 써요.
   예) 丿 厂 斤 斤 斤 沂 近 近 (가까울 근)

5급 배정한자

새 글자는 쓰기 배정 한자예요.
한자의 훈과 음은 수성펜으로 쓰고, 지우개로 지우며 사용하세요.

쓰기란

◎ 훈과 음에 해당하는 한자를 수성펜으로 쓰고, 지우개로 지우며 사용하세요.

	1				5					10					15					
1	집 가	노래 가	값 가	옳을 가	더할 가	뿔 각	각각 각	사이 간	느낄 감	강 강	강할 강	열 개	고칠 개	손 객	수레 거/차	들 거	갈 거	세울 건	물건 건	굳셀 건
	격식 격	볼 견, 뵈올 현	결단할 결	맺을 결	서울 경	공경 경	볕 경	가벼울 경	다툴 경	지경 계	셀 계	높을 고	쓸 고	예 고	고할 고	생각할 고	굳을 고	굽을 곡	장인 공	빌 공
	공평할 공	공 공	한가지 공	과목 과	실과 과	공부할/과정 과	지날 과	관계할 관	볼 관	빛 광	넓을 광	학교 교	가르칠 교	사귈 교	다리 교	아홉 구	입 구	공 구	구분할/지경 구	예 구
	갖출 구	구원할 구	나라 국	판 국	군사 군	고을 군	귀할 귀	법 규	뿌리 근	가까울 근	쇠 금, 성 김	이제 금	급할 급	등급 급	줄 급	기운 기	기록할 기	기 기	몸 기	터 기
5	재주 기	물끓는김 기	기약할 기	길할 길	남녘 남	사내 남	안 내	계집 녀	해 년	생각 념	농사 농	능할 능	많을 다	짧을 단	둥글 단	단 단	말씀 담	대답 답	집 당	마땅 당
	큰 대	기다릴 대	대신할 대	대할 대	큰 덕	길 도	그림 도	법도 도, 헤아릴 탁	이를 도	섬 도	도읍 도	읽을 독, 구절 두	홀로 독	동녘 동	움직일 동	골 동, 밝을 통	한가지 동	겨울 동	아이 동	머리 두
	오를 등	무리 등	즐길 락, 노래 악	떨어질 락	밝을 랑	올 래	찰 랭	어질 량	헤아릴 량	나그네 려	힘 력	지날 력	익힐 련	거느릴 령	하여금 령	법식 례	예도 례	늙을 로	길 로	일할 로
	푸를 록	헤아릴 료	무리 류	흐를 류	여섯 륙	뭍 륙	마을 리	다스릴 리	이할 리	오얏/성 리	수풀 림	설 립	말 마	일만 만	끝 말	바랄 망	망할 망	매양 매	팔 매	살 매
	낯 면	이름 명	목숨 명	밝을 명	어미 모	나무 목	눈 목	없을 무	문 문	글월 문	물을 문	들을 문	물건 물	쌀 미	아름다울 미	백성 민	성 박	돌이킬 반	반 반	나눌 반
10	필 발	모 방	놓을 방	곱 배	흰 백	일백 백	차례 번	법 법	변할 변	다를/나눌 별	병 병	병사 병	옷 복	복 복	근본 본	받들 봉	아비 부	지아비 부	떼 부	북녘 북, 달아날 배
	나눌 분	아닐 불/부	견줄 비	코 비	쓸 비	얼음 빙	넉 사	일 사	모일 사	죽을 사	하여금/부릴 사	섬길 사	선비 사	사기 사	생각 사	베낄 사	조사할 사	메 산	셈 산	낳을 산
	석 삼	윗 상	서로 상	장사 상	상줄 상	빛 색	날 생	서녘 서	글 서	차례 서	저녁 석	돌 석	자리 석	먼저 선	줄 선	신선 선	고울 선	착할 선	배 선	가릴 선
	눈 설	말씀 설, 달랠 세	성 성	이룰 성	살필 성, 덜 생	성품 성	인간 세	해 세	씻을 세	작을 소	적을 소	바 소	사라질 소	빠를 속	묶을 속	손자 손	물 수	손 수	셈 수	나무 수
	머리 수	잘 숙, 별자리 수	순할 순	재주 술	익힐 습	이길 승	저자 시	때 시	비로소 시	보일 시	밥/먹을 식	심을 식	법 식	알 식, 기록할 지	믿을 신	몸 신	새 신	귀신 신	신하 신	집 실
15	잃을 실	열매 실	마음 심	열 십	아이 아	악할 악, 미워할 오	편안 안	책상 안	사랑 애	들 야	밤 야	약할 약	약 약	맺을 약	큰바다 양	볕 양	기를 양	말씀 어	물고기 어	고기잡을 어
	억 억	말씀 언	업 업	그럴 연	더울 열	잎 엽	길 영	꽃부리 영	다섯 오	낮 오	집 옥	따뜻할 온	완전할 완	임금 왕	바깥 외	요긴할 요	빛날 요	목욕할 욕	날랠 용	쓸 용
	오른 우	비 우	벗 우	소 우	옮길 운	구름 운	수컷 웅	동산 원	멀 원	으뜸 원	원할 원	언덕 원	집 원	달 월	클 위	자리 위	있을 유	말미암을 유	기름 유	기를 육
	은 은	소리 음	마실 음	고을 읍	뜻 의	의원 의	옷 의	두 이	써 이	귀 이	사람 인	인할 인	한 일	날 일	맡길 임	들 입	스스로 자	아들 자	글자 자	놈 자
	어제 작	지을 작	긴 장	마당 장	글 장	재주 재	있을 재	재물 재	재목 재	재앙 재	두 재	다툴 쟁	쌓을 저	과녁 적	붉을 적	번개 전	온전 전	앞 전	싸움 전	법 전
20	전할 전	펼 전	마디 절	끊을 절, 온통 체	가게 점	바를 정	뜰 정	정할 정	뜻 정	머무를 정	아우 제	차례 제	제목 제	할아비 조	아침 조	고를 조	잡을 조	발 족	겨레 족	마칠 졸
	씨 종	마칠 종	왼 좌	허물 죄	주인/임금 주	살 주	부을 주	낮 주	주일 주	고을 주	가운데 중	무거울 중	종이 지	땅 지	알 지	그칠 지	곧을 직	바탕 질	모을 집	붙을 착
	참여할 참, 석 삼	창 창	부를 창	꾸짖을 책	내 천	일천 천	하늘 천	쇠 철	푸를 청	맑을 청	몸 체	풀 초	처음 초	마디 촌	마을 촌	가장 최	가을 추	빌 축	봄 춘	날 출
	채울 충	이를 치	법칙 칙	친할 친	일곱 칠	칠 타	다를 타	높을 탁	숯 탄	클 태	집 택/댁	흙 토	통할 통	특별할 특	널 판	여덟 팔	패할 패	편할 편, 똥오줌 변	평평할 평	겉 표
	물건 품	바람 풍	반드시 필	붓 필	아래 하	여름 하	물 하	배울 학	한국/나라 한	한수/한나라 한	찰 한	합할 합	바다 해	해할 해	다행 행	다닐 행, 항렬 항	향할 향	허락할 허	나타날 현	형 형
25	모양 형	이름 호	호수 호	불 화	말씀 화	꽃 화	화할 화	그림 화, 그을 획	될 화	근심 환	살 활	누를 황	모일 회	효도 효	본받을 효	뒤 후	가르칠 훈	쉴 휴	흉할 흉	검을 흑

쓰기란

'학교 생활'과 관계있는 한자어

번호	한자	필순	부수/획수	한자어
001	同 한가지 동	丨 冂 冂 同 同 同	口부, 총 6획	同時(동시) 同窓(동창)
002	窓 창 창	丶 丷 宀 宀 宀 宓 宓 宓 窓 窓 窓	穴부, 총 11획	窓門(창문) 船窓(선창)
003	登 오를 등	丿 ㄱ ア プ 癶 癶 癶 登 登 登	癶부, 총 12획	登校(등교) 登山(등산)
004	校 학교 교	一 十 才 木 木 栉 栉 栉 栁 校	木부, 총 10획	學校(학교) 校歌(교가)
005	課 공부할/과정 과	丶 亠 言 言 訂 訂 評 課 課	言부, 총 15획	課題(과제) 放課(방과)
006	題 제목 제	日 旦 早 早 是 是 是 題 題 題	頁부, 총 18획	問題(문제) 宿題(숙제)
007	班 나눌 반	王 王 玓 玣 玥 班 班	玉(王)부, 총 10획	班長(반장) 分班(분반)
008	長 긴 장	丨 厂 F F 튼 長 長	長부, 총 8획	長男(장남) 市長(시장)
009	黑 검을 흑	丨 冂 冂 冂 四 旦 里 里 黑	黑부, 총 12획	黑白(흑백) 黑板(흑판)
010	板 널 판	一 十 才 木 木 朽 朽 板	木부, 총 8획	板子(판자) 氷板(빙판)

| 본문 16~19쪽 |

011 給 줄 급	⺊ ⺊ ⺰ ⺰ 糸 糸 糽 紒 給 給	糸부, 총 12획	• 給食(급식)　• 月給(월급)
012 食 밥/먹을 식	ノ 人 𠆢 今 今 今 食 食 食	食부, 총 9획	• 過食(과식)　• 飮食(음식)
013 落 떨어질 락	一 ⺾ ⺾ 茫 茫 莎 茨 茨 落 落	艸(艹)부, 총 13획	• 落第(낙제)　• 落葉(낙엽)
014 第 차례 제	ノ ⺊ ⺮ ⺮ 竺 竺 笃 第 第	竹(⺮)부, 총 11획	• 第一(제일)　• 第三(제삼)
015 朗 밝을 랑	⺈ ⺈ ⺈ 良 良 食 朗 朗 朗 朗	月부, 총 11획	• 朗讀(낭독)　• 明朗(명랑)
016 讀 읽을 독, 구절 두	亠 言 訃 訃 讀 讀 讀 讀 讀	言부, 총 22획	• 讀書(독서)　• 多讀(다독)
017 訓 가르칠 훈	⺀ ⺀ ⺀ 言 言 言 訓 訓	言부, 총 10획	• 訓話(훈화)　• 家訓(가훈)
018 話 말씀 화	⺀ ⺀ ⺀ 言 言 言 計 話	言부, 총 13획	• 通話(통화)　• 話題(화제)
019 相 서로 상	一 十 才 木 相 相 相 相 相	目부, 총 9획	• 相談(상담)　• 相對(상대)
020 談 말씀 담	⺀ ⺀ ⺀ 言 言 言 訟 談 談	言부, 총 15획	• 美談(미담)　• 會談(회담)

'학교 생활'과 관계있는 한자어 **03**

'교과 용어'와 관계있는 한자어

번호	한자	필순	부수/획수	단어
021	曲 굽을 곡	冂 内 曲 曲	曰부, 총 6획	曲線(곡선) · 樂曲(악곡)
022	線 줄 선	乡 幺 纟 糸 糹 紵 紵 絈 綧 綧 線 線	糸부, 총 15획	電線(전선) · 直線(직선)
023	角 뿔 각	′ ク 勹 角 角 角 角	角부, 총 7획	角度(각도) · 直角(직각)
024	度 법도 도, 헤아릴 탁	` 亠 广 产 产 庐 庐 度 度	广부, 총 9획	速度(속도) · 溫度(온도)
025	計 셀 계	` 亠 亠 言 言 言 言 計	言부, 총 9획	計算(계산) · 時計(시계)
026	算 셈 산	′ ′′ 竹 竹 竹 筲 筲 筲 算 算	竹(⺮)부, 총 14획	算數(산수) · 算出(산출)
027	記 기록할 기	` 亠 亠 言 言 言 記 記 記	言부, 총 10획	記事(기사) · 記號(기호)
028	號 이름 호	′ ㅁ ㅁ 号 号 号 号 号 虎 號	虎부, 총 13획	番號(번호) · 信號(신호)
029	公 공평할 공	′ 八 公 公	八부, 총 4획	公共(공공) · 公式(공식)
030	式 법 식	一 二 三 丐 式 式	弋부, 총 6획	式順(식순) · 格式(격식)

번호	한자	획순	부수/획수	단어
031	原 언덕 원	一厂厂厂厂厂原原原原	厂부, 총 10획	原理(원리) 原因(원인)
032	因 인할 인	丨冂曰冈因因	囗부, 총 6획	因果(인과) 敗因(패인)
033	結 맺을 결	乙幺幺幺糸糸糸紅紅結	糸부, 총 12획	結果(결과) 結合(결합)
034	果 실과 과	丨冂曰日旦早果果	木부, 총 8획	果樹(과수) 效果(효과)
035	部 떼 부	丶二 亠 立 产 音 咅 咅 部 部	邑(阝)부, 총 11획	部首(부수) 部長(부장)
036	首 머리 수	丶丷ソ广产芦首首	首부, 총 9획	首都(수도) 首相(수상)
037	初 처음 초	丶 亠 ネ ネ ネ 初 初	刀부, 총 7획	初期(초기) 初章(초장)
038	章 글 장	丶二亠 立 产 音 音 章 章	立부, 총 11획	圖章(도장) 文章(문장)
039	傳 전할 전	亻 亻 伂 伂 伊 伊 傅 傅 傳	人(亻)부, 총 13획	傳記(전기) 傳說(전설)
040	說 말씀 설, 달랠 세	丶 亠 言 言 言 訓 訓 說 說	言부, 총 14획	說明(설명) 說話(설화)

'교과 용어'와 관계있는 한자어

'교과 제목·예술'과 관계있는 한자어

쓰기 041 敎 가르칠 교	ノ ㄨ ㄜ 耂 孝 孝 孝 教 教	攴(攵)부, 총 11획	• 敎科(교과) • 敎室(교실)
	敎 敎		敎 科 敎 室

쓰기 042 科 과목 과	一 二 千 干 禾 禾 秆 科 科	禾부, 총 9획	• 科目(과목) • 科學(과학)
	科 科		科 目 科 學

쓰기 043 數 셈 수	口 中 吕 吕 串 婁 婁 婁 數 數	攴(攵)부, 총 15획	• 數式(수식) • 數學(수학)
	數 數		數 式 數 學

쓰기 044 學 배울 학	` ′ ´ ㅏ ㅑ ㅕ 臼 衄 衄 與 學	子부, 총 16획	• 學者(학자) • 學業(학업)
	學 學		學 者 學 業

쓰기 045 社 모일 사	一 二 亍 示 示 社 社 社	示부, 총 8획	• 社說(사설) • 社會(사회)
	社 社		社 說 社 會

쓰기 046 會 모일 회	人 人 人 合 命 命 命 會 會	曰부, 총 13획	• 會談(회담) • 會話(회화)
	會 會		會 談 會 話

쓰기 047 道 길 도	` ` ` ` ` 首 首 道 道 道 道	辵(辶)부, 총 13획	• 道德(도덕) • 車道(차도)
	道 道		道 德 車 道

쓰기 048 德 큰 덕	ノ ィ 彳 彳 彳 徝 徝 德 德 德	彳부, 총 15획	• 德談(덕담) • 德行(덕행)
	德 德		德 談 德 行

쓰기 049 漢 한수/한나라 한	` ` ` ` ` ` 洴 洴 漢 漢	水(氵)부, 총 14획	• 漢江(한강) • 漢文(한문)
	漢 漢		漢 江 漢 文

쓰기 050 文 글월 문	` 一 ナ 文	文부, 총 4획	• 文集(문집) • 文學(문학)
	文 文		文 集 文 學

06 5급 한자 쓰기 연습장

번호	한자	획순	부수/획수	단어
051	觀 볼 관	艹 莅 莅 萑 藿 藿 藿 觀 觀	見부, 총 25획	觀客(관객) · 景觀(경관)
052	客 손 객	丶 宀 宀 宀 宂 宊 客 客	宀부, 총 9획	客室(객실) · 客地(객지)
053	畫 그림 화, 그을 획	𬺰 𬺱 聿 聿 書 畫 畫 畫	田부, 총 12획	畫具(화구) · 民畫(민화)
054	具 갖출 구	丨 冂 冃 月 目 且 具 具	八부, 총 8획	道具(도구) · 漁具(어구)
055	才 재주 재	一 十 才	手부, 총 3획	才能(재능) · 天才(천재)
056	能 능할 능	厶 纟 肀 台 育 肯 能 能 能	肉(月)부, 총 10획	能力(능력) · 可能(가능)
057	歌 노래 가	一 丁 可 可 叵 哥 哥 歌 歌	欠부, 총 14획	歌唱(가창) · 祝歌(축가)
058	唱 부를 창	丨 口 口' 叭 呣 吅 唱 唱	口부, 총 11획	獨唱(독창) · 合唱(합창)
059	展 펼 전	一 ㄱ 尸 尸 屈 屈 屈 展 展	尸부, 총 10획	展開(전개) · 展示(전시)
060	示 보일 시	一 二 亍 示 示	示부, 총 5획	告示(고시) · 明示(명시)

'교과 제목 · 예술'과 관계있는 한자어

'반대(상대)자'로 짜여진 한자어

번호	한자	획순	부수/획수	예시
061	強 (강할 강)	기 기 引 弘 弘 弘 弥 強 強 強	弓부, 총 11획	強弱(강약) · 強化(강화)
062	弱 (약할 약)	기 기 引 引 弓 弓 弱 弱 弱	弓부, 총 10획	弱者(약자) · 弱體(약체)
063	輕 (가벼울 경)	一 厂 亓 百 車 車 車 車 輕 輕 輕 輕 輕 輕	車부, 총 14획	輕量(경량) · 輕重(경중)
064	重 (무거울 중)	一 二 千 干 台 盲 盲 重 重	里부, 총 9획	加重(가중) · 體重(체중)
065	苦 (쓸 고)	一 十 十 十 艹 芊 芊 苦 苦	艸(艹)부, 총 9획	苦樂(고락) · 勞苦(노고)
066	樂 (즐길 락, 노래 악)	丿 冂 白 白 白 绐 绐 继 继 樂 樂	木부, 총 15획	樂觀(낙관) · 樂勝(낙승)
067	吉 (길할 길)	一 十 士 吉 吉 吉	口부, 총 6획	吉日(길일) · 吉凶(길흉)
068	凶 (흉할 흉)	丿 乂 凶 凶	凵부, 총 4획	凶物(흉물) · 凶作(흉작)
069	男 (사내 남)	丨 口 曰 田 田 男 男	田부, 총 7획	男女(남녀) · 男兒(남아)
070	女 (계집 녀)	乀 夊 女	女부, 총 3획	女軍(여군) · 女王(여왕)

번호	한자	필순	부수/획수	예시
071	東 동녘 동	一 丆 丆 百 후 审 東 東	木부, 총 8획	東西(동서) · 東海(동해)
072	西 서녘 서	一 丆 丆 两 西 西	西(襾)부, 총 6획	西洋(서양) · 西風(서풍)
073	始 비로소 시	ㄴ 乂 女 女 女ᄂ 妒 始 始	女부, 총 8획	始作(시작) · 始終(시종)
074	終 마칠 종	ㄴ ㄴ 幺 幺 糸 糸 紅 終 終 終 終	糸부, 총 11획	終日(종일) · 最終(최종)
075	遠 멀 원	一 士 吉 吉 声 声 袁 袁 遠 遠 遠	辵(辶)부, 총 14획	遠近(원근) · 遠大(원대)
076	近 가까울 근	一 厂 斤 斤 沂 近 近	辵(辶)부, 총 8획	近來(근래) · 近親(근친)
077	左 왼 좌	一 ナ ナ 左 左	工부, 총 5획	左相(좌상) · 左右(좌우)
078	右 오른 우	ノ ナ オ 右 右	口부, 총 5획	右記(우기) · 右相(우상)
079	春 봄 춘	一 二 三 声 夫 表 春 春 春	日부, 총 9획	春秋(춘추) · 青春(청춘)
080	秋 가을 추	一 二 千 禾 禾 禾 秋 秋 秋	禾부, 총 9획	秋夕(추석) · 立秋(입추)

'반대(상대)자'로 짜여진 한자어

'자연·여행'과 관계있는 한자어

081 江 강강	` ` ` 氵 江 江	水(氵)부, 총 6획	江村(강촌) · 江湖(강호)
082 湖 호수 호	` ` ` 氵 汁 沽 浩 浩 湖 湖 湖	水(氵)부, 총 12획	湖南(호남) · 湖水(호수)
083 林 수풀 림	一 十 才 木 木 村 材 林	木부, 총 8획	林野(임야) · 山林(산림)
084 野 들 야	` 口 日 旦 甲 里 野 野 野 野	里부, 총 11획	野生(야생) · 平野(평야)
085 河 물 하	` ` ` 氵 汀 沪 沪 河 河	水(氵)부, 총 8획	河川(하천) · 山河(산하)
086 川 내 천	` 丿 丿 川	巛(川)부, 총 3획	川流(천류) · 山川(산천)
087 雲 구름 운	` 一 广 币 币 雨 雨 雩 雪 雲 雲 雲	雨부, 총 12획	雲集(운집) · 雲海(운해)
088 海 바다 해	` ` ` 氵 汁 汁 海 海 海 海	水부, 총 10획	海洋(해양) · 海運(해운)
089 氷 얼음 빙	` 丿 刁 水 氷	水부, 총 5획	氷山(빙산) · 結氷(결빙)
090 山 메 산	` 山 山	山부, 총 3획	山村(산촌) · 登山(등산)

번호	한자	획순	부수/획수	예시
091	方 모 방	丶 一 亍 方	方부, 총 4획	方今(방금), 方向(방향)
092	向 향할 향	丿 丶 冂 向 向 向	口부, 총 6획	南向(남향), 風向(풍향)
093	景 볕 경	口 曰 日 旦 昌 昙 롱 景 景	日부, 총 12획	景致(경치), 光景(광경)
094	致 이를 치	一 Z 工 互 至 到 至 玫 致	至부, 총 10획	理致(이치), 一致(일치)
095	旅 나그네 려	丶 一 方 方 方 扩 扩 旅 旅 旅	方부, 총 10획	旅費(여비), 旅行(여행)
096	費 쓸 비	一 コ 弓 弗 弗 曹 費 費 費	貝부, 총 12획	費用(비용), 消費(소비)
097	見 볼 견	丨 冂 冂 月 目 貝 見	見부, 총 7획	見聞(견문), 卓見(탁견)
098	聞 들을 문	丨 冂 冂 門 門 門 門 問 聞 聞	耳부, 총 14획	所聞(소문), 新聞(신문)
099	葉 잎 엽	丶 一 卄 艹 艹 芏 苹 苹 蕈 葉	艸(艹)부, 총 13획	葉書(엽서), 落葉(낙엽)
100	書 글 서	一 コ ヨ 聿 聿 書 書 書 書	曰부, 총 10획	書堂(서당), 書店(서점)

'자연·여행'과 관계있는 한자어

'지역'과 관계있는 한자어

101 半 반 반	´ ㄔ ㄍ ㄎ 半	十부, 총 5획	• 半球(반구) • 後半(후반)
	半 半		半 球 後 半

102 島 섬 도	´ ㄋ 户 户 自 鳥 鳥 島 島	山부, 총 10획	• 獨島(독도) • 半島(반도)
	島 島		獨 島 半 島

103 韓 한국/나라 한	十 古 卓 卓 幹 幹 韓 韓 韓	韋부, 총 17획	• 韓國(한국) • 北韓(북한)
	韓 韓		韓 國 北 韓

104 國 나라 국	丨 冂 冂 冃 同 國 國 國 國 國	口부, 총 11획	• 國歌(국가) • 英國(영국)
	國 國		國 歌 英 國

105 南 남녘 남	一 十 冇 冇 冇 冇 南 南 南	十부, 총 9획	• 南美(남미) • 南海(남해)
	南 南		南 美 南 海

106 美 아름다울 미	´ ㄐ ㄑ 丷 半 羊 兰 美 美	羊부, 총 9획	• 美國(미국) • 美男(미남)
	美 美		美 國 美 男

107 北 북녘 북, 달아날 배	丨 ㄅ ナ 北 北	匕부, 총 5획	• 北京(북경) • 以北(이북)
	北 北		北 京 以 北

108 京 서울 경	´ 亠 ㅗ ㅕ 古 亨 京 京	亠부, 총 8획	• 上京(상경) • 開京(개경)
	京 京		上 京 開 京

109 光 빛 광	丨 ㅣ ㅛ ㅛ 半 光	儿부, 총 6획	• 光州(광주) • 觀光(관광)
	光 光		光 州 觀 光

110 州 고을 주	´ ㄅ ㅔ 刂 州 州	巛(川)부, 총 6획	• 公州(공주) • 廣州(광주)
	州 州		公 州 廣 州

번호	획순	부수/획수	예시
111 關 관계할 관	丨 ア 門 門 門 閂 閂 關 關 關	門부, 총 19획	• 關門(관문) • 通關(통관)
112 門 문 문	丨 ア 尸 尸 門 門 門 門	門부, 총 8획	• 校門(교문) • 正門(정문)
113 都 도읍 도	一 十 耂 耂 者 者 者 者 都 都	邑(阝)부, 총 12획	• 都邑(도읍) • 都市(도시)
114 市 저자 시	丶 亠 广 市 市	巾부, 총 5획	• 市民(시민) • 市場(시장)
115 郡 고을 군	𠃌 コ ヨ 尹 尹 君 君 君' 郡 郡	邑(阝)부, 총 10획	• 郡內(군내) • 郡民(군민)
116 內 안 내	丨 冂 内 內	入부, 총 4획	• 內外(내외) • 室內(실내)
117 小 작을 소	亅 小 小	小부, 총 3획	• 小食(소식) • 小邑(소읍)
118 邑 고을 읍	丶 口 口 呂 呂 呂 邑	邑부, 총 7획	• 邑內(읍내) • 邑長(읍장)
119 洞 골 동, 밝을 통	丶 氵 氵 汀 汩 洞 洞 洞 洞	水(氵)부, 총 9획	• 洞口(동구) • 洞里(동리)
120 里 마을 리	丨 口 日 日 旦 里 里	里부, 총 7획	• 萬里(만리) • 里長(이장)

'지역'과 관계있는 한자어

'기후'와 관계있는 한자어

121 立 설 립	丶 亠 产 立	立부, 총 5획	• 立冬(입동) • 國立(국립)
	立 立		立 冬 國 立

122 冬 겨울 동	ノ ク 夂 冬 冬	冫부, 총 5획	• 冬期(동기) • 冬服(동복)
	冬 冬		冬 期 冬 服

123 大 큰 대	一 ナ 大	大부, 총 3획	• 大雪(대설) • 大寒(대한)
	大 大		大 雪 大 寒

124 雪 눈 설	一 ㄷ 戶 币 币 乕 乕 雪 雪 雪 雪	雨부, 총 11획	• 雪景(설경) • 白雪(백설)
	雪 雪		雪 景 白 雪

125 淸 맑을 청	丶 丶 氵 汁 泮 浐 泮 淸 淸 淸 淸	水(氵)부, 총 11획	• 淸明(청명) • 淸風(청풍)
	淸 淸		淸 明 淸 風

126 明 밝을 명	丨 冂 冂 日 日 明 明 明	日부, 총 8획	• 明朗(명랑) • 光明(광명)
	明 明		明 朗 光 明

127 雨 비 우	一 ㄷ 厂 币 币 雨 雨 雨	雨부, 총 8획	• 雨量(우량) • 雨天(우천)
	雨 雨		雨 量 雨 天

128 天 하늘 천	一 二 チ 天	大부, 총 4획	• 天心(천심) • 靑天(청천)
	天 天		天 心 靑 天

129 寒 찰 한	丶 丶 宀 宀 宀 宀 宙 宙 宙 寒 寒 寒	宀부, 총 12획	• 寒冷(한랭) • 寒風(한풍)
	寒 寒		寒 冷 寒 風

130 冷 찰 랭	丶 冫 冫 入 쓰 冷 冷	冫부, 총 7획	• 冷氣(냉기) • 冷水(냉수)
	冷 冷		冷 氣 冷 水

No.	한자	필순	부수/획수	예시
131	農 (농사 농)	冂 曲 曲 芦 芦 莀 農 農 農	辰부, 총 13획	農夫(농부) · 農事(농사)
132	夫 (지아비 부)	一 二 丰 夫	大부, 총 4획	工夫(공부) · 馬夫(마부)
133	作 (지을 작)	丿 亻 亻 亻 竹 作 作	人부, 총 7획	作物(작물) · 始作(시작)
134	物 (물건 물)	丿 一 十 牛 牜 牞 物 物	牛부, 총 8획	生物(생물) · 風物(풍물)
135	地 (땅 지)	一 十 土 圵 地 地	土부, 총 6획	地力(지력) · 地形(지형)
136	力 (힘 력)	丿 力	力부, 총 2획	學力(학력) · 效力(효력)
137	植 (심을 식)	一 十 木 木 木 朾 朾 桔 植 植 植 植	木부, 총 12획	植物(식물) · 植樹(식수)
138	樹 (나무 수)	一 十 木 木 木 朾 朾 桔 桔 桔 樹	木부, 총 16획	樹木(수목) · 果樹(과수)
139	黃 (누를 황)	一 十 卄 廿 芇 芇 苗 苗 苗 黃	黃부, 총 12획	黃色(황색) · 黃土(황토)
140	土 (흙 토)	一 十 土	土부, 총 3획	土石(토석) · 土地(토지)

'기후'와 관계있는 한자어

'어업·공업'과 관계있는 한자어

141 漁 고기잡을 어	丶 丶 丶 氵 氵 氵 浐 渔 渔 漁 漁	水(氵)부, 총 14획	• 漁船(어선) • 漁村(어촌)
142 村 마을 촌	一 十 才 木 木 村 村	木부, 총 7획	• 村老(촌로) • 農村(농촌)
143 船 배 선	丿 亅 月 月 舟 舟 舟' 舡 船 船	舟부, 총 11획	• 船長(선장) • 船主(선주)
144 主 주인/임금 주	丶 一 = 宇 主	丶부, 총 5획	• 主客(주객) • 主題(주제)
145 魚 물고기 어	丿 𠂊 乄 乌 鱼 鱼 鱼 魚 魚	魚부, 총 11획	• 魚類(어류) • 魚物(어물)
146 類 무리 류	丶 丶 丷 ヾ 米 米 类 類 類	頁부, 총 19획	• 分類(분류) • 種類(종류)
147 生 날 생	丿 亠 亠 牛 生	生부, 총 5획	• 生鮮(생선) • 生活(생활)
148 鮮 고울 선	𠂊 乄 乌 鱼 魚 魚 魚' 鮮 鮮	魚부, 총 17획	• 鮮明(선명) • 新鮮(신선)
149 水 물 수	丿 亅 가 水	水부, 총 4획	• 溫水(온수) • 海水(해수)
150 溫 따뜻할 온	丶 丶 氵 氵 氵 氵 汩 泹 温 溫	水(氵)부, 총 13획	• 溫度(온도) • 水溫(수온)

| 본문 72~75쪽 |

151 工 장인 공	一 丁 工									工부, 총 3획	• 工業(공업)　• 工場(공장)
	工	工									工業　工場

152 場 마당 장	一 十 土 圹 圹 坦 坦 坦 場 場									土부, 총 12획	• 場所(장소)　• 市場(시장)
	場	場									場所　市場

153 技 재주 기	一 亠 扌 扌 扌 拌 技									手(扌)부, 총 7획	• 技士(기사)　• 技術(기술)
	技	技									技士　技術

154 術 재주 술	彳 彳 千 휘 徘 徘 徘 術 術 術									行부, 총 11획	• 醫術(의술)　• 戰術(전술)
	術	術									醫術　戰術

155 石 돌 석	一 丆 ア 石 石									石부, 총 5획	• 石油(석유)　• 石炭(석탄)
	石	石									石油　石炭

156 炭 숯 탄	丨 凵 山 屵 屵 屵 岸 炭									火부, 총 9획	• 氷炭(빙탄)　• 黑炭(흑탄)
	炭	炭									氷炭　黑炭

157 發 필 발	フ ヌ 癶 癶 癶 癶 쬬 發 發 發									癶부, 총 12획	• 發展(발전)　• 發表(발표)
	發	發									發展　發表

158 電 번개 전	一 亠 广 帀 乕 乕 乕 雨 雷 電									雨부, 총 13획	• 電氣(전기)　• 電流(전류)
	電	電									電氣　電流

159 古 예 고	一 十 十 古 古									口부, 총 5획	• 古典(고전)　• 古鐵(고철)
	古	古									古典　古鐵

160 鐵 쇠 철	亠 牟 余 金 釒 鉎 鐽 鐵 鐵									金부, 총 21획	• 鐵路(철로)　• 鐵板(철판)
	鐵	鐵									鐵路　鐵板

'어업·공업'과 관계있는 한자어

'상업·금융업'과 관계있는 한자어

161 商 장사 상	亠亡产产产商商商商	口부, 총 11획	• 商業(상업) • 商人(상인)
162 業 업 업	业业业业业業業業	木부, 총 13획	• 農業(농업) • 卒業(졸업)
163 賣 팔 매	十士吉吉声青壹賣賣	貝부, 총 15획	• 賣買(매매) • 競賣(경매)
164 買 살 매	口四罒罒胃胃買買	貝부, 총 12획	• 買上(매상) • 買入(매입)
165 價 값 가	亻亻価価価価僧價	人(亻)부, 총 15획	• 價格(가격) • 原價(원가)
166 格 격식 격	一十才才㭁柊柊格格	木부, 총 10획	• 格式(격식) • 人格(인격)
167 休 쉴 휴	丿亻亻什休休	人(亻)부, 총 6획	• 休店(휴점) • 休紙(휴지)
168 店 가게 점	丶亠广庀店店店店	广부, 총 8획	• 開店(개점) • 商店(상점)
169 廣 넓을 광	亠广广广产产序序廣廣	广부, 총 15획	• 廣告(광고) • 廣野(광야)
170 告 고할 고	丿丄牛生告告告	口부, 총 7획	• 告發(고발) • 告示(고시)

18 5급 한자 쓰기 연습장

번호	한자	필순	부수/획수	예시 단어
171	銀 은 은	ノ 乍 乍 乍 金 金 釘 釦 鈤 鉬 銀	金부, 총 14획	銀行(은행) · 金銀(금은)
172	行 다닐 행, 항렬 항	ノ ニ 彳 彳 行 行	行부, 총 6획	行動(행동) · 孝行(효행)
173	財 재물 재	丨 冂 冃 目 貝 貝 貝一 財 財	貝부, 총 10획	財物(재물) · 財産(재산)
174	産 낳을 산	丶 ㅗ 亠 立 产 产 产 产 産 産	生부, 총 11획	産業(산업) · 原産(원산)
175	貯 쌓을 저	丨 冂 冃 目 貝 貝 貝' 貯 貯 貯	貝부, 총 12획	貯金(저금) · 貯水(저수)
176	金 쇠 금, 성 김	ノ 人 入 亼 今 全 余 金	金부, 총 8획	料金(요금) · 黃金(황금)
177	信 믿을 신	ノ 亻 亻 仁 伫 侉 信 信 信	人(亻)부, 총 9획	信念(신념) · 信用(신용)
178	用 쓸 용	ノ 冂 月 月 用	用부, 총 5획	用品(용품) · 利用(이용)
179	去 갈 거	一 十 土 去 去	厶부, 총 5획	去來(거래) · 過去(과거)
180	來 올 래	一 ㄱ ㄲ 办 夾 夾 來 來	人부, 총 8획	來年(내년) · 近來(근래)

'상업·금융업'과 관계있는 한자어

'경제·교통'과 관계있는 한자어

181 **勞** 일할 로	丶 ᅩ ᄼ ᄽ ᄽ ᄽ ᄽ ᄽ 癶 勞	力부, 총 12획	勞苦(노고) · 功使(공사)
182 **使** 하여금/부릴 사	ノ イ 亻 ㄣ ㅏ 乍 使 使	人(亻)부, 총 8획	使用(사용) · 天使(천사)

183 **赤** 붉을 적	一 十 土 ᅣ 汁 赤 赤	赤부, 총 7획	赤色(적색) · 赤字(적자)
184 **字** 글자 자	丶 丷 宀 宀 字 字	子부, 총 6획	文字(문자) · 黑字(흑자)

185 **交** 사귈 교	丶 一 六 亠 交 交	亠부, 총 6획	交流(교류) · 交通(교통)
186 **流** 흐를 류	丶 丶 氵 氵 浐 浐 浐 浐 流 流	水(氵)부, 총 10획	急流(급류) · 流行(유행)

187 **開** 열 개	l ㅣ 冂 ㅔ 門 門 門 閂 開 開	門부, 총 12획	開放(개방) · 開發(개발)
188 **放** 놓을 방	丶 一 ㄱ 方 方 於 於 放	攴(攵)부, 총 8획	放心(방심) · 放學(방학)

189 **對** 대할 대	ㅣ 业 业 业 业 业 业一 對 對	寸부, 총 14획	對比(대비) · 對話(대화)
190 **比** 견줄 비	一 ㅏ ㅏ 比	比부, 총 4획	比等(비등) · 性比(성비)

번호	한자	필순	부수/획수	단어
191	直 곧을 직	一 十 十 古 古 盲 直 直	目부, 총 8획	直線(직선) · 直通(직통)
192	通 통할 통	一 ア ア 丙 甬 甬 涌 涌 涌 通	辵(辶)부, 총 11획	通行(통행) · 流通(유통)
193	汽 물끓는김 기	丶 氵 氵 汽 汽 汽 汽	水(氵)부, 총 7획	汽船(기선) · 汽車(기차)
194	車 수레 거/차	一 ㄷ 冂 日 亘 車 車	車부, 총 7획	車線(차선) · 洗車(세차)
195	牛 소 우	丿 匕 二 牛	牛부, 총 4획	牛角(우각) · 牛馬(우마)
196	馬 말 마	一 厂 厂 F 尸 馬 馬 馬 馬 馬	馬부, 총 10획	競馬(경마) · 鐵馬(철마)
197	停 머무를 정	亻 亻 亻 伫 伫 伫 伫 停 停 停	人(亻)부, 총 10획	停止(정지) · 停車(정차)
198	止 그칠 지	丨 ㅏ ㅑ 止	止부, 총 4획	止水(지수) · 中止(중지)
199	到 이를 도	一 工 五 至 至 至 到 到	刀(刂)부, 총 8획	到來(도래) · 到着(도착)
200	着 붙을 착	丶 ㅗ 䒑 羊 羊 羊 着 着 着	羊부, 총 12획	着陸(착륙) · 着用(착용)

'경제 · 교통' 과 관계있는 한자어

'시간'과 관계있는 한자어

번호	한자	필순	부수, 획수	예시
201	現 나타날 현	一二F王玗玗玑玑珇現	玉(王)부, 총 11획	現金(현금) · 現在(현재)
202	在 있을 재	一ナオナ在在	土부, 총 6획	在野(재야) · 在學(재학)
203	昨 어제 작	丨冂日日日⺈旷昨昨昨	日부, 총 9획	昨今(작금) · 昨年(작년)
204	今 이제 금	丿人𠆢今	人부, 총 4획	今年(금년) · 古今(고금)
205	時 때 시	丨冂日日旷旷旷時時	日부, 총 10획	時計(시계) · 時代(시대)
206	代 대신할 대	丿亻代代代	人(亻)부, 총 5획	古代(고대) · 現代(현대)
207	萬 일만 만	艹艹艹艹苎苔苩萬萬萬	艸(艹)부, 총 13획	萬感(만감) · 萬歲(만세)
208	歲 해 세	上止止广产产产产歲歲	止부, 총 13획	歲月(세월) · 歲時(세시)
209	新 새 신	丶亠立立辛辛新新新	斤부, 총 13획	新年(신년) · 新聞(신문)
210	年 해 년	丿𠂉一二年年	干부, 총 6획	每年(매년) · 靑年(청년)

| 본문 96~99쪽 |

#	획순	부수, 획수	예
211 每 매양 매	ノ ㄱ 仁 与 每 每 每	母(母)부, 총 7획	每番(매번) · 每週(매주)
212 週 주일 주	ノ 冂 月 月 用 周 周 週 週 週	辵(辶)부, 총 12획	週末(주말) · 前週(전주)
213 曜 빛날 요	日 旷 旷 旷 旷 曜 曜 曜 曜	日부, 총 18획	曜日(요일) · 七曜(칠요)
214 日 날 일	ㅣ 冂 日 日	日부, 총 4획	日記(일기) · 今日(금일)
215 晝 낮 주	フ ㄱ ㅋ ㅋ 聿 聿 書 書 晝 晝	日부, 총 11획	晝間(주간) · 晝夜(주야)
216 夜 밤 야	` 亠 广 产 疒 疒 夜 夜	夕부, 총 8획	夜景(야경) · 夜光(야광)
217 午 낮 오	ノ ㄴ 二 午	十부, 총 4획	午前(오전) · 午後(오후)
218 前 앞 전	` '' 亠 产 产 前 前 前	力(刂)부, 총 9획	前面(전면) · 事前(사전)
219 朝 아침 조	一 十 十 古 古 卓 朝 朝 朝 朝	月부, 총 12획	朝夕(조석) · 朝鮮(조선)
220 夕 저녁 석	ノ ク 夕	夕부, 총 3획	夕陽(석양) · 秋夕(추석)

'시간'과 관계있는 한자어

'운동'과 관계있는 한자어

221 競 다툴 경	亠亠产音音音竞竞竞競	立부, 총 20획	• 競技(경기) • 競爭(경쟁)
	競 競		競 技 競 爭
222 爭 다툴 쟁	⺈⺈⺈⺈⺈争争争	爪(爫)부, 총 8획	• 相爭(상쟁) • 戰爭(전쟁)
	爭 爭		相 爭 戰 爭

쓰기 223 先 먼저 선	ノ ⺧ ⺧ 生 先 先	儿부, 총 6획	• 先頭(선두) • 先生(선생)
	先 先		先 頭 先 生
쓰기 224 頭 머리 두	一 ㅁ 豆 豆 豆 豆 頭 頭 頭	頁부, 총 16획	• 頭角(두각) • 序頭(서두)
	頭 頭		頭 角 序 頭

쓰기 225 根 뿌리 근	一 十 才 才 村 村 村 根 根 根	木부, 총 10획	• 根本(근본) • 根性(근성)
	根 根		根 本 根 性
226 性 성품 성	丶 ㅣ ⺗ ⺗ ⺗ 忄 性 性	心(忄)부, 총 8획	• 性質(성질) • 天性(천성)
	性 性		性 質 天 性

쓰기 227 入 들 입	ノ 入	入부, 총 2획	• 入賞(입상) • 入場(입장)
	入 入		入 賞 入 場
228 賞 상줄 상	丨 ⺌ ⺌ 尚 尚 尚 尚 賞 賞	貝부, 총 15획	• 賞金(상금) • 賞品(상품)
	賞 賞		賞 金 賞 品

229 打 칠 타	一 十 扌 扌 打	手(扌)부, 총 5획	• 打席(타석) • 打者(타자)
	打 打		打 席 打 者
쓰기 230 席 자리 석	丶 亠 广 产 庐 庐 庐 席 席	巾부, 총 10획	• 客席(객석) • 出席(출석)
	席 席		客 席 出 席

번호	한자	필순	부수/획수	예시
231	卓 (높을 탁)	丶 ト 占 卢 占 卓 卓 卓	十부, 총 8획	卓見(탁견) · 卓球(탁구)
232	球 (공 구)	一 二 丁 王 王 丁 王 乃 球 球 球	玉(王)부, 총 11획	球技(구기) · 野球(야구)
233	合 (합할 합)	丿 人 人 合 合 合	口부, 총 6획	合宿(합숙) · 結合(결합)
234	宿 (잘 숙, 별자리 수)	丶 宀 宀 宀 宀 宿 宿 宿 宿	宀부, 총 11획	宿所(숙소) · 宿題(숙제)
235	體 (몸 체)	口 曰 曰 骨 骨 骨 體 體 體	骨부, 총 23획	體操(체조) · 身體(신체)
236	操 (잡을 조)	一 十 十 扌 扌 扌 挆 挃 操	手(扌)부, 총 16획	操心(조심) · 操作(조작)
237	必 (반드시 필)	丶 ソ 必 必 必	心부, 총 5획	必勝(필승) · 必要(필요)
238	勝 (이길 승)	丿 月 月 朕 胖 胖 胖 朕 勝 勝	力부, 총 12획	勝利(승리) · 勝敗(승패)
239	練 (익힐 련)	幺 幺 乡 糸 糸 糹 糽 綀 綀 練	糸부, 총 15획	練兵(연병) · 練習(연습)
240	習 (익힐 습)	丁 刁 刁 羽 羽 羽 翌 習 習	羽부, 총 11획	實習(실습) · 自習(자습)

'운동'과 관계있는 한자어

'군대 · 역사'와 관계있는 한자어

241 命 목숨 명	ノ 人 ᄉ 스 今 合 合 命 命	口부, 총 8획	• 命令(명령)　• 使命(사명)
242 令 하여금 령	ノ 人 ᄉ 今 令	人부, 총 5획	• 打令(타령)　• 號令(호령)
243 勇 날랠 용	ᄀ マ ア 丙 丙 甬 甬 勇 勇	力부, 총 9획	• 勇氣(용기)　• 勇士(용사)
244 士 선비 사	一 十 士	土부, 총 3획	• 士氣(사기)　• 戰士(전사)
245 軍 군사 군	丶 冖 冖 冖 冝 冝 冒 軍 軍	車부, 총 9획	• 軍旗(군기)　• 陸軍(육군)
246 旗 기 기	丶 亠 方 方 方 斺 斻 旗 旗 旗	方부, 총 14획	• 國旗(국기)　• 白旗(백기)
247 戰 싸움 전	口 甲 胃 胃 單 單 戰 戰 戰	戈부, 총 16획	• 戰死(전사)　• 戰爭(전쟁)
248 死 죽을 사	一 ᄀ 歹 歹 死 死	歹부, 총 6획	• 死後(사후)　• 生死(생사)
249 兵 병사 병	ᄀ ᄃ ᄃ 斤 丘 乒 兵	八부, 총 7획	• 兵法(병법)　• 兵卒(병졸)
250 卒 마칠 졸	丶 亠 亠 卞 交 夾 卒 卒	十부, 총 8획	• 卒業(졸업)　• 高卒(고졸)

번호	획순	부수/획수	단어
251 歷 지날 력	一厂厂厂厂厂厂厂厂厂歷歷歷歷	止부, 총 16획	歷代(역대) 歷史(역사)
252 史 사기 사	丶口口史史	口부, 총 5획	史記(사기) 國史(국사)
253 臣 신하 신	一丁丂互乒臣	臣부, 총 6획	臣下(신하) 功臣(공신)
254 下 아래 하	一丁下	一부, 총 3획	下校(하교) 地下(지하)
255 王 임금 왕	一二干王	玉(王)부, 총 4획	王命(왕명) 王位(왕위)
256 位 자리 위	丿亻亻亻位位位	人(亻)부, 총 7획	地位(지위) 品位(품위)
257 偉 클 위	亻亻亻伟伟伟偉偉偉	人(亻)부, 총 11획	偉業(위업) 偉人(위인)
258 人 사람 인	丿人	人부, 총 2획	人材(인재) 老人(노인)
259 英 꽃부리 영	一十廾廾廾芇英英	艸(艹)부, 총 9획	英雄(영웅) 英才(영재)
260 雄 수컷 웅	一ナ左左左左雄雄雄	隹부, 총 12획	雄大(웅대) 雄飛(웅비)

'군대·역사'와 관계있는 한자어

'병원·신체'와 관계있는 한자어

번호	한자	필순	부수/획수	예시
261	藥 약 약	艹艹艹艹莅莅莅藥藥藥	艸(艹)부, 총 19획	藥局(약국) · 藥效(약효)
262	效 본받을 효	亠亠方方亥亥效效效	攴(攵)부, 총 10획	效果(효과) · 效能(효능)
263	救 구원할 구	一十才才求求求救救	攴(攵)부, 총 11획	救急(구급) · 救命(구명)
264	急 급할 급	ノク夂冬刍刍急急急	心부, 총 9획	急賣(급매) · 急變(급변)
265	醫 의원 의	一厂医医医殹殹醫醫	酉부, 총 18획	醫術(의술) · 醫院(의원)
266	院 집 원	乙了阝阝阝阵阵院院	阜(阝)부, 총 10획	開院(개원) · 學院(학원)
267	病 병 병	丶一广广疒疒疒病病病	疒부, 총 10획	病者(병자) · 病患(병환)
268	患 근심 환	丶口口吕吕吕串串患患	心부, 총 11획	患部(환부) · 患者(환자)
269	米 쌀 미	丶丷二半米米	米부, 총 6획	米飮(미음) · 白米(백미)
270	飮 마실 음	ノ𠂉𠂉今今食食食飮飮	食(𩙿)부, 총 13획	飮料(음료) · 飮食(음식)

271 耳 귀 이	一 T F F 王 耳				耳부, 총 6획	• 耳目(이목) • 耳順(이순)	
	耳	耳				耳 目	耳 順
272 目 눈 목	丨 冂 冃 月 目				目부, 총 5획	• 科目(과목) • 種目(종목)	
	目	目				科 目	種 目
273 口 입 구	丨 冂 口				口부, 총 3획	• 口鼻(구비) • 食口(식구)	
	口	口				口 鼻	食 口
274 鼻 코 비	′ ′ 宀 白 自 自 自 鼻 鼻				鼻부, 총 14획	• 鼻音(비음) • 鼻祖(비조)	
	鼻	鼻				鼻 音	鼻 祖
275 手 손 수	一 二 三 手				手부, 총 4획	• 手足(수족) • 擧手(거수)	
	手	手				手 足	擧 手
276 足 발 족	丨 口 口 口 꾸 돋 足				足부, 총 7획	• 足球(족구) • 充足(충족)	
	足	足				足 球	充 足
277 獨 홀로 독	′ 犭 犭 犭 犭 獨 獨 獨 獨				犬(犭)부, 총 16획	• 獨立(독립) • 獨身(독신)	
	獨	獨				獨 立	獨 身
278 身 몸 신	′ ′ 冂 冃 身 身 身				身부, 총 7획	• 身體(신체) • 終身(종신)	
	身	身				身 體	終 身
279 消 사라질 소	丶 冫 氵 氵 氵 氵 消 消 消				水(氵)부, 총 10획	• 消費(소비) • 消化(소화)	
	消	消				消 費	消 化
280 化 될 화	′ 亻 亻 化				匕부, 총 4획	• 文化(문화) • 變化(변화)	
	化	化				文 化	變 化

'병원·신체'와 관계있는 한자어

'가족'과 관계있는 한자어

281 父 아비 부	ˊ ㇒ ⺈ 父	父부, 총 4획	• 父母(부모) • 祖父(조부)
282 母 어미 모	㇄ ㇆ 母 母 母	母(毋)부, 총 5획	• 母親(모친) • 老母(노모)
283 兄 형 형	㇒ 口 口 尸 兄	儿부, 총 5획	• 兄弟(형제) • 義兄(의형)
284 弟 아우 제	㇒ ㇀ ⺌ 쓰 쑤 弟 弟	弓부, 총 7획	• 弟子(제자) • 子弟(자제)
285 孫 손자 손	㇗ 了 子 孑 孖 孫 孫 孫 孫	子부, 총 10획	• 孫子(손자) • 後孫(후손)
286 子 아들 자	㇗ 了 子	子부, 총 3획	• 父子(부자) • 王子(왕자)
287 兒 아이 아	㇒ ㇀ ⺈ 臼 臼 兒 兒 兒	儿부, 총 8획	• 兒童(아동) • 育兒(육아)
288 童 아이 동	㇔ ㇀ ㇗ 立 产 产 音 音 音 童 童 童	立부, 총 12획	• 童心(동심) • 童話(동화)
289 養 기를 양	㇔ ㇀ ⺌ 羊 羊 羊 养 养 養 養 養 養 養	食부, 총 15획	• 養育(양육) • 奉養(봉양)
290 育 기를 육	㇔ ㇀ 亠 产 产 育 育 育	肉(月)부, 총 8획	• 育成(육성) • 教育(교육)

번호	한자	획순	부수/획수	단어
291	禮 예도 례	一 亓 禾 禾 禰 禰 禮 禮 禮 禮	示부, 총 18획	禮物(예물) · 禮節(예절)
292	節 마디 절	ノ ← ← ← ← ← ← 節 節 節 節	竹(⺮)부, 총 15획	節氣(절기) · 名節(명절)
293	孝 효도 효	一 十 土 尹 耂 孝 孝	子부, 총 7획	孝道(효도) · 孝心(효심)
294	心 마음 심	⺍ 心 心 心	心부, 총 4획	關心(관심) · 童心(동심)
295	友 벗 우	一 ナ 方 友	又부, 총 4획	友愛(우애) · 友情(우정)
296	愛 사랑 애	⺈ ⺍ ⺍ 爫 爫 ⺥ 愛 愛 愛 愛	心부, 총 13획	愛民(애민) · 愛用(애용)
297	種 씨 종	ノ 二 千 禾 禾 秆 秆 秆 稻 種 種	禾부, 총 14획	種子(종자) · 種族(종족)
298	族 겨레 족	丶 ㅗ 亠 方 方 方 斻 斻 族 族 族	方부, 총 11획	同族(동족) · 親族(친족)
299	元 으뜸 원	一 二 テ 元	儿부, 총 4획	元氣(원기) · 元祖(원조)
300	祖 할아비 조	一 二 亓 礻 礻 和 柤 柤 祖 祖	示부, 총 10획	祖國(조국) · 先祖(선조)

'가족'과 관계있는 한자어

'개인 생활'과 관계있는 한자어

301 思 생각 사	丶 口 日 田 田 思 思 思	心부, 총 9획	• 思考(사고) • 意思(의사)
	思 思		思 考 意 思
302 考 생각할 고	一 十 土 耂 耂 考	老부, 총 6획	• 考案(고안) • 再考(재고)
	考 考		考 案 再 考
303 反 돌이킬 반	一 厂 厅 反	又부, 총 4획	• 反省(반성) • 相反(상반)
	反 反		反 省 相 反
304 省 살필 성, 덜 생	丨 丬 小 少 少 省 省 省 省	目부, 총 9획	• 省改(성개) • 內省(내성)
	省 省		省 改 內 省
305 氣 기운 기	丿 厂 卢 气 气 気 気 氖 氣 氣	气부, 총 10획	• 氣運(기운) • 氣質(기질)
	氣 氣		氣 運 氣 質
306 質 바탕 질	丿 厂 斤 斤 斤 斦 斦 斦 質 質	貝부, 총 15획	• 質問(질문) • 變質(변질)
	質 質		質 問 變 質
307 意 뜻 의	丶 亠 产 产 产 音 音 音 意	心부, 총 13획	• 惡意(악의) • 意識(의식)
	意 意		惡 意 意 識
308 識 알 식, 기록할 지	丶 亠 言 言 言 訂 訐 諦 識 識	言부, 총 19획	• 識見(식견) • 知識(지식)
	識 識		識 見 知 識
309 熱 더울 열	一 十 土 去 坴 坴 刲 執 執 熱	火(灬)부, 총 15획	• 熱情(열정) • 熱中(열중)
	熱 熱		熱 情 熱 中
310 情 뜻 정	丶 丬 忄 忄 忄 情 情 情 情	心(忄)부, 총 11획	• 感情(감정) • 物情(물정)
	情 情		感 情 物 情

| 본문 136~139쪽 |

#	한자	필순	부수/획수	예시
311	幸 (다행 행)	一 十 土 士 圥 幸 幸 幸	干부, 총 8획	幸福(행복) · 幸運(행운)
312	運 (옮길 운)	冖 冃 冒 宣 軍 軍 運 運 運	辵(辶)부, 총 13획	運動(운동) · 運河(운하)
313	祝 (빌 축)	一 二 亍 亓 禾 乖 乖 祀 祝 祝	示부, 총 10획	祝福(축복) · 祝典(축전)
314	福 (복 복)	二 千 禾 乖 乖 祀 祀 福 福 福	示부, 총 14획	福利(복리) · 飮福(음복)
315	成 (이룰 성)	丿 厂 厅 成 成 成 成	戈부, 총 7획	成功(성공) · 成事(성사)
316	功 (공 공)	一 丅 工 功 功	力부, 총 5획	功勞(공로) · 戰功(전공)
317	念 (생각 념)	丿 人 仒 今 今 念 念 念	心부, 총 8획	念願(염원) · 信念(신념)
318	願 (원할 원)	一 厂 厅 厉 原 原 原 願 願 願	頁부, 총 19획	所願(소원) · 宿願(숙원)
319	失 (잃을 실)	丿 一 二 失 失	大부, 총 5획	失望(실망) · 失敗(실패)
320	望 (바랄 망)	一 亠 亡 切 切 坧 坧 望 望 望	月부, 총 11획	大望(대망) · 熱望(열망)

'개인 생활'과 관계있는 한자어

'공동 생활'과 관계있는 한자어

321 集 모을 집	ノ イ 仁 仁 乍 乍 隹 隹 隼 集	隹부, 총 12획	• 集團(집단) • 雲集(운집)
322 團 둥글 단	冂 冂 囘 圊 団 囲 團 團 團 團	口부, 총 14획	• 團結(단결) • 團體(단체)
323 共 한가지 공	一 十 卝 世 共 共	八부, 총 6획	• 共用(공용) • 共有(공유)
324 有 있을 유	ノ ナ ナ 冇 有 有	月부, 총 6획	• 有利(유리) • 有名(유명)
325 奉 받들 봉	一 二 三 声 夫 夫 표 奉	大부, 총 8획	• 奉仕(봉사) • 信奉(신봉)
326 仕 섬길 사	ノ イ 仁 什 仕	人(亻)부, 총 5획	• 出仕(출사) • 登仕(등사)
327 活 살 활	丶 丶 氵 汘 氵 汗 汗 活 活	水(氵)부, 총 9획	• 活氣(활기) • 活動(활동)
328 動 움직일 동	一 二 亠 亡 듓 重 重 重 動 動	力부, 총 11획	• 動物(동물) • 動作(동작)
329 各 각각 각	ノ ク 夂 夂 各 各	口부, 총 6획	• 各界(각계) • 各自(각자)
330 界 지경 계	丨 口 曰 用 田 田 甼 界 界	田부, 총 9획	• 學界(학계) • 世界(세계)

331 約 맺을 약	⼂ ⼂ ⼂ ⼂ ⼂ ⼂ 糸 紗 約 約	糸부, 총 9획	• 約束(약속) • 節約(절약)
	約 約		約束 節約
332 束 묶을 속	一 ㄱ 币 市 束 束 束	木부, 총 7획	• 結束(결속) • 團束(단속)
	束 束		結束 團束

333 規 법 규	二 丰 夫 夫 知 却 却 却 規 規 規	見부, 총 11획	• 規格(규격) • 規則(규칙)
	規 規		規格 規則
334 則 법칙 칙	丨 冂 冃 月 目 貝 貝 則 則	刀(刂)부, 총 9획	• 法則(법칙) • 變則(변칙)
	則 則		法則 變則

335 選 가릴 선	⼂ ⼂ 巴 巴 巽 巽 巽 選 選	辵(辶)부, 총 16획	• 選擧(선거) • 選手(선수)
	選 選		選擧 選手
336 擧 들 거	⼂ ⼂ 向 向 向 與 與 擧 擧	手부, 총 18획	• 擧手(거수) • 擧行(거행)
	擧 擧		擧手 擧行

337 自 스스로 자	⼂ ⼂ 冂 阝 自 自	自부, 총 6획	• 自給(자급) • 自由(자유)
	自 自		自給 自由
338 由 말미암을 유	丨 冂 日 由 由	田부, 총 5획	• 事由(사유) • 理由(이유)
	由 由		事由 理由

339 平 평평할 평	一 ⼂ 八 兀 平	干부, 총 5획	• 平等(평등) • 平和(평화)
	平 平		平等 平和
340 和 화할 화	一 ⼂ 千 禾 禾 和 和 和	口부, 총 8획	• 人和(인화) • 調和(조화)
	和 和		人和 調和

'공동 생활'과 관계있는 한자어

341 敬 공경 경	一 亠 ㅑ ゲ 芍 苟 芍 芍 敬 敬	攴(攵)부, 총 13획	• 敬老(경로) • 敬意(경의)
342 老 늙을 로	一 十 土 耂 老 老	老부, 총 6획	• 老兵(노병) • 元老(원로)
343 責 꾸짖을 책	一 二 ㅛ 主 耒 青 青 青 責	貝부, 총 11획	• 責任(책임) • 自責(자책)
344 任 맡길 임	ノ イ 亻 仁 任 任	人(亻)부, 총 6획	• 任意(임의) • 主任(주임)
345 利 이할 리	一 二 千 千 禾 利 利	刀(刂)부, 총 7획	• 利己(이기) • 利他(이타)
346 他 다를 타	ノ イ 亻 仂 他	人(亻)부, 총 5획	• 他國(타국) • 他地(타지)
347 親 친할 친	立 立 辛 亲 新 新 新 親 親	見부, 총 16획	• 親舊(친구) • 親切(친절)
348 舊 예 구	艹 圹 犳 萑 萑 萑 舊 舊	臼부, 총 18획	• 舊式(구식) • 舊屋(구옥)
349 知 알 지	ノ 亠 ㅗ 乡 矢 知 知 知	矢부, 총 8획	• 知己(지기) • 通知(통지)
350 己 몸 기	一 ㄱ 己	己부, 총 3획	• 利己(이기) • 自己(자기)

'수량·숫자'와 관계있는 한자어

351 順 순할 순	丿 川 川 圹 圹 順 順 順 順	頁부, 총 12획	• 順序(순서) • 順位(순위)
352 序 차례 서	丶 亠 广 序 序 序 序	广부, 총 7획	• 序文(서문) • 序章(서장)
353 等 무리 등	𠂉 𠂉 ⺮ ⺮ ⺮ 竺 笙 等 等	竹(⺮)부, 총 12획	• 等級(등급) • 同等(동등)
354 級 등급 급	𠃌 纟 纟 纟 糸 糸 紉 級 級	糸부, 총 10획	• 高級(고급) • 特級(특급)
355 全 온전 전	丿 入 入 全 全 全	入부, 총 6획	• 全量(전량) • 安全(안전)
356 量 헤아릴 량	𠃌 口 日 旦 昌 昌 昌 量 量 量	里부, 총 12획	• 數量(수량) • 多量(다량)
357 最 가장 최	𠃌 口 日 旦 早 昌 最 最 最	日부, 총 12획	• 最大(최대) • 最近(최근)
358 少 적을 소	丿 丿 小 少	小부, 총 4획	• 少年(소년) • 少數(소수)
359 過 지날 과	丨 口 口 咼 咼 咼 過 過 過	辵(辶)부, 총 13획	• 過多(과다) • 通過(통과)
360 多 많을 다	丿 夕 夕 多 多 多	夕부, 총 6획	• 多數(다수) • 多幸(다행)

'수량·숫자'와 관계있는 한자어

361 一 한 일	一						一부, 총 1획	● 一切(일체) ● 一致(일치)
	一	一						一切 一致
362 切 끊을 절, 온통 체	一 ㇜ 切 切						刀부, 총 4획	● 切感(절감) ● 切實(절실)
	切	切						切感 切實

363 二 두 이	一 二						二부, 총 2획	● 二重(이중) ● 二勝(이승)
	二	二						二重 二勝
364 敗 패할 패	丨 冂 冂 月 目 貝 貝 貶 敗 敗 敗						攴(攵)부, 총 11획	● 敗戰(패전) ● 失敗(실패)
	敗	敗						敗戰 失敗

365 三 석 삼	一 二 三						一부, 총 3획	● 三寸(삼촌) ● 三女(삼녀)
	三	三						三寸 三女
366 品 물건 품	丨 口 口 口 묘 品 品 品 品						口부, 총 9획	● 品質(품질) ● 上品(상품)
	品	品						品質 上品

367 四 넉 사	丨 冂 冂 四 四						口부, 총 5획	● 四方(사방) ● 四寸(사촌)
	四	四						四方 四寸
368 寸 마디 촌	一 十 寸						寸부, 총 3획	● 寸數(촌수) ● 三寸(삼촌)
	寸	寸						寸數 三寸

369 五 다섯 오	一 丁 五 五						二부, 총 4획	● 五億(오억) ● 五月(오월)
	五	五						五億 五月
370 億 억 억	丿 亻 亻 伫 倍 億 億 億						人(亻)부, 총 15획	● 百億(백억) ● 數億(수억)
	億	億						百億 數億

38 5급 한자 쓰기 연습장

| 본문 154~159쪽 |

371 六 여섯 륙	`、 一 ナ 六`				八부, 총 4획	• 六百(육백) • 六十(육십)		
	六	六				六	百	六	十

372 百 일백 백	`一 ァ ァ 冇 百 百`				白부, 총 6획	• 百年(백년) • 百方(백방)		
	百	百				百	年	百	方

373 七 일곱 칠	`一 七`				一부, 총 2획	• 七夕(칠석) • 七千(칠천)		
	七	七				七	夕	七	千

374 千 일천 천	`ノ 二 千`				十부, 총 3획	• 千萬(천만) • 三千(삼천)		
	千	千				千	萬	三	千

375 八 여덟 팔	`ノ 八`				八부, 총 2획	• 八方(팔방) • 八月(팔월)		
	八	八				八	方	八	月

376 月 달 월	`ノ 几 月 月`				月부, 총 4획	• 月別(월별) • 月末(월말)		
	月	月				月	別	月	末

377 九 아홉 구	`ノ 九`				乙부, 총 2획	• 九番(구번) • 九月(구월)		
	九	九				九	番	九	月

378 番 차례 번	`一 ニ 丶 乊 乎 采 采 番 番 番`				田부, 총 12획	• 番地(번지) • 番號(번호)		
	番	番				番	地	番	號

379 十 열 십	`一 十`				十부, 총 2획	• 十倍(십배) • 五十(오십)		
	十	十				十	倍	五	十

380 倍 곱 배	`ノ イ イ 伫 伫 任 倍 倍 倍`				人(亻)부, 총 10획	• 倍加(배가) • 倍數(배수)		
	倍	倍				倍	加	倍	數

'수량·숫자'와 관계있는 한자어

'의식주'와 관계있는 한자어

381 白 흰 백	′ ′ 白 白 白	白부, 총 5획	• 白雪(백설) • 白衣(백의)
382 衣 옷 의	` 一 ナ ナ ナ 衣	衣부, 총 6획	• 衣服(의복) • 雨衣(우의)
383 夏 여름 하	一 丁 厂 丆 丏 百 百 頁 夏 夏	夊부, 총 10획	• 夏服(하복) • 夏節(하절)
384 服 옷 복	丿 刀 月 月 刖 肌 服 服	月부, 총 11획	• 校服(교복) • 洋服(양복)
385 料 헤아릴 료	` ′ ゛ 十 才 米 米 米 料 料	斗부, 총 10획	• 料金(요금) • 原料(원료)
386 理 다스릴 리	一 二 T 王 B B B B B B B	玉(王)부, 총 11획	• 原理(원리) • 調理(조리)
387 永 길 영	` 丿 ヺ 沝 永	水부, 총 5획	• 永遠(영원) • 永住(영주)
388 住 살 주	丿 亻 亻 仁 仹 住 住	人(亻)부, 총 7획	• 住民(주민) • 住所(주소)
389 家 집 가	` ′ 宀 宀 宀 宂 宊 宊 家 家	宀부, 총 10획	• 家宅(가택) • 家事(가사)
390 宅 집 택/댁	` ′ 宀 宀 宅 宅	宀부, 총 6획	• 古宅(고택) • 住宅(주택)

번호	한자	필순	부수/획수	예시
391	洋 큰바다 양	丶 丶 氵 氵 浐 泮 洋 洋 洋	水(氵)부, 총 9획	洋屋(양옥) · 海洋(해양)
392	屋 집 옥	一 コ 尸 尸 居 居 屋 屋 屋	尸부, 총 9획	屋上(옥상) · 家屋(가옥)
393	庭 뜰 정	丶 一 广 庁 庁 庐 庭 庭 庭 庭	广부, 총 10획	庭園(정원) · 法庭(법정)
394	園 동산 원	冂 門 門 周 周 周 閙 閙 園 園	囗부, 총 13획	公園(공원) · 樂園(낙원)
395	草 풀 초	一 十 艹 艹 芍 苩 苩 苩 草 草	艹(艸)부, 총 10획	草堂(초당) · 草木(초목)
396	堂 집 당	丨 丷 从 分 丛 兴 常 堂 堂 堂 堂	土부, 총 11획	別堂(별당) · 神堂(신당)
397	花 꽃 화	一 十 艹 艹 艹 花 花 花	艹(艸)부, 총 8획	花壇(화단) · 花草(화초)
398	壇 단 단	土 圹 圹 圹 壇 壇 壇 壇 壇	土부, 총 16획	敎壇(교단) · 基壇(기단)
399	浴 목욕할 욕	丶 丶 氵 氵 浐 浴 浴 浴 浴 浴	水(氵)부, 총 10획	浴室(욕실) · 入浴(입욕)
400	室 집 실	丶 宀 宀 宀 宝 宝 宰 室 室	宀부, 총 9획	室內(실내) · 溫室(온실)

'의식주'와 관계있는 한자어

그 밖의 한자어 (1)

401 改 고칠 개	ㄱ ㄱ ㄹ 킨 키 改 改	攴(攵)부, 총 7획	• 改良(개량)　• 改善(개선)
402 善 착할 선	ヽ ⺀ ⺊ 兰 羊 美 盖 善 善	口부, 총 12획	• 善良(선량)　• 善行(선행)

403 健 굳셀 건	亻 亻 仁 仨 仨 信 佳 健 健	人(亻)부, 총 11획	• 健實(건실)　• 健全(건전)
404 實 열매 실	ヽ ⺊ 宀 宀 宀 宀 审 审 寍 寔 實	宀부, 총 14획	• 結實(결실)　• 事實(사실)

405 高 높을 고	ヽ 亠 亠 古 古 古 高 高 高	高부, 총 10획	• 高價(고가)　• 高貴(고귀)
406 貴 귀할 귀	ヽ 口 中 虫 串 青 青 眚 貴 貴	貝부, 총 12획	• 貴重(귀중)　• 貴族(귀족)

407 固 굳을 고	丨 冂 冃 門 門 周 周 固	口부, 총 8획	• 固定(고정)　• 固體(고체)
408 定 정할 정	ヽ ⺊ 宀 宀 宀 宀 定 定	宀부, 총 8획	• 決定(결정)　• 規定(규정)

409 空 빌 공	ヽ ⺊ 宀 宀 宀 宀 空 空	穴부, 총 8획	• 空間(공간)　• 空中(공중)
410 間 사이 간	丨 冂 冃 門 門 門 門 問 問 間 間	門부, 총 12획	• 期間(기간)　• 時間(시간)

번호	한자	획순	부수/획수	쓰기	단어
411	區 구분할/지경 구	一 丅 丆 币 佰 佰 品 品 區	匸부, 총 11획	區 區	區間(구간) 區別(구별)
412	別 다를/나눌 별	丶 冂 口 另 另 別 別	刀(刂)부, 총 7획	別 別	別名(별명) 特別(특별)
413	期 기약할 기	一 十 廿 甘 其 其 期 期 期 期	月부, 총 12획	期 期	期待(기대) 期約(기약)
414	待 기다릴 대	丿 亻 彳 犴 徃 徃 待 待	彳부, 총 9획	待 待	苦待(고대) 冷待(냉대)
415	基 터 기	一 十 廿 甘 其 其 其 基 基	土부, 총 11획	基 基	基壇(기단) 基本(기본)
416	本 근본 본	一 十 才 木 本	木부, 총 5획	本 本	本性(본성) 根本(근본)
417	短 짧을 단	丿 亻 矢 知 知 短 短	矢부, 총 12획	短 短	短身(단신) 短音(단음)
418	音 소리 음	丶 亠 立 音 音 音 音	音부, 총 9획	音 音	音質(음질) 高音(고음)
419	圖 그림 도	丨 冂 門 門 門 圖 圖 圖 圖	口부, 총 14획	圖 圖	圖案(도안) 圖上(도상)
420	案 책상 안	丶 宀 安 安 安 安 安 案 案	木부, 총 10획	案 案	案件(안건) 案內(안내)

그 밖의 한자어 (1)

그 밖의 한자어 (2)

421 末 끝 말	一 二 十 才 末	木부, 총 5획	• 末路(말로) • 結末(결말)
	末 末		末 路 結 末
422 路 길 로	' ㅁ ㅌ ㅂ ㅂ ㅂ 다 다 敗 路 路	足부, 총 13획	• 道路(도로) • 陸路(육로)
	路 路		道 路 陸 路

423 亡 망할 망	丶 ㅗ 亡	亠부, 총 3획	• 亡者(망자) • 敗亡(패망)
	亡 亡		亡 者 敗 亡
424 者 놈 자	一 十 土 耂 耂 者 者 者	老(耂)부, 총 9획	• 强者(강자) • 勝者(승자)
	者 者		强 者 勝 者

425 木 나무 목	一 十 オ 木	木부, 총 4획	• 木工(목공) • 木材(목재)
	木 木		木 工 木 材
426 材 재목 재	一 十 オ 木 村 村 材	木부, 총 7획	• 材料(재료) • 材質(재질)
	材 材		材 料 材 質

427 無 없을 무	' ㅗ ㅜ ㅑ 血 無 無 無 無	火(灬)부, 총 12획	• 無禮(무례) • 無罪(무죄)
	無 無		無 禮 無 罪
428 罪 허물 죄	丨 ㅁ 罒 罒 罒 罪 罪 罪 罪	网(罒)부, 총 13획	• 罪惡(죄악) • 重罪(중죄)
	罪 罪		罪 惡 重 罪

429 問 물을 문	丨 ㄷ ㅌ ㅌ 門 門 門 問 問	口부, 총 11획	• 問答(문답) • 質問(질문)
	問 問		問 答 質 問
430 答 대답 답	' 丶 ㅗ ㅉ 竹 竺 答 答	竹(⺮)부, 총 12획	• 答案(답안) • 正答(정답)
	答 答		答 案 正 答

| 본문 180~183쪽 |

431 法 법법	丶丶氵氵汁汁法法	水(氵)부, 총 8획	• 法典(법전) • 法則(법칙)
	法 法		法 典 法 則
432 典 법전	丨口日曰曲曲典典	八부, 총 8획	• 古典(고전) • 出典(출전)
	典 典		古 典 出 典

433 不 아닐 불/부	一ブイ不	一부, 총 4획	• 不變(불변) • 不足(부족)
	不 不		不 變 不 足
434 變 변할 변	言䜌䜌䜌䜌䜌䜌變變變	言부, 총 23획	• 變質(변질) • 變化(변화)
	變 變		變 質 變 化

435 事 일사	一丆丏百写写写事	亅부, 총 8획	• 事件(사건) • 事業(사업)
	事 事		事 件 事 業
436 件 물건 건	丿亻亻仁件件	人(亻)부, 총 6획	• 件數(건수) • 物件(물건)
	件 件		件 數 物 件

437 姓 성성	乚乆女女圿姓姓姓	女부, 총 8획	• 姓名(성명) • 百姓(백성)
	姓 姓		姓 名 百 姓
438 名 이름 명	丿クタタ名名	口부, 총 6획	• 名節(명절) • 名士(명사)
	名 名		名 節 名 士

439 洗 씻을 세	丶丶氵氵汁汁沙洸洗	水(氵)부, 총 9획	• 洗面(세면) • 洗手(세수)
	洗 洗		洗 面 洗 手
440 面 낯면	一丆丏丙而而而面面	面부, 총 9획	• 面目(면목) • 對面(대면)
	面 面		面 目 對 面

그 밖의 한자어 (2)

그 밖의 한자어 (3)

번호	한자	필순	부수/획수	예시
441	所 (바 소)	丶 丆 ㄅ 户 户 所 所 所	户부, 총 8획	所感(소감) · 名所(명소)
442	感 (느낄 감)	丿 厂 厂 斤 成 咸 咸 咸 感 感	心부, 총 13획	感動(감동) · 感情(감정)
443	神 (귀신 신)	一 亍 千 亓 禾 禾 和 和 和 神	示부, 총 10획	神仙(신선) · 神話(신화)
444	仙 (신선 선)	丿 亻 亻 仙 仙	人(亻)부, 총 5획	仙家(선가) · 仙風(선풍)
445	良 (어질 량)	丶 ㄱ ㅋ ㅋ 艮 良 良	艮부, 총 7획	良民(양민) · 良藥(양약)
446	民 (백성 민)	一 ㄱ ㄹ 戶 民	氏부, 총 5획	民家(민가) · 選民(선민)
447	言 (말씀 언)	丶 一 亠 亍 言 言 言	言부, 총 7획	言語(언어) · 言行(언행)
448	語 (말씀 어)	言 言 言 訁 訂 訊 語 語 語	言부, 총 14획	國語(국어) · 敬語(경어)
449	然 (그럴 연)	丿 ㄅ 夕 夕 夕 外 処 然 然 然	火(灬)부, 총 12획	然後(연후) · 必然(필연)
450	後 (뒤 후)	丿 ㄱ 彳 彳 社 社 後 後 後	彳부, 총 9획	後食(후식) · 最後(최후)

| 본문 188~191쪽 |

451 例 법식 례	ノイイ仏伊例例	人(亻)부, 총 8획	例文(예문) • 例外(예외)
	例 例		例 文 例 外

452 外 바깥 외	ノクタ外外	夕부, 총 5획	外家(외가) • 外出(외출)
	外 外		外 家 外 出

453 完 완전할 완	、丶宀宀宁宇完	宀부, 총 7획	完結(완결) • 完工(완공)
	完 完		完 結 完 工

454 決 결단할 결	、丶氵汀江決決	水(氵)부, 총 7획	決意(결의) • 決定(결정)
	決 決		決 意 決 定

455 要 요긴할 요	一一一一一西西要要要	西부, 총 9획	要領(요령) • 要望(요망)
	要 要		要 領 要 望

456 領 거느릴 령	ノク夕夕夕鈩鈩領領領	頁부, 총 14획	領土(영토) • 領內(영내)
	領 領		領 土 領 內

457 陸 뭍 륙	7 3 阝阝阡阡陸陸陸	阜(阝)부, 총 11획	陸橋(육교) • 陸地(육지)
	陸 陸		陸 橋 陸 地

458 橋 다리 교	一十才木杯杯橋橋橋	木부, 총 16획	大橋(대교) • 鐵橋(철교)
	橋 橋		大 橋 鐵 橋

459 李 오얏/성 리	一十才木本李李	木부, 총 7획	李朝(이조) • 李花(이화)
	李 李		李 朝 李 花

460 朴 성 박	一十才木朴朴	木부, 총 6획	質朴(질박) • 朴直(박직)
	朴 朴		質 朴 朴 直

그 밖의 한자어 (3)

그 밖의 한자어 (4)

번호	한자	필순	부수/획수	한자어
461	以 (써 이)	ㅣ ㅣ ㅣ 以 以	人부, 총 5획	以上(이상) 以下(이하)
462	上 (윗 상)	ㅣ ㅏ 上	一부, 총 3획	上陸(상륙) 上氣(상기)
463	再 (두 재)	一 厂 广 丙 再 再	冂부, 총 6획	再建(재건) 再活(재활)
464	建 (세울 건)	〕 ⊐ ⊐ ⊐ ⊐ 聿 聿 建 建	廴부, 총 9획	建國(건국) 建物(건물)
465	的 (과녁 적)	´ ⺈ ⺈ 白 白 白´ 的 的	白부, 총 8획	的中(적중) 目的(목적)
466	中 (가운데 중)	ㅣ ㅁ ㅁ 中	ㅣ부, 총 4획	中間(중간) 集中(집중)
467	正 (바를 정)	一 丁 下 正 正	止부, 총 5획	正當(정당) 正直(정직)
468	當 (마땅 당)	ㅣ ㅐ ㅐ 半 半 半 半 常 常 常 當 當	田부, 총 13획	當番(당번) 當選(당선)
469	調 (고를 조)	言 言 言 言 言 訂 訃 詽 調 調	言부, 총 15획	調查(조사) 詩調(시조)
470	查 (조사할 사)	一 十 木 木 木 杏 杏 杏 查	木부, 총 9획	查察(사찰) 内查(내사)

번호	한자	필순	부수/획수	예시
471	注 부을 주	丶丶氵氵汁汁注注	水(氵)부, 총 8획	注油(주유) · 注入(주입)
472	油 기름 유	丶丶氵氵沪沪油油	水(氵)부, 총 8획	油價(유가) · 原油(원유)
473	參 참여할 참, 석 삼	厶厶厽厽叅叅参参参参参	厶부, 총 11획	參加(참가) · 參席(참석)
474	加 더할 가	丁力加加加	力부, 총 5획	加熱(가열) · 加入(가입)
475	靑 푸를 청	一十丰主丰青青青	靑부, 총 8획	靑綠(청록) · 靑果(청과)
476	綠 푸를 록	纟纟纟糸糸糿紵紵綠綠	糸부, 총 14획	綠地(녹지) · 新綠(신록)
477	出 날 출	丨屮屮出出	凵부, 총 5획	出發(출발) · 出世(출세)
478	世 인간 세	一十卅卅世	一부, 총 5획	世界(세계) · 後世(후세)
479	充 채울 충	丶亠云产充充	儿부, 총 6획	充分(충분) · 充實(충실)
480	分 나눌 분	丿八分分	刀부, 총 4획	分類(분류) · 分野(분야)

그 밖의 한자어 (4)

그 밖의 한자어 (5)

번호	한자	쓰기 순서	부수/획수	예시 단어
481	太 (클 태)	一 ナ 大 太	大부, 총 4획	太古(태고), 太陽(태양)
482	陽 (볕 양)	ㄱ ㄱ ß ß ß ß ß 阡 閂 阻 陽 陽	阜(阝)부, 총 12획	陽地(양지), 陽性(양성)
483	特 (특별할 특)	ノ ト 屮 牛 牜 牪 牪 特 特 特	牛부, 총 10획	特技(특기), 特色(특색)
484	色 (빛 색)	ノ ク 夕 多 免 色	色부, 총 6획	色相(색상), 氣色(기색)
485	便 (편할 편, 똥오줌 변)	ノ 亻 ㅏ ㅓ 佢 佢 佢 伊 便	人(亻)부, 총 9획	便利(편리), 便安(편안)
486	安 (편안 안)	ㆍ ㆍ 宀 ㄏ 安 安	宀부, 총 6획	安全(안전), 安住(안주)
487	表 (겉 표)	一 二 丰 主 尹 耒 表 表	衣부, 총 8획	表紙(표지), 發表(발표)
488	紙 (종이 지)	ㆍ ㄴ ㄠ 幺 糸 糸 紅 紅 紙 紙	糸부, 총 10획	紙面(지면), 便紙(편지)
489	風 (바람 풍)	ノ 几 凡 凡 凡 凬 風 風 風	風부, 총 9획	風聞(풍문), 風速(풍속)
490	速 (빠를 속)	一 ㄲ 戸 市 束 束 涑 涑 速	辵(辶)부, 총 11획	高速(고속), 過速(과속)

번호	한자	획순	부수/획수	예시
491	筆 붓 필	ノ ㄴ ㅅ ㅆ ㅆ ㅆ 竺 等 等 等 等 筆	竹(⺮)부, 총 12획	筆記(필기) ・筆寫(필사)
492	寫 베낄 사	宀 宀 宀 宀 宀 宀 宮 寫 寫 寫	宀부, 총 15획	寫本(사본) ・寫生(사생)
493	害 해할 해	宀 宀 宀 宀 宀 宝 宝 害 害 害	宀부, 총 10획	害惡(해악) ・無害(무해)
494	惡 악할 악, 미워할 오	一 厂 厅 屰 亞 亞 亞 惡 惡 惡	心부, 총 12획	惡習(악습) ・罪惡(죄악)
495	許 허락할 허	言 言 言 言 言 言 訐 訐 許 許 許	言부, 총 11획	許可(허가) ・特許(특허)
496	可 옳을 가	一 丆 可 可 可	口부, 총 5획	可決(가결) ・可能(가능)
497	形 모양 형	一 二 于 开 开 形 形	彡부, 총 7획	形局(형국) ・形成(형성)
498	局 판 국	一 丆 尸 月 局 局 局	尸부, 총 7획	局面(국면) ・藥局(약국)
499	火 불 화	丶 丷 少 火	火부, 총 4획	火災(화재) ・消火(소화)
500	災 재앙 재	巜 巛 巛 巛 巛 災 災	火부, 총 7획	災害(재해) ・水災(수재)

그 밖의 한자어 (5)

연습장 55

한자의 부수

| 변 | 방 | 머리 | 발 | 받침 | 엄 | 몸 | 제부수 |

부수는 한자에서 놓이는 위치에 따라 각기 다른 이름을 가지고 있어요.

① **변**: 글자의 왼쪽 부분 ㉠ 晴, 洋, 他

② **방**: 글자의 오른쪽 부분 ㉠ 形, 殺, 到

③ **머리**: 글자의 윗부분 ㉠ 花, 苦, 節

④ **발**: 글자의 아랫부분 ㉠ 熱, 烈, 点

⑤ **받침**: 글자의 왼쪽과 아래를 싸는 부분 ㉠ 道, 建

⑥ **엄**: 글자의 위와 왼쪽을 싸는 부분 ㉠ 庭, 店, 序

⑦ **몸**: 글자의 바깥 둘레를 감싸는 부분 ㉠ 問, 聞, 國

⑧ **제부수**: 글자 자체가 부수인 것 ㉠ 日, 水, 火

NEW 자격증 한번에 따기

NEW 자격증 한번에 따기